AF591530

L'ASSISTANCE PAR LE TRAVAIL ET LES

JARDINS OUVRIERS EN FRANCE

PAR

Marcel LECOQ
Docteur en droit ès-sciences politiques et économiques

PARIS (5e)
V. GIARD & E. BRIÈRE
LIBRAIRES-ÉDITEURS
16, rue Soufflot et 12, rue Toullier
—
1906

L'ASSISTANCE
PAR
LE TRAVAIL
ET LES
JARDINS OUVRIERS
EN FRANCE

L'ASSISTANCE

PAR

LE TRAVAIL

ET LES

JARDINS OUVRIERS EN FRANCE

PAR

Marcel LECOQ

Docteur en droit ès-sciences politiques et économiques

PARIS (5e)

V. GIARD & E. BRIÈRE

LIBRAIRES-ÉDITEURS

16, rue Soufflot et 12, rue Toullier

1906

INTRODUCTION

L'assistance par le travail a pris sous toutes ses formes, surtout depuis un siècle, une importance considérable tant dans la sphère des principes que dans celle des faits.

Elle a soulevé les plus gros problèmes de l'économie politique et notamment le droit au travail, le droit à l'existence, l'organisation du travail, la question de la mendicité professionnelle et du vagabondage.

Elle a suscité de très grandes espérances. On a cru que les ateliers de secours du XVIe et du XVIIIe siècles allaient faire disparaître le vagabondage et la mendicité, si intenses dans ces périodes troublées. On a pensé qu'on pourrait assurer une occupation à tous les chômeurs et remanier notre organisation du travail, avec les ateliers nationaux de 1848. On a été persuadé que personne ne mourrait plus de faim en Angleterre, du jour où les *Workhouses* fonctionneraient. On a espéré voir disparaître la mendicité des chemineaux sur les routes allemandes, dès que le système des *Reliefstationen* et des *Herbergen zur Heimath* aurait été propagé. On a supposé qu'on porterait un coup mortel à la mendicité professionnelle qui infeste nos grandes villes, en multipliant les œuvres d'assistance par le travail. Enfin on a vu dans les jardins ouvriers la méthode la plus efficace pour soulager la famille ouvrière et la préserver des plus rudes assauts de la misère, en lui procurant des conditions d'existence les plus saines et les plus reconstituantes.

Que sont devenues ces belles et souvent fécondes espérances, quand elles ont été soumises à l'épreuve de l'expérience des faits? Les résultats ont-ils été heureux ou funestes? S'ils ont été mauvais, la faute en est-elle aux illusions des initiateurs qui ont entrepris le mouvement, ou aux difficultés du moment, ou encore aux défauts de l'organisation matérielle? Telles sont les questions qu'il est intéressant de se poser pour chacune des tentatives que nous allons avoir à examiner.

Nous pourrons apprécier ensuite la valeur du principe de l'assistance par le travail en lui-même, et les mérites respectifs des divers procédés dont on a tenté l'application.

L'expérience acquise ne restera pas ainsi inutilisée.

Pourquoi faire des essais que l'on saurait infructueux si l'œuvre de nos devanciers était mieux connue. En matière de philanthropie, il faut éviter de pareilles déperditions de forces ; car comme on l'a dit fort justement « le bien mal fait, fait du tort au bien ». Et ce tort est tout à la fois matériel et moral — matériel, en ce qu'il entraîne une dépense inutile des ressources insuffisantes de l'assistance — moral, parce que de l'échec d'une tentative on conclut trop souvent à l'inexactitude d'un principe.

Que de fautes, que de coûteuses et décevantes écoles on éviterait, que de misères on épargnerait aux pauvres, si on connaissait mieux ce qui a été tenté autrefois et ce qui se pratique ailleurs.

Nous avons cru qu'un ouvrage, où l'on essayerait d'indiquer d'une façon coordonnée et rationnelle les diverses organisations qui ont été réalisées, serait d'une certaine utilité pour les personnes qui s'intéressent à l'assistance par le travail. C'est pourquoi nous avons entrepris la lourde tâche d'exposer, d'une part, le mal auquel l'assistance par le travail prétend porter remède, et, d'autre part, les principales tentatives qui ont été faites en France pour utiliser ce mode d'assistance.

Nous nous sommes efforcés de nous placer constamment en dehors de toute espèce d'esprit de parti ou de préférence personnelle. Nous avons étudié d'une façon purement objective, montrant les mérites et les défauts de chacune des organisations, ainsi que les résultats qui en ont été les conséquences.

Puissent toutes ces expériences vécues être utiles pour montrer et l'efficacité de certaines applications de l'assistance par le travail, et les graves dangers auxquels s'exposent inconsidérément les esprits, même les plus éclairés et les plus dévoués, quand ils ne sont pas instruits par l'étude pratique des faits.

Notre œuvre aura atteint son but, si elle contribue à propager les meilleurs moyens de faire un bien véritable aux malheureux, et à diminuer le nombre des erreurs dont les vrais pauvres sont les premiers à souffrir.

PREMIÈRE PARTIE

Le Chômage

Avant d'examiner les diverses formes d'assistance par le travail, il est nécessaire d'étudier de près les maux auxquels on veut porter remède. La valeur de ce mode d'assistance résultera, en effet, tout à la fois et de l'importance des dangers auxquels il prétend parer et de l'efficacité relative des moyens qu'il emploie.

Nous nous efforcerons donc de montrer, au point de vue qui nous occupe, la nature et l'importance du chômage, ainsi que son influence tant au point de vue matériel qu'au point de vue moral sur l'ouvrier qui le subit. Nous examinerons alors succinctement les divers remèdes dont on a essayé l'application. Nous verrons que la prévoyance ne peut guère être complètement généralisée, et que l'aumône n'aboutit bien souvent qu'à encourager la mendicité professionnelle, la grande ennemie du pauvre. Nous serons ainsi amenés à étudier l'assistance par le travail, qui prétend éviter ces inconvénients et ces dangers.

CHAPITRE PREMIER

LE CHOMAGE, SA NATURE ET SON ÉTENDUE

I. — *Le problème du chômage*

Le chômage est assurément une des questions les plus essentielles de l'économie sociale. Par son universalité, comme par son intensité, il occasionne d'incalculables misères. Pas une contrée, pas une industrie, pas un travailleur même ne lui échappe. Il frappe partout et toujours, et les conséquences désastreuses qu'il entraîne à sa suite au point de vue matériel et au point de vue moral, sont une des plaies les plus vives de notre société.

A l'heure actuelle, plus que jamais, ce problème préoccupe les économistes et les gens de cœur.

Comment, en effet, ne serait-on pas frappé de cette étrange opposition existant dans notre régime social et économique moderne ? D'un côté nous voyons des ouvriers usés par l'excès de travail ; de l'autre des hommes minés par les privations qui résultent pour eux du manque de travail. Nous constatons d'une part, que la production est insuffisante pour satisfaire aux besoins les plus impérieux de la population, puisqu'il y a constamment des familles qui manquent du nécessaire, et que, d'autre part, des forces productives considérables restent inutilisées sur le marché du travail.

Que de pareilles anomalies subsistent sous un régime aristocratique ou autocratique, on peut le concevoir aisément. Mais dans une démocratie où tous les hommes ont une égale valeur politique et des droits souverains identiques, le citoyen ne devrait pas manquer du travail qui lui est nécessaire pour assurer, par un salaire, son existence propre, et par la production obtenue l'existence de ses concitoyens. Il ne devrait pas y avoir tout à la fois des citoyens mourant d'excès de travail, et d'autres faute de travail.

On peut comprendre, sans l'excuser des excès qu'il a commis, le peuple de 1848 criant « du pain ou du plomb » et mettant sur les drapeaux cette fière devise : « vivre en travaillant, mourir en combattant ». Après avoir versé son sang pour le triomphe de la démocratie, il préférait combattre encore que mourir de faim avec ce fantôme de souveraineté qu'il avait obtenu. Ce qu'il voulait c'était du travail lui permettant de vivre, sinon il ne restait qu'à abandonner cette vie misérable en la sacrifiant au moins à une noble cause.

Assurément le problème est plus facile à poser qu'à résoudre, mais jamais notre démocratie ne consacrera assez d'attention à l'étude des questions qui s'y rapportent, jamais assez d'efforts pour atténuer les crises néfastes qui en résultent.

Si le chômage est grave par sa nature même, il tire son importance principale du grand nombre des travailleurs qui en sont les victimes. Il est donc nécessaire de passer en revue les principales statistiques qui nous permettront d'envisager ses funestes effets.

II. — *Le nombre des ouvriers atteints par le chômage*

En France les recensements professionnels de 1896 et de 1901 ont montré que, parmi les 5.600.000 travailleurs de l'industrie et du commerce, il existait environ 300.000 chômeurs, soit un peu plus de 5 0/0. D'autres renseignements, très précieux, nous sont fournis par les Caisses de chômage corporatives : elles ont à secourir en moyenne 10 0/0 de leurs membres (1).

Une enquête, qui a été faite dans 31 villes importantes d'Allemagne, a permis de constater, en janvier 1893, une proportion de chômage s'élevant à 7 0/0. De leur côté, en 1894, les associations ouvrières de Hambourg établirent une statistique de chômage portant sur 120.000 travailleurs. Elles obtinrent 53.756 réponses qui indiquaient 18.981 cas de chômage au 11 février ; ce qui représente 35,34 0/0 du nombre des ouvriers questionnés et 15,83 0/0 de ceux qui donnèrent une réponse (2).

Les statistiques des Trade-Unions nous renseignent pour l'Angleterre. Le tableau suivant indique les variations du chômage moyen parmi les unionistes, depuis un certain nombre d'années.

1887	8,2 0/0	1896	3,4 0/0
1888	5,0 »	1897	3,5 »
1889	2,0 »	1898	3,0 »
1890	2,0 »	1899	2,4 »
1891	3,5 »	1900	2,9 »
1892	6,3 »	1901	3,8 »
1893	7,5 »	1902	4,4 »
1894	6,9 »	1903 . . .	5,1 » (3)
1895	5,8 »		

1. Proposition de MM. Dubief et Millerand tendant à allouer des subventions aux Caisses de secours contre le chômage. Chambre des députés, 20 mai 1904. Les Caisses de chômage sont beaucoup plus développées en Suisse, où elles rendent de très grands services à la classe ouvrière. Pendant l'année 1893, la Caisse d'assurance contre le chômage de Berne a secouru 67 0/0 de ses associés.

2. *Bulletin de l'Office du travail*, avril 1894. Conf. das Handels-Museum, 7 janvier 1897, un article du Dr Georg. von Mayr, « die Arbeitslosen im deutschen Reiche ».

3. Voir la statistique publiée chaque année dans la *Labour Gazette*.

La moyenne ressort pendant ces 17 années à 4,4 0/0. Cette proportion peut paraître minime, mais il est nécessaire d'apporter les corrections suivantes. La statistique des Trade-Unions ne tient pas compte du chômage résultant de maladie ; or on doit ajouter de ce fait 2,5 0/0 (proportion généralement admise) (1). Enfin le chômage libre, doit être représenté par 1 0/0. On arrive ainsi à une proportion d'environ 8 0/0, qui se rapproche sensiblement de celles de la plupart des autres nations.

Il faut, enfin, tenir compte de la situation particulièrement favorisée des ouvriers qui ont été soumis à l'enquête. D'une part, l'Angleterre a joui pendant la période envisagée d'une prospérité économique incontestable qui assure à ses nationaux une quantité considérable de travail. D'autre part, les trade-unionistes doivent être considérés comme une véritable aristocratie ouvrière. Ils appartiennent généralement aux professions qui demandent le plus d'intelligence et de capacité technique, et dans lesquelles le chômage se fait sentir d'une façon beaucoup moins sensible que dans les métiers *unskilled*.

Les unions du genre de celles des dockers ont une vitalité très réduite, en temps ordinaire ; elles ne prennent leur essor que dans les périodes de crise (2). En outre, dans les professions supérieures dont nous venons de parler, ce sont encore les individus les plus intelligents et les plus capables qui s'affilient aux Trade-Unions. Naturellement cette élite souffre beaucoup moins du manque de travail que les autres ouvriers du même corps de métier ; un patron qui occupe ce personnel de choix tient à le garder, et il ne renvoie en cas de nécessité que ceux dont il est le moins satisfait.

1. Office du travail, *Rapport sur la question du chômage*, pp. 295 et 307.

2. Paul de Rousiers. *Le Trade-Unionisme en Angleterre*. Bibliothèque du Musée social, Colin, 1897.

Enfin les Unions anglaises, si sagement et si fortement organisées, ont pris des mesures très efficaces pour favoriser l'embauchage de leurs adhérents.

Pour toutes ces raisons, le chômage doit être moins intense chez les membres des Trade-Unions anglaises que partout ailleurs, et il l'est en effet.

Le mal n'en existe pas moins sérieux, puisqu'il y a toujours bon nombre de ces ouvriers d'élite qui ne peuvent trouver d'emploi et que le chômage plonge dans la misère.

Une remarque analogue pourrait être faite au sujet des renseignements qui nous sont fournis par le bureau de statistique de l'Empire allemand. En effet, ces statistiques sont basées sur les données fournies par les sociétés professionnelles qui allouent des secours en cas de chômage. Dans ces conditions, il ne faut pas s'étonner si le chômage n'atteignait pas par jour plus de 3,2 0/0 de l'effectif total en juin 1903, et 1,8 seulement au mois de septembre suivant (1).

Sans multiplier outre mesure les citations (2), indiquons cependant les renseignements qui nous sont fournis par les statistiques américaines. Les conditions économiques des pays neufs d'au delà de l'Atlantique, ne sont pas les mêmes que dans notre vieille Europe ; nous

1. Pendant le 3e semestre 1903, on a constaté que le chômage avait atteint certaines unions professionnelles dans les proportions suivantes :

Union centrale des sculpteurs.	52 0/0
Union centrale des vitriers.	21
Union des boulangers.	20
Union des typographes	20
Union centrale des ouvriers travaillant à la forge.	18

(*West Deustche Arbeiter Zeitung*, 31 octobre 1903).

2. Consulter pour la Belgique l'enquête des syndicats gantois, *Revue du travail*, janvier 1899, et celle de Bruxelles et des environs pour 1894-95, *Revue du travail*, 1896, p. 28. Le chômage dans les unions professionnelles de l'Etat de New-York, aux Etats-Unis, est représenté par le tableau de la page suivante :

y retrouvons pourtant les mêmes crises et les mêmes misères.

Suivant M. Caroll Wright, dont l'opinion fait autorité en la matière, le pourcentage du chômage oscillerait aux Etats-Unis entre 2 et 10 0/0. Mais ce n'est là qu'une appréciation d'un homme compétent, corroborée par l'analogie des résultats trouvés ailleurs.

Pour pouvoir éclairer notre opinion d'une façon plus certaine au sujet de l'étendue du chômage aux Etats-Unis, il est préférable d'avoir recours aux enquêtes très intéressantes faites par l'Etat de Massachusetts.

Le procédé de recensement employé par le Labour Bureau de cet Etat, mérite d'être signalé. On relève sur le livre d'embauchage de chaque industrie, le nombre d'ouvriers présents pendant le mois qui vient de s'écouler, et tous les mois on renouvelle cette opération dans chacun des ateliers inspectés. On totalise les chiffres ainsi trouvés par mois et par corps de métiers. Le mois

Trimestre	Total des membres le dernier jour du trimestre	Sans travail le dernier jour du trimestre		Sans travail pendant le trimestre entier	
		Nombre	P. C.	Nombre	P. C.
1. trimestre 1899	142.570	46.654	30.6	35.381	24.8
2. — —	151.206	27,378	18.1	17.877	11.8
3. — —	168.454	23.230	13.8	10.893	6.5
4. — —	173.962	39.353	22.6	10.132	5.8
1. — 1898	179.955	37.857	21	18.102	10.1
2. — —	172.340	35 643	20.7	10.272	6
3. — —	171.067	22.485	10.3	9.734	5.7

Sixteenth annual report of the Bureau of Labor Statistics of the State of New-York for the year, 1898, New-York and Albany, 1899 ; voir la *Revue du travail*, mars 1900.

où l'on trouve le plus grand nombre d'ouvriers employés est pris comme base des calculs de l'année.

Voici un exemple : le chiffre maximum des ouvriers ayant du travail est signalé au mois d'avril, pendant lequel 30 000 d'entre eux sont inscrits. Au mois de juin suivant, les registres ne contiennent plus que 27.000 inscriptions. Il y aurait donc, d'après ce système, 3.000 chômeurs, soit 10 0/0 (1).

Sans entrer dans l'appréciation de ce système dont les avantages sont multiples, notamment en ce qui concerne l'impartialité et l'exactitude des déclarations, l'utilité des renseignements fournis sur l'étendue et l'évolution des crises, il est nécessaire de faire une observation pour donner aux chiffres leur valeur véritable.

Chaque année, nous l'avons vu, le mois où le travail a été le plus actif est considéré comme base comparative pour l'appréciation du chômage pendant les autres

1. Le nombre maximum des ouvriers occupés pendant une année varie très sensiblement d'une année à l'autre, de telle sorte, que si l'on prend comme base le maximum d'une année ou de celle qui la suit, l'appréciation du chômage peut être grandement modifiée. Ainsi l'enquête américaine indique, pour le mois de septembre 1892, un chiffre de 2.950 chômeurs. Si, au lieu de prendre comme base de comparaison le maximum de cette même année, nous choisissons celui de 1893, nous découvrons au mois de septembre 1892 un nombre de 11.731 ouvriers sans travail.

Par conséquent on se tromperait en attribuant à des chiffres égaux une valeur identique pour le cas qui nous occupe. C'est ainsi que nous trouvons à deux époques différentes une estimation de chômage à peu près semblable : 2.950 en septembre 1892, et 2.899 en mars 1893. Nous serions portés à penser que la situation pouvait être analogue pendant ces deux périodes ; ce serait une erreur complète. La statistique du Massachusetts Board est annuelle, elle prend son terme de comparaison dans l'année même : le premier chiffre est « valeur 1892 » comme le second est « valeur 1893 » ; si on les ramène tous les deux à une même « valeur », 1893 par exemple, comme nous l'avons fait plus haut, on voit qu'en septembre 1892 il y avait 11.781 chômeurs pour 2.899 en mars 1893, c'est-à-dire environ quatre fois plus.

Voici d'ailleurs un tableau qui fera encore mieux saisir la différence qui résulte du changement de base comparative : (V. p. suivante).

mois de l'année ; or, même pendant ce mois de prospérité relative, il y a des ouvriers sans travail en nombre plus ou moins considérable. Karl Marx appelait très bien cette partie inoccupée du prolétariat, *la réserve de l'armée active du travail* ; il faudrait donc tenir compte de l'importance de la réserve encore disponible après ces appels successifs au service actif.

Mais, quand on est averti de ces causes d'erreur, il est possible, dans une certaine mesure, de réagir contre elles. Nous savons d'abord que les chiffres trouvés seront toujours inférieurs à la réalité puisque l'on n'a pas tenu compte du nombre des ouvriers sans travail au

CHOMAGE EN 1892 ET 1893

Mois	Nombre des chômeurs			Pourcentage		
	1892		1893	1892		1893
	Base 1892	Base 1893		Base 1892	Base 1893	
January . .	13,842	22,623	8.348	4,45	7,27	2.61
February. .	9.258	18.039	6.324	2.98	5.70	1.98
March . . .	6.442	15.223	2.889	2.07	4.89	0 91
April. . . .	3.156	11.937	—	1.01	3.83	—
May	3,416	12.497	1.180	1.10	3,92	0.37
June	5.426	14,207	9.833	1.74	4.56	2,92
July	8.879	17.660	26.615	2.85	5.67	8,32
August. . .	7,390	16.171	55.944	2.38	5.19	17.49
September .	2,950	17.731	71.414	0.95	3.77	22.33
October. . .	224	9.005	48.846	0.07	2.89	15.27
November .	—	8.781	48.409	—	2.82	15.14
December. .	734	9.515	17.257	0.24	3.05	14.78

moment de la plus grande activité économique de l'année. Nous savons, par ailleurs, qu'au temps de prospérité on doit compter sur une proportion de 2 à 3 0/0 de chômage permanent. Nous serons donc sûrs d'être toujours au-dessous de la vérité, en ajoutant 2 0/0 aux proportions trouvées par le Massachusetts Board.

Voyons maintenant quels renseignements il nous fournit. De 1889 à 1893, les moyennes annuelles de chômage ont été les suivantes :

1889	moyenne	1,44	0/0
1890	»	2,30	»
1891	»	0,90	»
1892	»	1.05	»
1893	»	8,51	»

Si nous faisons encore la moyenne de ces 5 années, nous obtenons la proportion de 2,96 0/0. En y ajoutant les 2 0/0, minimum de chômage en temps de prospérité, nous arrivons sensiblement à 5 0/0, proportion très normale (1). La misère pour cause de chômage est donc aussi grande aux Etats-Unis qu'en Europe.

III. — *La durée du chômage*

Il ne suffit pas d'examiner combien d'ouvriers sont atteints par le chômage pendant six mois ou un an, ou de voir quelle est la quantité de travailleurs qui se trouve en moyenne chaque jour sans ouvrage, il faut encore considérer la durée du chômage.

En France, l'Office du travail estime, d'après les réponses qu'il a reçues des syndicats ouvriers, que le

1. Voir l'opinion de M. Caroll Wright, citée dans le *Rapport sur la question du chômage*, p. 288. Voir aussi Report of the Massachusetts Board to investigate the subject of the Unemployed March 13, 1895, Boston, Wright et Potter Printing Co, 18, Post office square, 1895.

chômage réduit de 40 ou 45 jours le temps normal du travail de l'ouvrier. En effet l'ouvrier, ayant de l'occupation toute l'année, travaille en moyenne 290 jours par an ; or la population prise dans son ensemble travaille à peine 250 jours. Il reste donc 40 jours de chômage réel (1).

La durée de chômage des 300.000 ouvriers sans travail signalés par les recensements professionnels de 1896 et de 1900 se répartit de la manière suivante (2) :

Chômage de moins de 9 semaines . . .	60 0/0
— de 9 à 12 semaines	11,5
— de 12 à 26 semaines. . . .	15
— de 26 à 51 semaines. . . .	3
— de 1 an et plus.	10,5
	100

En Allemagne, une enquête faite par les associations ouvrières, évalue en moyenne le chômage à 10 semaines par an. Les recensements officiels des 14 juin et 2 décembre 1895, nous donnent des renseignements plus complets et plus précis pour la Prusse. Le tableau suivant indique la durée de chômage chez les ouvriers qui se trouvaient à ce moment là sans ouvrage :

	NOMBRE DES CHOMEURS du 14 juin	au 2 décembre
	—	—
1 jour.	2.072	13.534
2 à 7 jours	17.542	66.635
8 à 14 jours	37.545	143.840
15 à 28 jours	21.546	96.312
29 à 90 jours	44.940	129.350
91 jours et plus.	33.105	61.340
Nombre de jours inconnu.	37.229	42.665
Total. . . .	193.979	553.676

1. *Rapport sur la question du chômage*, p. 302.
2. Voir proposition Dubief-Millerand, *loc. cit.*

Il résulte de cette enquête, faite dans des conditions très sérieuses, que les chômages les plus courts ne sont malheureusement pas les plus nombreux. Le manque de travail dure presque toujours plus de 8 jours. Dans plus de 40 0/0 des cas (1), le chômage dure plus d'un mois, ou, plus exactement, durait depuis plus d'un mois quand le recensement fut opéré.

Le *census* fait en 1885 dans l'Etat de Massachusetts aboutit à des constatations plus navrantes encore. 8,11 0/0 des chômeurs avaient manqué d'ouvrage pendant moins d'un mois et 91,88 0/0 pendant plus d'un mois (2).

A Bruxelles, en 1893, il y avait 20 0/0 des chômeurs manquant de travail pendant moins d'un mois, et 21 0/0 n'ayant pu trouver d'occupation pendant plus de cinq mois (3).

Toutes ces statistiques ne peuvent encore nous donner une idée suffisante de l'immensité du mal qui résulte du manque de travail. Elles sont toutes, en effet, basées sur des moyennes qui ne peuvent nous faire soupçonner que très vaguement la misère de certaines catégories d'ouvriers. Bon nombre de professions comme celle des mécaniciens, des employés de chemins de fer, etc., ne subissent presque pas de chômage, d'autres ont des périodes d'inactivité complète, mais elles sont prévues, escomptées à l'avance, comme cela a lieu pour les peintres, les maçons, etc. Les premières professions sont tout à fait privilégiées, et pour les secondes il n'y a que demi mal, car, d'une part, on peut, en principe, porter remède à une crise que l'on attend périodiquement, d'autre part, en fait, les salaires sont, en général,

1. Exactement 40 0/0 au 14 juin, 41.8 0/0 au 2 décembre.

2. L'enquête avait porté sur 241.389 chômeurs Rapport sur le chômage, p. 280.

3. Conf., Enquête belge, 1894-95, *Bulletin du travail*, 1896, p. 20.

majorés de façon à ce que, pendant les périodes d'activité, l'ouvrier puisse mettre de côté en prévision du chômage.

Le point qui doit surtout attirer notre attention est le chômage dans la sphère où il sévit avec le plus d'intensité, et où il fait le plus de mal. Quand on veut étudier sérieusement une maladie, on n'examine pas spécialement les sujets qui en sont les moins atteints, mais on suit de très près ceux chez lesquels elle opère le plus de ravages. On peut alors se rendre compte des désordres occasionnés par le mal, et chercher en connaissance de cause, les remèdes qui pourront le plus efficacement soulager ou guérir le patient.

Examinons donc les quelques professions où le manque de travail se fait le plus gravement sentir. A cet égard, l'enquête faite à Londres en mars 1887 est parmi les plus instructives (1). Elle nous révèle la proportion des membres de diverses professions, atteints par le chômage dans les six mois qui ont précédé l'enquête :

NOMBRE DE CHOMEURS	GROUPES D'INDUSTRIES
Moins de 10 0/0. .	Conducteurs et employés de chemins de fer, employés des postes, employés de la police.
De 10 à 20 0/0. .	Confiseurs.
De 20 à 30 0/0. .	Garçons de magasin et de courses, typographes, mécaniciens de chemins de fer, gardiens.
De 30 à 40 0/0. .	Conducteurs, déchargeurs, domestiques, horlogers, mécaniciens peseurs.
De 40 à 50 0/0. .	Boulangers, bouchers, forgerons, tireurs de vin, pelletiers.

1. L'enquête a porté sur 152.000 individus vivant dans les districts suivants : Saint-George in the East, Battersea, Hachenays, Depford.

De 50 à 60 0/0. .	Menuisiers et charpentiers, cigariers, matelots et colporteurs.
De 60 à 70 0/0. .	Tailleurs, cordonniers, constructeurs de navires, ébénistes, hommes de peine.
De 70 à 80 0/0. .	Maçons, peintres, vitriers.
De 80 à 90 0/0 .	Ouvriers des docks (1).

Après avoir examiné ce tableau, on ne peut plus s'étonner que M. Charles Booth ait pu dire que 31 0/0 de la population londonienne vivait dans un véritable dénument; encore ne tenait-il pas compte, dans son calcul, de toutes les personnes hospitalisées d'une façon quelconque (il y en a près de 100.000 à Londres), et qui pourtant appartiennent pour la plupart à la classe paupérisante (2).

Le recensement fait en Prusse en 1895, nous signale 10,61 0/0 des journaliers, et domestiques comme étant sans travail au 14 juin, et 25,11 0/0 au 2 décembre de la même année (3).

1. Les ouvriers des docks semblent tout particulièrement à plaindre M. Festy, dans son intéressante étude sur les unions des Dockers (Paul de Rousiers, *Le Trade-Unionisme en Angleterre*, p. 139), nous montre d'une façon saisissante la misère de ces travailleurs. Au surplus les tableaux de statistique mensuelle, publiés par la *Labour Gazette* montrent l'importance des variations du travail dans les docks, et par le fait même l'aléa auquel se trouvent exposés les ouvriers qui y travaillent.

2. M. Charles Booth, *Labour and life of the People*, Williams and Norgate, London, vol. II, p. 20. Voici comment l'auteur répartit les diverses classes de la population de Londres :

A	Misère complète. . . .	37.610 ou	0,9 0/0	30.7 0/0
B	Très pauvres.	316.834 ou	7,5 »	
C-D	Pauvres	938.293 ou	22,3 »	
E-F	Travailleurs aisés. . . .	2.166.503 ou	51,5 »	69 3 0/0
G-H	Classe moyenne et aristocratie	749.930 ou	17,8 »	
		4.209.170	100,0 »	
	Hospitalisés	99.830		
		4.309.000		

3. Non compris les domestiques vivant sous le toit des maîtres.

L'industrie de l'alimentation est parmi les plus atteintes. Il y avait à Paris, dans les métiers qui s'y rattachent, 4.000 personnes sans travail sur 12.000 ouvriers (1). Il existerait 5.000 ou 6.000 ouvriers « qui se trouvent condamnés, faute de travail pour eux, à n'être jamais employés que comme extras, à ne travailler qu'un jour ou deux sur sept » (2).

Le *census*, de 1885, dans le Massachusetts, enregistre 61 0/0 de journaliers sans travail, 82 0/0 des matelots, 30 0/0 d'ouvriers de ferme. Un autre recensement fait à Boston, en 1893, par le même Labour Bureau, nous indique un chômage de 55 0/0 chez les manœuvres et de 83 0/0 pour les ouvriers des ports.

En Suisse, dans le canton de Saint-Gall, pendant les hivers 1895-1896 et 1896-1897, le chômage de certaines professions se répartissait de la façon suivante :

PROFESSIONS	ONT CHÔMÉ plus de 30 jours	moins de 30 jours
—	—	—
Jardiniers	100 0/0	—
Magasiniers	100 »	—
Garçons de courses .	83,4 »	16,4 0/0
Emballeurs	75 »	25 »
Apprêteurs	75 »	25 »
Journaliers	61 »	39 «

Pour l'ensemble des chômeurs atteints par l'enquête 43,8 0/0 avaient chômé pendant une période de 6 à 30 jours, et 56,2 0/0 pendant une période de 30 à 60 jours.

Tous ces chiffres, si arides qu'ils soient, laissent transparaître l'atroce misère qui résulte du chômage, même chez les nations les plus prospères. Ils marquent

1. Du Maroussem, *L'alimentation parisienne.*
2. P. Mazerolle, *La misère à Paris*, p. 44.

l'étendue de cette plaie sociale. Mais le mal n'est pas encore pour cela connu tout entier; car de même que dans la pathologie médicale, la plaie est une porte ouverte à toutes les infections, l'origine de toute espèce de désordres organiques, de même dans la pathologie sociale la plaie du chômage entraîne à sa suite une foule de perturbations morales et sociales.

Pour se rendre un compte exact de l'affection originaire, il importe de s'enquérir des troubles concomitants qui se manifestent hors de la partie principalement atteinte, et des symptômes secondaires qui surgissent quand le mal n'est pas arrêté à temps. C'est à ce prix seulement que, connaissant la nature et la gravité réelles de la plaie, on pourra se rendre compte de l'imminence du danger et des remèdes les plus efficaces pour le conjurer.

Dans le cas qui nous occupe, cette étude est d'autant plus nécessaire que le chômage n'est pas tant à craindre en lui-même que dans ce qui en résulte; « ce qu'on voit » est beaucoup moins important que « ce qu'on ne voit pas » : le manque de travail n'est pas aussi nuisible en lui-même que le désœuvrement, la paresse, le découragement, l'habitude de l'ivrognerie et de la mendicité qui n'en sont que des conséquences plus ou moins lointaines, mais en tout cas très directes.

CHAPITRE II

LE DANGER MORAL RÉSULTANT DU CHÔMAGE

Nous avons constaté dans le chapitre précédent l'existence matérielle du chômage et son étendue, il nous faut voir maintenant quelles conséquences engendre ce mal, au point de vue matériel et surtout au point de vue moral.

Le chômage n'est pas seulement un désordre économique ; il ne se borne pas à faire courir de sérieux dangers à la famille ouvrière dans son intégrité, dans sa vie physique ; cette crise néfaste est encore un désordre moral qui expose à de rudes épreuves la dignité du travailleur, l'honneur de son foyer et son honnêteté même. Une union si étroite relie chez l'homme les phénomènes psychiques et les phénomènes physiologiques, que l'épreuve qui atteint l'une de ces deux régions de son être, se fait sentir, presque inévitablement, dans l'autre par contre-coup. La répercussion sera d'autant plus intense que les ressources individuelles sont moins considérables ; les conséquences du mal sont d'autant plus terribles que l'organisme physique et le complexus moral ont été moins fortifiés contre de pareilles attaques.

L'être véritablement fort est, vis-à-vis des faits extérieurs, dans un état *d'éjectivité*, pour se servir de la frappante expression de M. Tarde ; l'homme faible est, au contraire, dans un état de *réceptivité*. L'un cherche à conduire les faits, l'autre se borne à les subir ;

le premier réagit contre les maux toujours et les domine souvent, le second se laisse terrasser, et ne peut être délivré que par des interventions extérieures assez puissantes pour vaincre l'état passif de l'individu et les forces agissantes du mal.

L'état d'éjectivité étant supérieur à l'état de réceptivité, tout ce qui tendra à produire ou à améliorer le premier au détriment du second, devra donc être considéré comme utile au point de vue individuel et social, tout ce qui tendrait à entraver son action comme nuisible.

Un des meilleurs moyens pour obtenir le résultat désiré est assurément d'exercer toutes les énergies humaines à une activité continuelle, appropriée au but qu'elle doit atteindre, et à la nature de sa personnalité. Si, dans une situation économique normale, l'homme pour consommer a besoin de travailler, cette nécessité objective du travail ne fait que correspondre à une exigence subjective de sa nature qui a besoin également d'activité et de travail Un cheval que l'on tiendrait indéfiniment emprisonné dans son écurie ne tarderait pas à perdre ses qualités maîtresses, sa beauté particulière, il lui faut un labeur régulier, pénible même parfois, pour conserver et développer les facultés que la nature lui a départies. Il n'en est pas autrement de l'homme, le travail, l'effort, lui est nécessaire pour donner à son être toute sa puissance, toute sa beauté, et s'il n'obéit pas à cette loi de la nature, il déchoit.

Le travail est donc dans l'ordre ; le non-travail est un désordre. — En vertu de la solidarité qui unit toutes nos facultés, le désordre qui se manifeste d'un côté ne tarde pas à gagner tout notre être, si une puissante réaction ne vient lutter contre le mal envahisseur. Quand une partie du corps est malade ou blessée, la santé générale s'en ressent. De même, dans une autre sphère, le désordre économique ne tarde pas à engendrer le désordre moral, l'inactivité physique produit l'atonie intellectuelle et morale, l'engourdissement de toutes les facultés ; or, ces conditions sont extrêmement favorables au développement de l'état de réceptivité que nous venons de décrire. La partie est solidaire du tout, si le trouble est apporté dans l'une des sphères essentielles de l'activité humaine, toute l'économie de son être en est faussée. Le chômage cause cette perturbation localisée, mais essentielle, aussi apporte-t il les plus graves désordres chez l'homme qui en est atteint.

Descendant du domaine de l'abstraction dans celui des faits, déterminons donc la nature et les effets de ces désordres occasionnés par le manque de travail.

Examinons un instant l'ouvrier sans ouvrage, voyons ce qu'il fait, les milieux qu'il fréquente, et les habitudes qu'il contracte.

Le chômeur n'a d'autre occupation que de chercher de l'ouvrage ou de se réunir, le plus souvent au cabaret, avec ceux qui, comme lui, sont sans ouvrage (1). Après avoir passé toute sa journée en recherches infructueuses de travail, le chômeur lassé de ses fastidieuses démarches, découragé souvent, parfois profondément aigri par tous ses insuccès, a besoin de détente, de repos et de distraction. Ce n'est pas malheureusement chez lui qu'il cherchera ce délassement ; tant qu'il lui restera de l'argent, il ira le plus souvent au cabaret. Là il retrouvera des camarades avec lesquelles il causera, là il prendra un peu de cet alcool qui le surexcite, l'étourdit et lui fait oublier sa fatigue et ses ennuis. La boisson

1. Il est absolument regrettable que l'ouvrier n'utilise pas ses loisirs forcés à cultiver son intelligence par l'étude, mais en fait on peut dire qu'il n'en est jamais ainsi, à quelques rares exceptions près. C'est d'autant plus fâcheux que ce serait là un excellent remède contre les néfastes conséquences intellectuelles et morales du chômage que nous allons avoir à signaler. L'ouvrier éviterait de désastreuses chutes et augmenterait considérablement sa valeur intrinsèque.

ne fera pas seulement du tort à ce malheureux en épuisant les dernières ressources qu'il avait pour vivre, mais surtout en contribuant à affaiblir le ressort moral dont il a tant besoin dans cette crise dangereuse. Il est exposé à la contagion de tant de mauvais exemples, à la sollicitation de penchants si néfastes qu'il doit être obligé de faire appel à toutes les ressources de son énergie pour rester, lorsque l'inaction se prolonge, un honnête ouvrier.

Quand on connaît, comment est composé généralement le milieu des gens qui ne travaillent pas, on peut facilement comprendre combien ce voisinage peut être dangereux pour l'ouvrier désœuvré. En admettant même que le chômeur ait assez de volonté pour ne pas aller le trouver au cabaret, il sera amené presque inévitablement à le rencontrer au dehors (1). Car à côté de ces pauvres d'habitudes, souvent plus faibles que vraiment coupables, il y a d'autres éléments infiniment plus dangereux avec lesquels ils demeurent confondus; c'est la population criminelle ou quasi-criminelle.

Il existe dans toutes nos grandes agglomérations urbaines une foule d'individus, pour la plupart de mœurs inavouables, parmi lesquels se recrutent les professionnels du vol et de l'assassinat. Ils épient les bons « coups » à faire et en préparent l'exécution. Quand ils ont besoin d'aide pour réaliser leur projet, ils cherchent autour d'eux, parmi les gens sans travail et sans pain. Lorsqu'ils ont trouvé l'homme qui leur faut, ils lui font les propositions les plus alléchantes, faisant miroiter aux yeux de ce pauvre affamé tout le bénéfice qu'il pourra recueillir d'une pareille expédition.

1. « La misère, dit Maxime du Camp, qui, dans la crainte d'être reconnue, fuit les maisons habitées, coudoie l'indigence qu'on chasse parce qu'elle ne peut pas payer son gîte. » *La charité privée à Paris*, Paris, 1896, p. 489.

C'est une bien grande tentation pour le miséreux, d'accepter de pareilles offres. Il suffirait de faire, pendant quelques instants, le guet dans la rue, ou de tenir une échelle, pour avoir son pain assuré pour plusieurs jours, ou plusieurs semaines. Ces propositions lui sont souvent faites par des gens qu'il fréquente depuis qu'il est sans travail, et il se laisse beaucoup plus facilement circonvenir que si cette offre lui venait inopinément de personnes qu'il ne connaîtrait pas. En outre il faut tenir compte de ce que, comme le faisait très justement remarquer Louis Blanc, le vice a, comme la vertu, sa contagion et son point d'honneur. Beaucoup n'osent refuser des services de ce genre dans la crainte de paraître meilleurs ou moins pervertis que les autres.

Il est nécessaire aussi de ne pas oublier l'état de dépression physique et intellectuelle, de l'état de *réceptivité*, dans lequel se trouve un homme anémié par de longues privations, et habitué peut-être déjà à la mendicité. Plus la misère s'est prolongée, plus cette décadence de la dignité humaine est profonde. Le sens moral dévie, les choses les plus monstrueuses n'inspirent plus de répugnance. L'action corruptrice de la misère, jointe à l'influence néfaste du milieu finissent par avoir raison des meilleures natures (1). Elles les pervertissent et ne les livrent que trop souvent à la mendicité professionnelle et à la criminalité; une fois qu'elles seront habituées à ce genre de vie, elles s'y soustrairont bien difficilement.

Channing a mis admirablement en lumière les conséquences désastreuses de la misère pour la dignité du foyer. « Dans les demeures de l'indigence, dit-il, bien des choses refroidissent les sentiments les plus délicats. Une famille entassée dans une seule pièce, souvent

1. Louis Blanc, *Réglementation du travail*, Introduction.

étroite, qui doit servir à la fois de salon, de cuisine, de chambre à coucher, de chambre d'enfants et de malade, manque nécessairement de propreté, d'ordre et de bien-être, à moins d'une grande énergie morale et d'un profond respect personnel. Les membres sont sans cesse exposés à se mêler d'une façon gênante. Les convenances sont difficilement observées, la femme mal tenue et sale perd son charme. Les jeunes filles grandissent sans cette réserve et cette délicatesse qui sont la principale défense de la chasteté. La grossièreté de manière et de langage, conséquence trop certaine d'une vie en commun, devient l'habitude d'enfance, elle endurcit l'esprit que plus tard le vice ne dégoûtera plus. Le manque d'un intérieur propre et rangé est un des plus grands maux de la misère. Entassés dans l'ordure, les pauvres cessent de se respecter les uns les autres » (1).

1. *Les droits et les devoirs des pauvres*, Charpentier, 1879, p. 278. Emile Zola, lui aussi, décrit en termes d'une rare vigueur, ces taudis où la misère habite. Il nous parle « des maisons sordides, des ruelles entières de masures sans jour, sans air, d'une humidité de cave, où croupissait, où agonisait, empoisonnée, toute une population de misérables... A chaque étage recommençait le même dénûment, tombé à la saleté, à la promiscuité la plus basse Des vitres manquaient, le vent faisait rage, la pluie entrait à flots. Beaucoup couchaient sur le carreau nu, sans jamais se dévêtir. Pas de meuble, pas de linge, une vie de bête qui se contente et se soulage comme elle peut, au hasard de l'instinct et de la rencontre. Là-dedans, en tas, tous les sexes, tous les âges, l'humanité revenue à l'animalité par la dépossession de l'indispensable, par une indigence telle qu'on s'y disputait à coup de dents les miettes balayées de la table des riches. Et le pis y était cette dégradation de la matière humaine, non plus le libre sauvage qui allait nu, chassant et mangeant sa proie dans les forêts primitives, mais l'homme civilisé retournant à la brute, avec toutes les tares de sa déchéance, souillé, enlaidi, affaibli, au milieu du luxe et des raffinements d'une cité reine du monde... N'est-ce pas monstrueux sur ce pavé de la grande ville où resplendissent, où retentissent les millions, un homme qui cherche du travail pour manger, et qui ne trouve pas, et qui ne mange pas? La femme ne mange pas, les enfants ne mangent pas. Alors c'est la misère noire, l'abrutissement puis la révolte, tous les liens rompus sous cette affreuse injustice de pauvres êtres que leur faiblesse condamnait à la mort. »

De son côté Louis Blanc nous fait un tableau analogue de l'influence antiéducatrice de la misère. « Voici un malheureux, dit-il, qui a pris naissance dans la boue de nos villes. Aucune notion morale ne lui a été donnée. Il a grandi au milieu des enseignements et des images du vice. Son intelligence est restée dans les ténèbres. La faim lui a soufflé ses ordinaires tentations. La main d'un ami n'a jamais pressé sa main. Pas de voix douce qui ait éveillé dans son cœur flétri les échos de la tendresse et de l'amour » (1).

La classe malheureuse et la classe criminelle ne sont que trop voisines, la pente est glissante pour tomber de l'une dans l'autre, et les occasions de chutes ne manquent pas.

La plupart des grands criminels ont été habitués de bonne heure à la mendicité ou au vagabondage.

« Knobbock, rapporte M. Maxime du Camp, condamné dans une affaire qui fit grand bruit, il y a peu d'années, Marchandon exécuté sur la place de la Roquette pour un assassinat commis dans d'horribles circonstances, portaient tous les deux, au temps de leur enfance, les lettres que leurs mères écrivaient pour se faire donner le pain quotidien qu'elles refusaient de demander au travail » (2).

Vacher, dont tout le monde connaît la série de crimes particulièrement atroces, était un vagabond qui ne pouvait se fixer nulle part et demandait la plus grande partie de ses ressources à la mendicité. Et l'on pourrait citer des centaines d'autres exemples de criminels ayant commencé par être des mendiants professionnels. « Il faut bien savoir que les coupables, les criminels ne sont pas aussi différents des autres qu'on se l'imagine, disait très justement M. Gaufrès, ils ont les mêmes facultés,

1. Louis Blanc, *Réglementation du travail*, Introduction.
2. *L'assistance par le travail*, *loc. cit.*, p. 314.

les mêmes instincts, la même organisation Ce qui est faible en eux, c'est la volonté, la possession de soi, le caractère; c'est en un mot le principe qui musèle en nous la bête. On tremble à la pensée qu'une charité mal exercée use et brise ce frein » (1).

Voilà comment un sans-travail peut tomber avec une facilité beaucoup trop grande, hélas ! du chômage dans la misère, de la misère dans le paupérisme et du paupérisme dans la criminalité.

Ce résultat est dû à des défaillances successives provoquées par le désœuvrement, l'affaiblissement progressif de l'énergie individuelle; mais il est occasionné aussi par la façon aveugle dont sont distribuées les aumônes.

Ce n'est qu'une petite minorité qui tombe aussi bas, il est vrai, mais on peut vraiment se demander comment de semblables déchéances, dans de telles conditions, ne se produisent pas plus souvent.

Rien n'est fait pour aider ces malheureux à remonter la pente dangereuse sur laquelle ils glissent et qui les entraîne au précipice. Rien ne les en éloigne et tout les y attire. Aucun conseil affectueux ne vient leur signaler le danger, aucune main ne se tend pour les retirer de ce mauvais pas. Repoussés, au contraire, de partout, ils ne trouvent bon accueil qu'auprès de ceux qui ont passé par ces mêmes épreuves et se sont laissés aller jusque dans les bas-fonds. Ceux-là leur donnent des conseils, mais quels conseils ! Ils les engagent à faire comme eux puisqu'ils ont réussi : ils ont de l'argent et ne travaillent jamais. Et ils cèdent, comme leur conseillent les sans-travail d'hier, les mendiants d'aujourd'hui, les criminels de demain ; pressés par le besoin, découragés par trop d'insuccès, désorientés par une longue inaction, débilités enfin au moral et au physique par des épreuves et

1. Discours de M. Gaufrès à la Société d'assistance des Batignolles-Monceaux, 7 février 1892.

par des privations sans nombre. C'est pourquoi le paupérisme compte tant de nouvelles recrues, c'est pourquoi aussi il est si néfaste pour une société.

DEUXIÈME PARTIE

Les Remèdes

CHAPITRE PREMIER

LA PRÉVOYANCE ET L'AUMONE

Nous avons essayé de déterminer le caractère et l'étendue du chômage, de faire comprendre combien il était pernicieux, par sa nature elle même et terrible dans ses conséquences. Il convient maintenant d'étudier quel remède on y peut apporter.

Les remèdes proposés sont nombreux et des plus variés, leur classification rationnelle est par là même assez difficile. Toutefois il paraît logique de les catégoriser d'après l'intensité de l'effort, l'importance de la coopération fournie par celui qui subit la crise de chômage et ses conséquences. C'est ainsi qu'on est amené à déterminer trois groupes de remèdes :

1° *La prévoyance* par l'épargne, la mutualité ou l'assurance ;

2° *L'assistance par le travail ;*

3° *L'aumône.*

I. — *La prévoyance*

La prévoyance est assurément le meilleur des remèdes, il est le plus moral ; il indique un plus haut degré de vertu sociale chez celui qui en fait usage. Grâce à lui la dignité individuelle ne peut être atteinte dans les crises même les plus graves. Son excellence a été tant de fois vantée qu'il est inutile d'insister davantage.

Qu'il nous suffise de remarquer que dans l'épargne les ressources sont proportionnées à l'effort antérieur en durée et en intensité, une fois les économies dépensées, le prévoyant se trouve en présence de la même situation que l'imprévoyant. Dans la mutualité et l'assurance, au contraire, on ne réclame du prévoyant qu'un effort *moyen* grâce auquel, quelle qu'ait été la durée de cet effort, il est mis à l'abri des plus terribles conséquences de certaines crises déterminées. L'épargne semble donc s'adresser à ceux qui peuvent économiser des sommes relativement importantes, pour les autres, la mutualité et l'assurance semblent infiniment préférables, car ils sont mis ainsi à l'abri de dangers auxquels ils n'auraient pu se soustraire par leurs propres forces.

Malheureusement la prévoyance n'est pas à la portée de tous, beaucoup sont dans l'impossibilité presque absolue de faire, sur leur salaire, les économies qu'elle réclame. Le gain journalier est à peine suffisant pour entretenir l'ouvrier et sa famille, on ne peut guère exiger qu'il se prive même du nécessaire pour assurer les jours plus mauvais encore, qui pourront venir dans la suite.

Pour avoir la possibilité de mettre de l'argent de côté, il faut avoir un salaire *suffisant* et *régulier*. En fait, ces deux conditions ne se trouvent pas souvent réunies, il en résulte une impossibilité presque absolue pour une foule d'ouvriers, de mettre à profit le bienfait de la prévoyance.

Beaucoup de travailleurs se trouvent donc, par là même, des clients forcés de l'assistance. D'ailleurs ce n'est guère le moment de prêcher la prévoyance aux malheureux sans aucune ressource et tombés dans une atroce misère. Et c'est le cas que nous avons à envisager. Il ne reste plus pour eux que l'assistance sous les deux formes que nous avons indiquées : l'aumône et l'assistance par le travail, la première donnée gratuitement au miséreux, la seconde qui exige de lui en retour un effort, ou tout au moins une preuve de bonne volonté.

Nous parlons ici de l'assistance *matérielle* ; il y a aussi une assistance *morale* toute aussi utile que la première, puisque la misère humaine est tout à la fois physique et morale. Elle se manifeste sous les formes les plus ingénieuses, les plus diverses que suggèrent la charité aux âmes d'élite. Le mot d'assistance comprend en lui-même ces deux éléments matériels et moraux qui devraient constamment être réunis, car ils se prêtent mutuellement un appui excellent, indispensable même à l'efficacité du secours. Comme on l'a très bien dit, « assister (*ad sistere*) c'est au sens latin venir s'asseoir « auprès de quelqu'un ; c'est de sa personne s'appro- « cher d'une autre personne pour la soutenir, lui appor- « ter son aide ; c'est soulager la faiblesse d'autrui par « sa force, l'indigence par sa propre richesse, la dou- « leur par la compassion, ce n'est pas seulement donner « à autrui ; c'est donner à autrui quelque chose de « soi » (1). Donc l'assistance doit être tout à la fois matérielle et morale, mais comme l'assistance morale peut s'adapter à toutes les formes de l'assistance matérielle et qu'elle en dépasse même infiniment les limites, nous devons nous borner à étudier l'assistance matérielle aux valides dans ses deux applications principales : l'aumône et l'assistance par le travail.

1. *De l'assistance privée en droit romain.* A. Lot, thèse de doctorat en droit, Paris, 1895, p. 58.

II. — *L'aumône*

L'aumône est la forme la plus primitive, la plus simpliste de l'assistance. La vue d'un homme dans la misère nous émeut, notre sensibilité nous pousse à lui donner, pour atténuer ses souffrances, un peu de cet argent qui lui permettra de se procurer le strict nécessaire qui lui manque. Malheureusement, cette manifestation si spontanée de notre charité ne produit pas toujours, en toutes circonstances, d'aussi heureux résultats ; il est même une foule de cas où elle entraîne à sa suite les conséquences les plus fâcheuses.

L'aumône est faite, le plus souvent, sous forme de don pécuniaire ; mais beaucoup des personnes charitables qui distribuaient ainsi des secours, se sont vite aperçu qu'en agissant ainsi elles allaient à l'encontre du but qu'elles poursuivaient. L'argent servait, le plus souvent, à entretenir la fainéantise d'incorrigibles paresseux et à encourager leurs faiblesses et leur vices. C'est ainsi que, lors de son voyage à Paris, le tzar Nicolas II avait fait remettre une somme de 100.000 fr. pour les pauvres. On décida de distribuer 2 francs à 50.000 miséreux de la capitale. Pour se procurer le numéraire nécessaire à ces distributions, on allait faire chaque soir de la monnaie chez les marchands de vin de chaque quartier ; or c'étaient toujours les mêmes pièces qui revenaient pour la distribution. Ce fut du moins la constatation que l'on fit dans un des bureaux où l'on avait eu soin de rayer toutes les pièces qui étaient données aux solliciteurs.

D'ailleurs les fâcheuses conséquences d'une aumône distribuée inconsidérément, n'étaient pas moins nombreuses autrefois qu'aujourd'hui. Barthelemy de Laffemas s'efforçait de le montrer a ses contemporains. « En premier lieu, dit-il, les aumosnes qui se font en bonnes maisons et grosses cuisines, attirent les gueux, gueuses, putains et maquerelles, receleurs et receleuses qui sont cause de plusieurs larcins : et de la desbauche des serviteurs et chambrières, et même des enfants des maisons, attendu qu'on les retire la nuict dans les estables et autres lieux écartés, chose qui doit être en horreur et qui est commune et principalement aux bonnes et grosses villes. Outre qu'icelles maquerelles et gueux, soubs prétexte de gueuserie, attendent aux portes des maisons pour maquerelages et jusques au-devant et dedans les Eglises, aux coings des rues et ailleurs pour donner le mot à telles méchancetez si fréquentes en toutes parts. N'est-ce pas aussi ce qui engendre les petits enfans à la gueuserie qui ne veulent pas faire autre vocation si ce n'est à couper des bourses, et servir aux meschants la nuict à voller les maisons et autres vices ? Voilà à quoi servent les restes des dictes grosses cuisines. » Il conseille de donner, au contraire, ces aliments aux « pauvres honteux qui sont en si grand nombre et n'osent aller mandier ni gueuser, mais plutôt meurent de faim et pauvreté. Comme ceux qui sont chargez de jeunes filles et enfants qu'ils ne peuvent nourrir : dont plusieurs la nécessité les contrainct à mal faire, mesme que beaucoup sortent de bonnes maisons et familles qui se trouvent en nécessité. C'est là où la charité doibt estendre, et leur faire part des restes des dictes grosses cuisines (1). »

L'aumône en argent ne réussissant pas, on eut recours à l'aumône en nature. Les personnes qu'une telle expérience avait éclairées, ne donnèrent plus de numéraire,

1. Barthelemy de Laffemas, *L'incrédulité ou l'ignorance de ceux qui ne veulent cognoistre le bien et le repos de l'Estat et veoir renaistre la vie heureuse des François*, Paris, chez Jamet et Pierre Mettayer, 1600. Quatrième advertissement. Du commerce faict sur le debvoir de l'aumosne des pauvres, dédié aux riches et amateurs de bien public.

mais du pain, des vêtements, des layettes, etc. (1). Elles espéraient du moins que sous cette forme, le pauvre ne pourrait abuser de l'aumône ; mais elles se trompaient encore. Il existe des revendeurs spéciaux qui se chargent d'acheter tous ces objets à bon compte : souvent ce sont les marchands de vin eux-mêmes qui les échangent contre des produits de leur boutique (2).

Devant l'échec de ce système, on utilisa un nouveau procédé, celui des bons de nourriture ou de couchage. Comme le service n'est rendu qu'au moment même où il est utilisé, il semble certain que le bienfait ne sera pas perdu. Si le pauvre ne veut pas se servir du bon pour le but qui lui est assigné, il n'en pourra retirer aucune valeur puisque c'est un simple morceau de carton. Mais c'était encore là, l'expérience l'a prouvé, une nouvelle erreur, voici comment nous l'explique M. Maxime du Camp :

« Autrefois les mendiants ne recevaient les bons de « fourneaux qu'en rechignant ; ils grommelaient « que « voulez-vous que je fasse de ce morceau de carton ? « Donnez-moi deux sous, j'aime mieux cela ». Aujour- « d'hui ils se sont forts radoucis et ils acceptent volon- « tiers car ils en font le trafic. Quand un de ces malin- « greux a réuni trente bons, représentant pour celui « qui les a achetés une valeur de 3 francs et au moins « une valeur double pour celui qui voudrait les utiliser « correctement, il va, les vendre à des marchands de « vin, connus dans le monde de la gueuserie pour en « faire marchandise. Trente bons sont payés couram-

1. Il existe une œuvre bien touchante organisée par des jeunes filles protestantes, et ayant pour but de donner des fleurs qui égayeront le logis du pauvre. Ces fleurs sont vendues fréquemment par les petits enfants qui vont ouvrir la nuit les portières des voitures aux noctambules des boulevards.

2. Des fermiers ou des marchands de chevaux achètent assez souvent, pour nourrir leurs animaux, le pain que les pauvres sont arrivés à accumuler dans leurs besaces.

« ment seize sous, plus un double petit verre d'eau-
« de-vie, d'absinthe ou de verjus. L'affaire n'est pas
« mauvaise pour le marchand de vin chez lequel les
« 80 centimes sont généralement dépensés et bus ; en
« outre, il envoie chercher la nourriture par différentes
« personnes ou à différents fourneaux, afin de ne pas
« éveiller les soupçons ; il la « raccommode » et la sert
« à bon prix aux cochers de voitures de place, car leur
« cabaret est presque toujours voisin d'une station de
« fiacres. C'est de l'argent placé à gros intérêts : les
« trente portions achetées par eux seize sous sont reven-
« dues 30 centimes chacune ; et c'est ainsi sans le soup-
« çonner que la charité parisienne enrichit certains
« débitants de boissons » (1).

On pourrait en dire tout autant des bons de couchage : ils sont vendus eux aussi. Ce sont de pauvres diables, n'osant pas aller quémander à domicile, qui les achètent pour quelques sous (2).

Il faut donc admettre que l'aumône par bons et l'aumône pécuniaire peuvent être en quelque sorte assimilées l'une à l'autre, puisque, distribuées de la même façon, elles aboutissent souvent au même résultat, un don d'argent.

L'aumône n'a pas seulement la fâcheuse conséquence de ne pas atteindre le but qu'elle poursuit, elle a encore un résultat plus funeste. Elle agit bien souvent à l'encontre des intentions de ceux qui le distribuent, en subventionnant la mendicité professionnelle, en encourageant le paupérisme et en favorisant son accroissement.

Comme le faisait très bien remarquer le baron de

1. *L'assistance par le travail*, Maxime du Camp, *Revue des Deux-Mondes*, 15 janvier 1888, p. 300.

2. M. Berthelemy nous dit (La charité, *Bulletin des travaux de l'Université de Lyon*, 1er trim. 91) que le cours normal des bons de la presse oscille entre 2 et 6 centimes.

Gérando « l'infortune la plus complète est souvent la plus silencieuse, souvent elle est même l'impuissance de se faire entendre ; la fausse mendicité est éminemment solliciteuse pressante, éloquente au besoin. Ainsi sont négligés les malheureux les plus dignes de pitié, ainsi sont encouragés l'intrigue, le mensonge, l'abandon volontaire » (1). Toute l'armée de la mendicité professionnelle (et son importance est beaucoup plus considérable qu'on ne pourrait le soupçonner) (2), est entretenue par les subsides de l'aumône. C'est-elle qui en absorbe la majeure partie, car au moins 9 fois sur 10 en donnant l'aumône dans la rue, nous encourageons un paresseux qui ne veut pas travailler.

Nous pourrions citer de nombreuses enquêtes, très sérieuses, faites sur ce point (notamment celles de M. le pasteur Robin et de M. Mamoz) (3), contentons-nous de rappeler un fait bien significatif qui s'est passé pendant le rude hiver de 1890. On avait ouvert au Champ-de-Mars, un vaste refuge où 700 personnes avaient pu trouver un gîte gratuit qui les mît au moins à l'abri du plus grand froid.

Un peintre, M. Henri Motte, était à brosser des décors dans un local, attenant à celui où les ouvriers sans travail étaient réunis. Comme l'artiste, pour se rendre compte de l'effet produit, avait besoin de faire tendre ses toiles et que pour cela il lui fallait une quinzaine d'hommes ; la première idée qui lui vint — la

1. Baron de Gerando, *De la bienfaisance publique*, t. III, p. 570.

2. Suivant un témoignage rapporté par Maxime du Camp (*L'assistance par le travail*, *loc. cit.*, p. 300), la mendicité « épistolaire » ne compterait pas moins de 200.000 adeptes qui arriveraient à extorquer 6 millions à la crédulité parisienne. Pour le vagabondage, M. Drouineau estimait qu'il n'y avait pas moins de 400.000 individus errant sans feu ni lieu en dehors des asiles urbains de quelques grandes villes (Dr Drouineau, Les enquêtes sur le vagabondage, *Revue philanthropique*, 10 mai 1897, p. 325).

3. Jacot, *L'assistance par le travail, son application en Allemagne et en France*, Montauban, 1897, p. 28.

plus naturelle — fut de faire appel à ces ouvriers sans travail (ou soi-disant tels). Il leur offrit 1 franc pour une heure ou deux de travail. Personne ne répondit à son appel. Il réitéra sa proposition plusieurs fois et ce fut à grand'peine qu'il pût embaucher *trois hommes*. Les secours de toute espèce que procurait la charité parisienne allaient donc à des paresseux, impénitents pour la plupart.

Cet état d'esprit ressort, non moins clairement, d'un autre exemple cité par M. Maxime du Camp. Un groupe de personnes charitables, réunies sous le nom d'« Œuvre des commerçants », avait conclu une entente avec une quinzaine de commerçants pour que ceux-ci occupassent, pendant trois jours pleins, à raison de quatre francs par jour, tous les individus qui lui seraient envoyés par l'Œuvre. 727 demandes adressées au directeur furent suivies d'autant de recommandations destinées à faire obtenir un emploi. Sur ces 727 solliciteurs avisés d'avoir à venir chercher une lettre qui les faisait entrer en fonctions, moins de la moitié, 312, se présentèrent. 174 seulement allèrent jusqu'à l'atelier, 37 la demi-journée achevée réclamèrent 2 francs et on ne les revit plus, 68 travaillèrent jusqu'au soir, recevant 4 francs, mais ne revinrent pas ; 51 travaillèrent pendant deux jours, 18 seulement travaillèrent les trois jours. Il faut ajouter que les maisons qui les avaient recueillis les conservèrent par la suite. Par conséquent sur 727 demandes de secours, 18 seulement émanaient d'ouvriers sans travail vraiment dignes d'intérêt (1).

1. « Quatre-vingt-dix-neuf fois sur cent, le voyageur qui frappe à votre porte a dépensé son argent au cabaret », nous dit un ancien « professionnel » devenu aujourd'hui un ardent champion de la lutte contre la mendicité en Suisse, M. Louis Tannigier (*Autrefois et maintenant*, Louis Tannigier, Genève). Quand nous donnons inconsidérément dans la rue, nous avons autant de chance de nous tromper « car le mendiant se montre et le pauvre se cache, le mendiant s'affiche en bonne place, le pauvre se dissimule » (*Les malfaiteurs de*

L'aumône sert donc la plupart du temps à entretenir la mendicité professionnelle. Le pauvre qui est généralement un être déprimé doit être singulièrement tenté d'avoir recours à elle pour vivre, car il peut facilement se faire, pourvu qu'il soit, un peu adroit, des journées de 5, 10 et jusqu'à 30 fr. (1). Quel métier pourra jamais, avec aussi peu de travail, procurer un salaire si élevé? Aussi, comme le fait très justement remarquer M. Berthélemy, « l'ouvrier qui accepte aujourd'hui l'aumône la demandera demain : l'homme du peuple qui commence à mendier est comme l'homme du monde qui commence à jouer : l'un court droit au vice, l'autre à la ruine » (2).

L'exemple de ces mendiants, récoltant si facilement de l'argent, est particulièrement néfaste pour les ouvriers qui ont le plus de peine à gagner leur vie, et M. Leroy-Beaulieu en explique fort bien la raison. « Etant donné, dit-il, le penchant de l'homme à l'indolence, sa tendance à sacrifier la sécurité du lendemain aux jouissances du jour présent, si les pauvres sont à peu près aussi assurés de vivre avec un minimum de bien-être que les gens qui travaillent, que les hommes, du moins, qui vivent des métiers inférieurs, le principal attrait du travail, qui est la nécessité, s'évanouit ». M. Vanlaer dans un article fort intéressant complète cette pensée en disant : « ce qu'il (le secours en argent) a de démoralisant pour l'individu c'est qu'il habitue à l'oisiveté ; ce qu'il présente de périlleux pour l'ordre social c'est qu'il crée des oisifs d'habitude » (3).

profession, Louis Paulbarreau, p. 195). Les mendiants professionnels commettent ainsi un véritable vol à l'égard des vrais pauvres en soustrayant l'argent qui leur est destiné, et c'est ce qui faisait dire à A. Karr que « le mendiant tue le pauvre ».

1. Paulian, *Paris qui mendie*, Paris, Ollendorff, 1894.

2. Berthélemy, *Le rôle économique de l'Assistance par le travail*, Société d'économie politique et d'économie sociale de Lyon, 1891-92, séance du 22 janvier 1892, p. 195.

3. Vanlaer, Chômage de l'ouvrier, *Correspondant*, 1892.

L'aumône a donc, tout à la fois l'inconvénient d'attirer et de tenter ceux qui n'y ont pas ou encore recours et de leur ôter bien souvent, une fois qu'ils l'ont acceptée, la volonté de reprendre un travail régulier et normal. Elle occasionne aussi le paupérisme à l'état héréditaire, qui n'est pas une des moindres plaies de notre société (1), car il faudrait aux enfants de mendiants d'habitude, une bien grande dose d'énergie pour devenir de bons travailleurs, en réagissant contre les exemples déplorables qu'ils ont toujours eu sous les yeux, et contre l'atavisme qui les pénètre jusqu'au plus intime de leur être.

Quelles que soient les fâcheuses conséquences que puissent entraîner une aumône inconsidérément distribuée, nous ne pensons pas cependant qu'on puisse considérer ce mode de secours comme dégradant en lui-même. Elle est même une des formes les plus touchantes et les plus spontanées de la charité. Or la charité qui est la plus sublime des vertus, ne peut être dégradante quand elle est inspirée et guidée par son principe essentiel qui est l'amour. Mais, comme le disait très bien M. d'Haussonville, il n'y a « rien qui supporte d'être mal fait, pas même le bien, je serais presque tenté de

1. Ce sont particulièrement les aumônes distribuées inconsidérément par l'Assistance publique qui aboutissent à ce déplorable résultat. On retrouve sur les registres de cette administration la généalogie de certaines familles secourues par elle depuis le commencement du siècle. En Amérique, on a fait le calcul de ce qu'avait coûté au budget les secours attribués à la seule famille des Jukes : voici à quels résultats cette enquête a abouti. Une certaine Oda Jukes fut inscrite sur les listes de l'assistance municipale de New-York au commencement du XIXe siècle. Cette malheureuse a été la mère d'une dynastie de Jukes qui a coûté à la municipalité de New-York la bagatelle de 1.250.000 dollars, soit 6 millions de francs. A la troisième génération, les petits enfants d'Ada, au nombre de cinquante, comptaient 10 assistés, tant à l'hôpital qu'à domicile ; à la quatrième génération, ils étaient 176 dont 77 assistés ; à la cinquième génération, 368 dont 99 assistés. Les Jukes se sont d'ailleurs acquittés généreusement envers la ville : à eux tous, ils ont commis un total de 108 crimes ou délits.

dire surtout le bien ; car le mal, mal fait, ne fait de tort qu'au mal, tandis que le bien, mal fait, fait du tort au bien » (1). L'aumône mal pratiquée a discrédité aux yeux de beaucoup le principe même de l'aumône, et cependant elle possède une puissance et une efficacité très grandes quand elle est donnée à bon escient. Dans bien des circonstances même elle ne peut être utilement remplacée par aucun autre mode de secours, par exemple dans des cas de très grande urgence lorsque la misère est à ses plus extrêmes limites.

Il ne faut donc pas proscrire l'aumône de notre système d'assistance. Mais il est nécessaire de n'y avoir recours qu'avec beaucoup de réserve dans la crainte de faire du mal à ceux mêmes que nous voudrions soulager, et de donner une force nouvelle à ce fléau que M. Abraham Dreyfus a si justement appelé, la *paupériculture* (2).

1. D'Haussonville, *Socialisme et charité*, p. 405.

2. « A mesure que le chiffre des aumônes grossit, dit Herbert Spencer, on entend grossir aussi continuellement une clameur de détresse qui demande plus d'aumônes ». H. Spencer, *La science sociale*, p. 2.

CHAPITRE II

L'ASSISTANCE PAR LE TRAVAIL

Après avoir constaté l'existence et l'étendue du chômage, après avoir étudié sommairement la nature et les dangers qu'il fait courir à l'individu, à la famille et à la société, nous avons été amenés à considérer que trois remèdes pouvaient être proposés pour conjurer le mal.

L'un de ces remèdes la prévoyance, ne peut être utilisé en toutes circonstances : beaucoup ne savent pas être prévoyants, beaucoup ne peuvent pas l'être. Quels que soient les progrès que puisse faire cette idée féconde, il restera toujours un grand nombre d'ouvriers qui seront atteints par la misère, sans avoir les moyens de lutter contre elle. Et ce sont ceux-là surtout qui nous préoccupent.

Pour les secourir on leur donne souvent le secours que nous avons signalé en second lieu, l'aumône ; mais nous avons montré combien elle était dangereuse quand elle était donnée inconsidérément, comme cela arrive le plus souvent.

Il nous reste à voir le troisième remède, l'assistance par le travail. Nous verrons les raisons qui ont amené des esprits éminents à l'adopter et à le conseiller et nous examinerons les diverses applications qui en ont été faites autrefois et de nos jours. Après avoir étudié le mécanisme de ces diverses tentatives, nous pourrons discerner les causes qui ont amené le succès des unes et l'avortement des autres, et indiquer par là même les conditions dans lesquelles ce mode d'assistance est applicable, efficace et bienfaisant.

Quelques philanthropes, frappés de l'inefficacité de l'aumône, de la stérilité des résultats auxquels elle aboutissait, du danger auquel elle exposait trop de familles atteintes par la misère, se proposèrent de faire appel à d'autres principes pour secourir plus utilement les nécessiteux valides.

Quand l'ouvrier a perdu depuis quelque temps l'accoutumance au travail, et qu'il a été obligé d'avoir recours à l'aumône, il ne peut bientôt plus supporter aucune occupation régulière et se trouve voué dès lors, presque irrémédiablement, au paupérisme, à la mendicité professionnelle, au vagabondage. Pour éviter de pareils dangers, le point essentiel est de conserver à l'individu l'habitude du travail. « Le mal dont souffre l'ouvrier, disait M. Cheysson, c'est le manque de travail; le travail est donc le remède naturel adéquat qui guérit le mal à sa source. Le travail possède par lui-même la grande vertu médicatrice » (1).

Grâce à ce travail, en effet, on parviendra à rendre le plus grand service qu'on puisse procurer au chômeur, car, comme le faisait remarquer très justement Benjamin Delessert : « La véritable manière de secourir le pauvre est de le mettre en état de se passer de secours ».

Avec le travail l'ouvrier *gagne* un salaire, au lieu de *demander* l'aumône, il conserve sa dignité de travailleur, et ne court pas le risque de se voir déchoir à la situation de mendiant.

Bien que les partisans de l'assistance par le travail soient, pour la plupart, hostiles au droit au travail, ils

1. Rapport de M. Cheysson à l'Assemblée générale de l'Union d'assistance par le travail du marché Saint-Germain (VIe arrond.), 25 fév. 1894, p. 7.

n'en reconnaissent pas moins que le travail est le meilleur, le seul secours digne d'être accordé à l'ouvrier valide.

« Il importe, dit le baron de Gérando, de mettre d'abord le malheureux en état d'user de ses propres ressources. Un tel service semble tenir le milieu entre le préservatif de la misère et ses remèdes. Il participe à la fois de l'un et de l'autre. *Donner le travail à qui peut travailler, c'est donner le pain, et avec le pain l'avantage de ne pas vivre aux dépens d'autrui* », et même il ajoute que « lorsqu'un indigent, capable de travail n'est pas occupé, *ou lorsqu'il ne l'est pas, du moins, autant qu'il pourrait l'être*, le secours doit lui être accordé sous la forme de travail et ne doit lui être donné que sous cette forme » (1).

En effet, les demi-valides eux aussi doivent être secourus par l'offre d'un travail en rapport avec les capacités qui leur restent. Aucune force ne doit être perdue : si elle n'est pas utilisée un certain désordre doit fatalement en résulter. Un individu qui n'a qu'un bras ou qu'une jambe n'est pas pour cela complètement incapable de travail. Et cet effort qu'il peut donner, il *doit* le donner. Une occupation lui est assurément nécessaire pour gagner un salaire qui le fasse vivre, mais elle lui est encore plus indispensable au point de vue moral, car plus qu'un autre il sera porté au découragement à cause de son infirmité même, et, par suite, de la plus grande difficulté qu'il aura à trouver un emploi; plus qu'un autre aussi il sera tenté de faire appel à l'aumône en exploitant sa difformité pour attirer la pitié des passants.

Pour l'ouvrier découragé par d'inutiles recherches de travail, affaibli par les privations qui résultent de son manque de ressources, c'est d'ailleurs un singulier

1. Baron de Gérando, *loc. cit.*, III, p. 486.

réconfort de pouvoir trouver une occupation honorable qui assure, même passagèrement, le pain nécessaire à lui et à ses enfants, sans avoir à tendre la main. Ainsi que le disait M. Cheysson : « Il ne se sent plus isolé ; il travaille ; cet argent qu'on lui donne il l'a gagné ; ce n'est pas une aumône dont il ait à rougir. Au lieu de se courber il se redresse ; au lieu de se courber, il reprend courage ». Ce n'est pas un don gratuit que l'on propose à l'ouvrier qui se présente à un atelier d'assistance par le travail, c'est un échange. Cet homme en effet est riche en puissance puisqu'il a une capacité de travail. Il a seulement besoin qu'on lui procure la possibilité de faire passer cette richesse de la *puissance* à l'*acte* en lui donnant du travail. Et c'est précisément ce que cherchent à faire les œuvres d'assistance par le travail. Elles donnent une rémunération mais seulement en échange du labeur fourni.

Tel est du moins le principe, mais il est certain que dans la plupart des cas, ainsi que nous le verrons, il n'y a guère d'équivalence entre la valeur du travail et la rémunération accordée. Ce que l'on se borne le plus souvent à demander c'est une simple preuve de bonne volonté ; et si minime que soit l'effort exigé, cela suffit cependant à écarter une foule de mendiants que toute besogne régulière effraie. A ce point de vue l'utilité est très réelle ; un sélectionnement primaire est fait entre les quémandeurs, le travail devient « la pierre de touche » à laquelle on reconnaît celui qui est digne d'être secouru.

En offrant aux valides pauvres du travail au lieu d'une aumône, en séparant les faux indigents des vrais pauvres, l'assistance n'obtient pas seulement un accroissement très sensible des disponibilités de son budget, mais l'efficacité de son action y gagne encore à plusieurs autres points de vue. C'est ainsi que le sélectionnement dont nous venons de parler empêche le dangereux rapprochement de ces deux classes d'indigents si différents par leur nature et par leurs aspirations. Le pauvre est un être faible, propre à recevoir et à laisser développer en lui tous les germes morbides qui lui viennent du dehors. En purifiant l'air dans lequel il vit, en éloignant toutes les chances de contagion, la préservation ou la guérison de la maladie sera par là même plus assurée.

De ce que le secours sera moins aveugle, de ce qu'il sera accordé en connaissance de cause à un ouvrier vraiment malheureux, il perdra aussi le caractère avilissant qu'il revêt parfois, quand il est donné aussi bien au professionnel, au criminel même, qu'au chômeur involontaire, confondus dans une même et vague pitié.

La misère est aujourd'hui une marque d'infamie, une cause d'ostracisme comme le faisait très justement remarquer le baron de Gérando : « Les personnes qui ont de l'ouvrage à donner, dit-il, n'emploient qu'avec répugnance les gens qui portent la livrée de la misère » (1). Pourquoi cela ? Assurément parce qu'on pense trouver en face de soi un travailleur imparfait et « son œuvre est toujours payée trop cher » ; c'est là très certainement une raison, mais ce n'est pas à notre sens la cause la plus importante de la répulsion que provoque le miséreux,

Sous cet habit déguenillé, avec ces cheveux et cette barbe incultes, derrière cette face terreuse, on croit voir, on craint de voir, un quasi-criminel ; instinctivement à l'approche d'un pauvre à la campagne, les enfants fuient et les chiens aboient. Nous sommes plus braves, mais guère plus sages, car celui qui tend la main avec cet accoutrement de loqueteux, est pour nous toujours un objet de suspicion et souvent d'éloignement.

1. *Loc. cit.*, III, p. 490.

Suspicion bien légitime, il est vrai, au prime abord. Le pauvre hère qui parcourt la campagne est probablement un vagabond incorrigible, prêt à voler dès qu'il le pourra. Il y a de grandes chances aussi pour que le mendiant qui tend la main au coin d'une rue ou sous le porche d'une église, soit un spéculateur avisé qui exploite à son profit la pitié qu'il s'efforce d'inspirer aux personnes charitables, et pour qu'il soit prêt à faire un « bon coup », la nuit, si l'occasion s'en présente, même chez un de ses bienfaiteurs.

C'est une tâche pénible, mais digne de tous éloges, celle qui consiste à pénétrer dans un pareil milieu pour y chercher les quelques égarés qui se trouvent parmi les brebis galeuses, et de les ramener dans un bercail plus sain « L'habit ne fait pas le moine » dit le proverbe ; Dieu merci, la livrée de la misère ne fait pas le mendiant professionnel, ni le criminel. Mais combien de pareilles investigations sont pénibles, périlleuses même, autant que délicates! Quelle habitude des hommes et des choses ne faut-il pas avoir, pour discerner si les « histoires » qu'on vous raconte, sont de pure invention, ou si ce sont un de ces navrants épisodes de l'histoire de la misère noire !

Aller aux renseignements, tout le monde n'a pas le temps de le faire, et ceux qu'on recueille peuvent être erronés, car les spéculateurs de la charité publique savent prendre toutes leurs précautions de ce côté. Pour les vrais pauvres il suffit, au contraire, d'une inimitié personnelle, qu'attire bien souvent le seul fait de leur misère, pour empêcher une demande de secours d'aboutir.

En admettant qu'on puisse avoir des renseignements précis, exacts, il faut encore un certain temps pour les obtenir, et pendant ces délais quelle cruauté que de laisser prolonger les souffrances que nous voyons et pourrions secourir ! Nous donnons alors avant d'être fixés et nous donnons aveuglément.

L'assistance par le travail est précisément un moyen de remédier à cet inconvénient. Pour donner un secours provisoire, en attendant les résultats de l'enquête, il suffit d'une présomption sérieuse que le cas, dont nous nous occupons est digne d'intérêt, et cette présomption favorable est fournie par le fait que le quémandeur accepte du travail. Cette acceptation du travail est pour les uns une simple présomption favorable, qui légitime une enquête particulière; pour certains autres, elle suffit pour l'admission définitive au secours.

Quel que soit le moyen employé pour savoir à quelle catégorie appartient un malheureux qui sollicite l'assistance, il faut reconnaître que ce triage, ce classement éclairé de quémandeurs, est non seulement nécessaire pour apporter à la vraie misère une aide efficace, mais qu'il est aussi profondément utile pour dissiper ce préjugé invétéré sur la livrée de la misère. Il faut montrer que malgré ces habits en lambeaux et cette tenue honteuse, on trouve chez le loqueteux des misères navrantes qui ne sont le résultat ni de la paresse, ni de la débauche, et qui sont dignes de tout l'appui de notre charité.

L'assistance par le travail n'a pas seulement l'avantage d'établir une distinction rationnelle entre la pauvreté simulée et la vraie pauvreté, de donner à cette dernière un secours efficace qui ne soit pas indigne et dégradant, elle a encore un mérite de plus. Elle influe de la façon la plus heureuse sur *le moral* de ceux qui la reçoivent.

Nous avons déjà vu combien était grande l'importance du niveau moral dans les terribles crises de la misère. Nous avons signalé aussi combien le manque de travail était pernicieux, et quelles terribles conséquences il entraînait progressivement : l'ouvrier sans travail, d'abord désœuvré perd peu à peu son énergie ; allant ensuite au cabaret, il se lie avec ceux qui, comme lui, ne font rien, et se laisse finalement entraîner par les conseils et les exemples des pires d'entre eux.

De même que le travail est le seul remède économique adéquat du chômage, de même il est seul à pouvoir réagir efficacement contre le désordre moral produit par un manque d'occupation prolongé. L'habitude d'une vie saine et bien réglée, l'obligation de la bonne tenue et de l'exactitude, la nécessité de l'application continuelle et de l'effort soutenu augmenteront tout à la fois la valeur morale et la valeur économique de l'ouvrier. Cette accoutumance est parfois difficile à reconquérir, quand on a perdu l'habitude d'un travail normal et régulier, mais c'est vers ce but que tendent aujourd'hui les œuvres dirigées de la façon la plus éclairée. L'effort soutenu de toutes les facultés développent l'intelligence et l'énergie, et ces deux qualités en progressant rendent le travailleur plus capable et plus heureux, en même temps que plus utile à la société.

Assurément dans toutes les tentatives d'assistance par le travail, on n'a pas cherché à aller aussi loin. On n'a pas toujours essayé de donner à l'ouvrier suffisamment de forces économiques et morales avant de le replacer à nouveau dans le champ clos de la lutte pour la vie. Mais comme c'est là le but le plus élevé, et à notre sens le plus utile, que poursuivent quelques-unes des œuvres de cette catégorie, nous avons tenu à le signaler pour montrer jusqu'où peut aller l'influence de cette méthode de secours.

On peut d'ailleurs distinguer à ce point de vue, deux façons d'envisager l'action de l'assistance par le travail. Dans l'une, on s'efforce d'éviter à l'ouvrier les conséquences néfastes que peut avoir pour lui le manque de travail : c'est une méthode préservative. Dans l'autre, on cherche à remédier tout à la fois aux causes subjectives et aux conséquences du chômage : c'est une méthode curative.

Mais quels que soient les procédés que l'on préfère, quels que soient les cas si divers qui peuvent se présenter, ce qui reste indéniable, c'est l'utilité manifeste du travail comme remède contre la misère des individus valides.

Il possède en lui-même, quand il est appliqué avec énergie et discernement, des vertus qui ne sont pas encore assez connues. Il permet de classer par catégories les pauvres qui s'adressent à nous, et par conséquent de les mieux connaître et de leur faire plus de bien. Grâce à lui on éloigne le mendiant professionnel, paresseux, incorrigible et volant l'argent destiné aux vrais pauvres qu'il pervertit par son dangereux contact. Grâce à lui on soulage plus efficacement ceux qui méritent notre pitié. A celui qui manque de pain on offre un *salaire d'attente*, à celui qui va glisser dans la fange, on apporte un secours qui l'empêche de tomber ; à celui qui est tombé, on donne un moyen de relèvement et de reclassement.

Telle est, dans ses grandes lignes, la tâche que se propose l'assistance par le travail : tel est son but. Le but est élevé, aussi la tâche est rude, mais heureusement les bonnes volontés ne manquent pas. Les expériences déjà faites commencent à éclairer cette voie difficile, en montrant les écueils qu'on y rencontre si fréquemment. Tâchons d'en faire notre profit, en essayant de démêler au milieu des nombreux efforts qui ont été faits, ceux qui peuvent être nuisibles et ceux qui font un bien véritable.

TROISIÈME PARTIE

Historique de l'assistance par le travail

CHAPITRE PREMIER

LES TRAVAUX DE SECOURS AVANT LE XVIIIe SIÈCLE

I. — *Le travail à caractère pénal*

Il arrive souvent que l'on pousse les recherches historiques jusqu'à l'exagération. Les partisans de cette façon de procéder croient donner plus de poids à la théorie qu'ils soutiennent, mieux réfuter l'opinion de leurs adversaires, en invoquant un passé très reculé, une civilisation très ancienne, voire même des théories ou des procédés depuis longtemps abandonnés.

Dans les sciences économiques pour lesquelles les études historiques sont particulièrement délicates, un pareil système présente plus de dangers que dans aucune autre science. Les phénomènes d'ordre sociologique sont tellement complexes, ils se rattachent si étroitement à une foule de circonstances, de toute origine et de toute nature, que leur étude ne peut être séparée de la connaissance approfondie des contingences qui les entourent.

Les partisans de l'assistance par le travail n'ont pas échappé à cet abus du désir de remonter aux sources, au risque de faire fausse route en invoquant à tout propos un passé trop lointain, une histoire sociale trop imparfaitement connue. On a voulu mettre en parallèle Rome et son esclavage, le primitif royaume de France avec son servage et notre organisation capitaliste moderne, avec son salariat libre. Donner du travail à qui n'en avait pas, c'était autrefois, le plus généralement, rendre l'esclave à son joug, réduire l'homme libre à la condition coloniaire (1). Etait-ce là une assistance ? Il nous semble que c'était plutôt une pénalité, une coercition par mesure de sécurité publique, dans laquelle on ne tenait aucun compte de la dignité personnelle des malheureux. L'esclavage et le colonat, ainsi compris, pouvaient empêcher le vagabondage et la mendicité ; mais ils ne pouvaient améliorer la situation matérielle et morale du pauvre ; bien loin de rendre à l'homme sa dignité et son indépendance, ce système lui faisait perdre l'une et l'autre.

Il ne pouvait d'ailleurs en être autrement dans cette Rome aristocratique, où régnait un souverain mépris et pour le travail et pour la liberté individuelle. Tout homme, qui avait besoin de travailler pour vivre, n'était plus digne de porter le nom de citoyen, et il devait perdre toutes les prérogatives qui découlaient de ce titre.

On n'est guère mieux inspiré, à mon avis, quand on fait remonter l'assistance par le travail à l'époque du servage. L'homme libre devenu pauvre, était obligé de demander aide et protection au seigneur ; et c'était en sacrifiant sa liberté qu'il obtenait assistance ou travail (2).

1. Rescrit des empereurs Gratien, Valentin et Théodose, 12 des Calendes de juillet 382, voir *Code Justinien* (XI, 25).
2. Dalloz, Répert., *Secours publics*, t. XXXIX, p. 745.

A cette époque encore toute imprégnée de doctrines romaines, le travail manuel était encore considéré comme une marque avilissante de sujétion ; les gens riches, qui ne travaillaient pas, pouvaient seuls être libres.

Cette prétendue assistance par le travail n'était en réalité qu'une mesure de police d'ailleurs peu efficace. En effet, à cette époque le servage n'était pas très redouté, et cette sanction ne suffisait pas à effrayer les mendiants et les vagabonds. En outre, le servage étant une mesure purement féodale, ne pouvait être appliqué que par les seigneurs ; aussi l'était-il d'une façon très incertaine, et très variable d'un lieu à un autre.

Le roi se vit obligé de prendre, de son côté, des mesures pour forcer les pauvres à chercher du travail : mais il n'essayait même pas de leur en procurer. La fustigation, la marque au fer chaud, le pilori, la prison, le bannissement, les galères même, furent employées, pour effrayer les « personnes tant hommes que femmes » qui « truandant les aucuns et les autres, se tiennent en tavernes et bordeaux, gens oiseux ou joueurs de dez ou enchanteurs ès rues qui soient sains de corps et de membres » (1). D'ailleurs ainsi qu'il fallait s'y attendre, ces menaces sévères ne diminuaient pas la misère et partout pauvres et vagabonds pullulaient.

François Ier fut le premier à entrer dans une voie nouvelle qui, de très loin, après de multiples transformations, devait aboutir à l'assistance par le travail.

Un arrêt du Parlement en date du 4 février 1516 enjoint à « tous les caymens marraulx, et belictres « demourans et estans en ceste ville et faulx bourgs de « Paris, *puissans et sains de leurs membres*, qu'ils vui« dent hors cette ville et faulx bourgs dedans trois jours,

1. Ordonnance de 1350, voir aussi les ordonnances de 806, 1230 et 1251.

« sous peine de punition corporelle. En outre permet « la dite Cour à tous officiers tant du roi que de la « ville et autres gens d'estat d'icelle, de prandre ou faire « prandre les dessusdits et il ceux faire mener en prison « du dit Chastellet ou autres prisons pour illec être « livrés par le dit Prévost de Paris ou son dit lieutenant « aux Prévost et Echevins de ceste dite ville, pour iceux « prisonniers qui de rien ne servent *estre enferré et mis « en sujétion le plus surement que faire se pourra deux « ensemble par tels endroits de leurs membres et aisé- « ment de leurs corps* qu'ils verront estre à faire pour le « mieux, pour ce faict être baillés et livrés par les dits « Prévost et Echevins aux maîtres des œuvres tant de « maçonnerie que charpenterie d'icelle ville qui ont la « charge et conduite des murailles qui de présent se « font autour d'icelle; pour iceux prisonniers d'être « mys à servir et besogner à toute diligence tant à *la « réfection des dites murailles curer et nettoyer les fossés, « rues et égouts* que en tous autres ouvrages et beso- « gnes publiques qu'il est et sera pour l'avenir néces- « saire à faire pour le fortification et prouffit du bien « public d'icelle ville » (1).

C'était un progrès : assujettir des mendiants à un travail sain, normal et régulier était assurément une mesure d'hygiène sociale, bien supérieure au système antérieurement adopté, et qui consistait à leur infliger des châtiments corporels ou à les mettre en prison sans les occuper. Mais il est impossible d'appliquer à ce procédé la qualification d'assistance, car il s'agit ici en réalité d'une peine sévère appliquée de plein droit sur la simple constatation du fait de mendicité par les agents de l'autorité publique. Le travail a un caractère pénal et non un carac-

1. L'assistance par le travail sous l'ancien régime et sous la Révolution française. *Bulletin de la Société internationale pour l'étude des questions d'assistance*, avril et septembre 1893.

tère d'assistance, il est destiné à assurer la sécurité publique et non à relever le miséreux.

En outre, l'arrêt de 1516 confond dans une répression commune tous les individus qui mendient sans avoir égard à leur degré de culpabilité, sans tenir compte de la cause et de la nature de leur détresse, sans leur offrir enfin avant de commettre ce crime — puisque crime il y a (1) — les moyens de l'éviter. Quand un pauvre n'avait même plus le morceau de pain nécessaire à sa subsistance, ou bien ne demandant rien à personne il mourait d'inanition, ou bien, mendiant, il s'exposait à la peine des galères. Un tel procédé était immoral, injuste, inhumain et n'atteignait pas le but auquel il tendait : l'obligation du travail telle qu'elle était appliquée ne rendait les mendiants ni moins nombreux, ni plus travailleurs, car on avait seulement cherché à supprimer les effets sans songer à remédier aux causes.

Un nouvel arrêt du Parlement, du 15 mars 1551, constitue dans cet ordre d'idées un sérieux progrès. Il est intéressant d'en connaître quelques lignes qui, mises en parallèle avec l'arrêt de 1516, montreront l'heureuse évolution qui s'était produite dans les esprits pendant la première moitié du XVIe siècle.

« En toutes les républiques il est très nécessaire « avoir œuvres publiques pour employer les ocieux et « fainéants, et aussi qu'il y a plusieurs artisans aides à « maçon et plusieurs autres qui sont demeurants en « ceste ville, *lesquels ne peuvent trouver le moyen de « gayner leur vie en aucune saison de l'année comme « en hyver et sont quelquefois et bien souvent* con- « traints de mendier », et, en conséquence, ces artisans sont admis librement aux travaux publics, tandis

1. Henri II ordonnait, par un édit du 15 juillet 1547, que les mendiants fussent envoyés « en galère pour y tirer par force la rame ».

que les « oiseux qui ne savent et exercent aucun métier » seront enchaînés deux à deux. Bien qu'on appliquât ces deux catégories de pauvres ensemble aux mêmes travaux, on n'en établissait pas moins, entre les uns et les autres, une différence de situation et de régime bien marquée.

C'était une transformation complète des principes, c'était la création d'une véritable assistance à côté de la répression. L'origine de l'assistance par le travail en France ne date réellement que de cette époque.

Les travaux que l'on organisa alors n'étaient pas permanents, mais la pauvreté et le vagabondage ne cessant de s'accroître, on était souvent obligé d'y avoir recours. Les guerres de religion du XVIe siècle surtout avaient eu pour conséquence, en faisant disparaître l'ordre, sauvegarde de la sécurité de tous et de la prospérité économique du pays, d'accroître la misère dans des proportions considérables. Les mendiants et les vagabonds, vivant d'aumônes et de rapines, devenaient de plus en plus nombreux et dangereux ; beaucoup d'entre eux s'enrôlaient dans des bandes armées qui ravageaient la France même en dehors du théâtre des hostilités proprement dites.

Le gouvernement avait trop à faire par ailleurs pour réprimer ces désordres locaux ou pour songer à soulager la misère. Beaucoup de ces coureurs de grands chemins venaient à Paris. Au dire de l'Etoile, dont les mémoires sont très dignes de foi, il était arrivé en une seule journée jusqu'à 6 ou 7.000 mendiants. On était obligé de mettre des archers aux portes de la ville pour les repousser. Il fallut avoir recours à des mesures très rigoureuses. Le Parlement, dans un arrêt du 29 août 1596, fit « injonction très expresse à tous les vagabonds, gens sans aveu et sans maître, à tous les pauvres valides qui n'étaient pas de Paris d'en sortir dans les vingt-quatre heures et de se retirer chacun

« au lieu de sa naissance, à peine d'être pendus et « étranglés sans forme ni figure de procès ».

L'effet produit par ces menaces ne fut pas suffisant, tellement est difficile la tâche de réintégrer dans les cadres normaux du travail ceux qui ont pris l'habitude du vagabondage et de la mendicité. Il fallut bien des années pour que la situation redevînt à peu près normale et permît l'emploi de procédés moins inhumains (1).

L'ordonnance que publia Louis XIII en 1612 avait pour but de mettre les mendiants hors d'état de nuire, et de les empêcher de participer injustement aux distributions du grand bureau des pauvres. Le roi désirait « favoriser le soulagement des vrais pauvres et le châtiment des mauvais et des mendiants valides ». Le progrès dans les principes, sinon dans l'application, restait acquis ; on maintenait soigneusement la distinction entre les vrais pauvres et les mendiants professionnels.

Nous n'insisterons pas autrement sur le régime qui était imposé aux mendiants arrêtés, puisque l'hôpital où ils étaient enfermés était, par destination même, une

1. A cette même époque, Barthelemy de Laffemas déclarait qu'il fallait porter tous ses soins à ce que « par le moyen du commerce des manufactures, les pauvres valides soient employés : voyant mesme que ce Royaume est (graces au bon Dieu), ordinairement fourni de bled, vins et autres vivres en abondance, et nonobstant le peuple y meurt de faim et pauvreté, faute incroyable qui est facile à remédier quand les hommes d'entendement voudront considérer ce qui s'ensuit ». Il demandait en conséquence qu'on créât « deux vilages publics des plus commodes ». C'était l'idée première des colonies agricoles de secours. Cet auteur indiquait donc très sagement la route à suivre pour remédier à l'extension si déplorable de la misère et du paupérisme ; malheureusement sa voix ne fut pas entendue. — Barthelemy de Laffemas, *L'incrédulité ou l'ignorance de ceux qui ne veulent pas cognoistre le bien et le repos de l'Estat et voier renaistre la vie heureuse des François*, Paris, chez Jamet et Pierre Mettayer, 1600. Troisième traité. Les moyens de chasser la gueuserie, contraindre les fainéants, faire et employer les pauvres, dédiez à messieurs du clergé (Bibliothèque Nationale, R. 40.310 »).

sorte d'annexe de la prison. Les hommes étaient occupés à moudre du blé avec des moulins à bras, à brasser de la bière, etc. « Les femmes, filles et petits enfants *au-dessous de huit ans*, était-il prescrit, travailleront à filer, faire bas d'estaine (laine cardée), boutons et *autres ouvrages dont il n'y a pas de métier juré* » (1).

Mais toutes ces mesures pour la répression de la mendicité ou pour le soulagement de la misère se succédaient et échouaient aussi misérablement les unes après les autres. Dans les campagnes qu'ils parcouraient, souvent armés, les vagabonds continuaient à commettre leurs déprédations sans être sérieusement inquiétés. A Paris le mal n'était pas moins grand ; il y avait, dit-on, plus de 40.000 pauvres, la plupart « vivant « en païens, toujours en adultères, concubinages ou « mélange ou communauté de sexes ; faisant commerce « de pauvres enfants qu'ils torturaient de violences et « de contorsions. Parmi eux plus d'intégrité de sexe « après cinq ou six ans » (2). La population misérable de notre Paris moderne n'a que trop hérité des vices de cette époque. Le brillant vernis de la civilisation dissimule mieux ces plaies, mais elles n'en existent pas moins, et elles se révèlent bien vite aux yeux de qui veut les chercher.

Si nous considérons les procédés en usage chez les mendiants professionnels de cette époque, nous trouverons, à bien peu de chose près, ceux que nous signalent aujourd'hui M. Paulian et M. G. Berry.

1. Cette dernière restriction dénote l'hostilité irréductible des corps de métier à l'égard de l'ouvrage fait en dehors de la corporation. Les pouvoirs publics étaient obligés, pour l'organisation de ce travail « enfermé » de tenir compte de leurs réclamations, afin d'éviter une concurrence désastreuse, dont nous ne connaissons aujourd'hui que trop bien les ravages (Gaufrès, l'Assistance par le travail sous l'ancien régime. *Bulletin de la Société internationale pour l'étude des questions d'assistance*. Avril-septembre 1893).

2. *Recueil de pièces sur l'hôpital général*, bibliothèque de l'Arsenal.

Voici la curieuse nomenclature qui nous est faite de quelques-uns des moyens employés au moyen âge (1) :

« *Les Francs-Mitoux* qui s'étudiaient à contrefaire les malades et avaient la spécialité des attaques de nerfs.

« *Les Mercandiers* qui se donnaient pour d'honnêtes industriels ruinés par la guerre, le feu, etc., se présentaient à domicile chez les bourgeois, vêtus d'un bon pourpoint et de mauvaises chaussures.

« *Les Malingreux* qui, eux aussi, contrefaisaient les malades, et se disaient hydropiques, ou atteints d'ulcères aux bras et aux jambes qu'ils imitaient très bien. Ceux-là sollicitaient la pitié sous les porches des églises.

« *Les Orphelins* dont le rôle consistait à se présenter presque nus, en hiver, de façon à paraître gelés et à trembler devant les passants.

« *Les Piètres* qui contrefaisaient les estropiés et marchaient sur des échasses.

« *Les Polissons* qui marchaient par bandes, vêtus d'un mauvais pourpoint, sans chemise, chapeau sans fond, et une sébille en bois à la main.

« *Les Saboulleux* qui avaient la spécialité des attaques d'épilepsie, et se laissaient tomber sur le pavé avec des contorsions affreuses jetant de l'écume qu'ils produisaient avec un peu de savon dans la bouche.

« *Les Cagous* qui étaient les anciens, les expérimentés, et instruisaient les novices dans l'état de couper les chaînes de montre, d'enlever les bourses, de tirer les mouchoirs, ainsi que de se créer des plaies factices. »

C'était l'époque du plus beau temps de *la Cour des Miracles*, vaste enclos de maisons où habitait toute la tourbe paupérisante et criminelle de Paris. On la fer-

1. Henri Sauval, *Histoire et recherches des antiquités de la ville de Paris*, t. I, livre 5, p. 528.

mait le soir par une grille qu'on ne rouvrait que le lendemain matin, pour assurer quelque sécurité à la ville pendant son sommeil. Ce nom étrange de Cour des Miracles venait de ce qu'on pouvait y constater des phénomènes étranges, à l'heure de la rentrée de ses habitants : des paralytiques se mettaient subitement à courir pour se dégourdir les jambes, des estropiés retrouvaient l'usage de tous leurs membres, les maladies se guérissaient à vue d'œil. Le lendemain matin à l'heure du départ chacun reprenait son infirmité ; en attendant on allait profiter gaiement du gain de la journée, et se moquer de la crédulité des gens charitables.

Comme cela arrive trop souvent les innocents payaient pour les coupables parce qu'ils étaient moins adroits pour apitoyer le passant et moins rusés pour éviter les arrestations. Quand on voulut réprimer la mendicité ce furent les mendiants les moins dangereux qui furent mis en prison : quand on voulut secourir la misère ce furent les moins dignes d'intérêt qui reçurent les secours. Toutefois sans se décourager, quelques esprits charitables et éclairés cherchèrent un remède à un pareil état de choses. Les magistrats principalement se distinguèrent dans de nombreuses réunions où l'on étudia les meilleurs moyens d'assister les vrais pauvres (1640-1649) (1).

II. — *Les débuts de l'assistance. L'Hôpital général.*

A la tête du mouvement se trouvait M. Pompone de Belièvre, premier président du Parlement de Paris, qui fit preuve, en la circonstance de beaucoup de dévoue-

1. Il arriva même, dit-on, qu'on mit tant d'ardeur et de zèle qu'on dépassa parfois le but poursuivi, et que « beaucoup de pauvres se trouvèrent dans l'abondance, pendant que les familles qui n'avaient qu'une fortune médiocre manquaient souvent du nécessaire ». Docteur Guillier, *Histoire de l'hôpital de Notre-Dame de-Pitié* 1612-1881, Paris, Coccoz, 1882, p. 22.

ment et d'une générosité éclairée. Il s'agissait de créer un *Hôpital général*, où l'on fournirait, en l'imposant au besoin, du travail à tous les mendiants hospitalisés. Pour la réalisation de ce projet, on se heurta à une résistance opiniâtre de la part des corporations. Elles ne dissimulaient pas, dans une de leurs protestations, toutes leurs craintes à l'égard du nouvel établissement d'assistance. A les entendre il n'était pas douteux que l'hôpital provoquerait une augmentation plutôt qu'une diminution du nombre des pauvres. Il porterait « pré-« judices aux artisans qui sont dans Paris, étant très « certain par l'exacte connaissance qu'on a prise, qu'il « n'y a présentement assez d'ouvrage pour ce grand « nombre d'ouvriers, de telle sorte que la plupart des « maîtres de métiers bien loin de tenir eux-mêmes bouti-« que, ne trouvent pas seulement d'emploi en qualité « de compagnon et viennent se ranger dans l'hôpital « augmentant le nombre des pauvres au lieu de le sou-« lager ».

Malgré des obstacles de toute espèce, de Belièvre finit par obtenir que son projet fût signé par le roi le 27 avril 1656 (1).

Aux termes de cet édit il était dorénavant défendu de mendier sous peine de fouet pour la première fois, pour la seconde de galères pour les hommes et de bannissement pour les femmes. Il était également interdit de donner l'aumône sans être soumis à une amende de 4 livres parisis dont le montant était acquis à l'hôpital.

Dans cet établissement tout le monde devait être occupé suivant ses faculté. C'étaient les corps de métiers eux-mêmes qui étaient tenus de fournir le personnel technique nécessaire à l'hôpital.

1. Pour tous les arrêts et ordonnances concernant l'hôpital, se reporter à l'ouvrage de P. Jourdan, *Histoire de l'établissement de l'hôpital général* (avec actes et pièces justificatives, Paris. 1676), consulter également le très intéressant ouvrage de M. Louis Rivière, *Mendiants et vagabonds* (Paris, Victor Lecoffre. 1902).

« Chacun des corps de métier de Paris, peut-on lire dans le règlement seront tenus, quand ils en seront requis, de donner deux compagnons, même les maîtresses lingères deux filles, pour apprendre leur métier aux enfants du dit hôpital et ce faisant les deux dits compagnons et filles acquerront la maîtrise en leurs corps de métier, après avoir servi pendant le temps de six ans au dit hôpital, sur les certificats qui en seront délivrés et signés du directeur, jusqu'au nombre de six au moins, avec pouvoir de tenir boutique ainsi que les autres maîtres et maîtresses et sans aucune différence entre eux.... En cas que l'hôpital général fût trop chargé d'enfants, selon l'avis du directeur, ils seront *mis en métier chez les maîtres* pour leur enseigner la profession ».

C'était une nouvelle et grave atteinte aux prérogatives des corporations, aussi firent-elles entendre à diverses reprises de vives observations. On finit par leur donner raison, car bientôt le travail fut à peu près supprimé « dans « la crainte de faire de nouveaux pauvres et de nuire « aux artisans de Paris ; on avait offert aux marchands « et aux artisans toutes les mains de l'hôpital même gra- « tuitement, sans parvenir à les persuader ». Dans ces conditions il ne faut pas s'étonner si l'hôpital général devint « le refuge commun de tous les pauvres, vieil- « lards, malades, incurables, estropiés, gens de mains « sans ouvrage, enfants à mettre à l'école et non à l'ate- « lier ».

A toutes les époques nous pourrons retrouver des faits du même genre soulevant des protestations identiques et arrivant à des échecs analogues. On crée des établissements de travail, mais les débouchés étant insuffisants même pour le travail normal, les ouvriers libres protestent contre la concurrence qui leur est faite, et on se voit obligé de réduire la quantité de travail effectivement produite, de ne plus employer le personnel qu'à des besognes insignifiantes tant au point de vue du profit pécuniaire qu'au point de vue de l'utilité économique : finalement l'institution déviée de son but primitif, non adaptée à une autre destination, ne rend plus aucun des services que l'on était en droit d'en attendre, et doit disparaître.

Bien que, à l'époque de sa création, l'hôpital général ait fait fuir une quantité de mendiants effrayés de la perspective d'un travail obligatoire ou des galères, un encombrement considérable n'avait pas tardé à se manifester. Les pauvres affluaient de tous les coins de la province, ils arrivaient presque nus et mourant d'inanition, demander qu'on vînt à leur secours.

On en recevait de 6.000 à 7.000 par an et ce n'était pas suffisant car « il n'y avait souvent ni place pour loger de nouveaux pensionnaires, ni pain pour les nourrir » (1), ni travail à leur donner. Pendant la seule année 1659 la misère provoqua huit émeutes.

L'interdiction de donner l'aumône subsistait pourtant, sans compter que « défense était faite aux pro- « priétaires et aux locataires de donner aide aux vaga- « bonds sous peine de cent livres d'amende pour la « première fois » (2), mais des personnes de toutes les classes s'unissaient pour arracher les mendiants et les vagabonds des mains des archers (3).

Pour comble de malheur deux années de disette survinrent en 1662 et 1663, et la misère s'accrut d'une façon désastreuse. Afin d'éviter l'exode de la population de province qui se portait vers Paris, on décida la création d'hôpitaux dans les principales villes de France (déclaration du 16 juin 1662). Malgré les mesures qui furent

1. Gaufrès, *loc. cit.*, p. 280.

2. Regnard, *De la suppression des délits de vagabondage et de mendicité*, Paris, Larose, 1898, p. 11.

3. Moniteur, *Histoire de l'assistance publique dans les temps anciens et modernes*, Paris, 1866, p. 350.

prises, malgré les édits constamment renouvelés, aucun secours ne semblait efficace, en face de l'augmentation incessante du nombre de pauvres.

Le roi fut obligé de reconnaître lui-même en 1712 que ce qu'il avait fait était complètement insuffisant sinon inutile : « On voit, disait-il, des pauvres mendier dans les rues, les églises et les places publiques presque en aussi grand nombre qu'avant l'établissement de l'hôpital ».

La décadence de cette institution ne fit que s'accentuer pendant toute la durée de ce siècle si mouvementé. On travaillait peu à l'hôpital général et surtout on y travaillait mal. La Rochefoucault-Liancourt pouvait déclarer sans crainte d'exagérer que c'était « un véritable système de paresse » (1) Aussi la Révolution arrivant, l'institution était tout naturellement indiquée pour être une des premières à disparaître.

1. Il constatait ailleurs : « La promenade dans les cours, voilà donc le seul passe-temps de plus de deux mille cinq cents hommes dont on pourrait rendre le travail entièrement utile ».

CHAPITRE II

LES ATELIERS DE CHARITÉ

I. — *Origine des ateliers de charité*

A mesure que l'hôpital général déclinait, une autre forme d'assistance prenait une extension de plus en plus considérable sous le nom d'ateliers de charité. Louis XIV et Louis XV ouvrirent à diverses reprises des établissements de ce genre, mais ce fut surtout sous Louis XVI qu'ils acquirent leur plus grand développement, grâce au génie organisateur de Turgot. Avant de devenir ministre, alors qu'il n'était encore qu'intendant à Limoges, il avait créé un certain nombre de ces ateliers (1761 à 1774), et il avait pu étudier de près les détails pratiques de leur organisation et les résultats qu'on pouvait en attendre. Dès cette époque il eut à lutter contre des difficultés de tous genres. A la crise politique et économique qui se manifestait de jour en jour plus terrible, vint se joindre une nouvelle cause de souffrance et de trouble : une disette affreuse éprouva la population pendant les deux années de 1770 et 1771. Il ne fallait rien moins que l'intelligence, l'activité, le dévouement inlassable de ce philantrophe, pour faire face à tant de calamités et pour remédier en quelque mesure aux conséquences terribles qu'elles devaient entraîner.

Plus tard, quand sa renommée de bonté et de sagesse lui eut ouvert l'accès du pouvoir, Turgot n'eut qu'à étendre l'application des mesures qu'il avait prises pendant son intendance. Elles relèvent toutes d'ailleurs de la même conception. Pour soulager la misère, si répandue à cette époque de trouble et de famine, et pour calmer la sourde agitation qui se manifestait de toute part, Turgot employa deux moyens.

D'une part, il augmenta les ressources d'assistance de son intendance en demandant une contribution volontaire aux personnes aisées ; il la transformait au besoin en imposition d'office quand cette taxe des pauvres manquait ou ne rentrait pas assez abondante. Il considérait en effet que « *le soulagement des hommes qui souffrent est le devoir de tous et l'affaire de tous* ». L'exécution de cette mesure dirigée avec beaucoup d'ordre et de promptitude fournit des sommes assez considérables.

D'autre part, Turgot, chercha à soulager plus efficacement la véritable misère par un meilleur emploi des fonds dont il disposait. Il surveilla d'une façon très rigoureuse la distribution des secours pour qu'ils ne fussent donnés qu'à ceux qui en avaient réellement besoin, et dans la mesure du plus strict nécessaire. « Il importe, « écrivait-il, que tous les vrais besoins soient soulagés, « et que la fainéantise ou l'avidité de ceux qui auraient « reçu d'ailleurs des ressources n'accepte pas des dons « qui doivent être d'autant plus soigneusement réser- « vés à la misère et au défaut absolu de ressources qu'ils « suffiront à peine à l'étendue des maux à soulager ».

II. — *Organisation des ateliers de charité de Turgot*

La principale difficulté ne consistait pas dans la détermination du but à atteindre, objectif invariable de tous les philantrophes éclairés ; elle résidait surtout dans le choix des moyens à employer pour opérer cette classification et cette sélection des pauvres.

Turgot les groupa d'abord en deux catégories : dans l'une se trouvaient les infirmes, les vieillards, les jeunes enfants auxquels il attribuait des secours gratuits. « *Les autres ont besoin de salaires* », déclarait-il, et il se mit en mesure de leur en procurer.

Turgot comptait que le travail éloignerait ceux que nous appelons « les professionnels de la mendicité ». Il les poursuivit d'ailleurs avec une sévérité d'autant plus légitime, qu'il procurait d'une manière plus complète du travail aux vrais pauvres valides. Pour donner de l'ouvrage à cette foule oisive et sans pain, il fit d'abord appel à l'initiative privée. — « Il semble que tous les « propriétaires aisés pourraient exercer une charité « très utile et qui ne leur serait aucunement onéreuse « en prenant ce temps de calamité pour entreprendre « dans leurs biens tous les travaux d'amélioration, ou « même d'embellissement dont ils sont susceptibles. S'ils « se chargent d'occuper ainsi une partie des pauvres « compris dans les Etats, ils diminueraient d'autant le « fardeau dont les bureaux de charité sont chargés ». Il faisait d'ailleurs remarquer que ce n'était qu'une avance de fonds, car vraisemblablement le calme une fois revenu, ces améliorations ne tarderaient pas à leur procurer à eux un surcroît très notable de ressources, et à leurs biens une augmentation de valeur.

Malgré ces encouragements Turgot supposait bien que l'initiative privée, livrée à elle-même, abandonnée à son inclination trop souvent égoïste, ne donnerait pas tout ce qu'on pouvait en attendre, aussi examinait-il, dans l'instruction qu'il envoyait à ses subordonnés, les conditions dans lesquelles devraient être organisés les chantiers de travaux publics qu'on allait ouvrir.

Il ne dissimulait pas les difficultés auxquelles donnait lieu l'établissement de pareils ateliers publics, mais grâce à sa connaissance approfondie des choses et des hommes, jointe à des sentiments sincèrement humanitaires, il parvint à établir une organisation plus complète et plus sage que toutes celles qui l'avaient précédée, et que la plupart de celles qui l'ont suivie.

Pour peu qu'on ait examiné de près les milieux atteints par le chômage, on est bien facilement amené à constater que les ouvriers les plus forts et les plus habiles ne sont jamais ceux qui ont le plus à en souffrir, et que par conséquent les chômeurs sont généralement des travailleurs de moindre qualité. C'était donc pour ceux-là qu'il fallait organiser des ateliers, et Turgot le sentait fort bien. « Comme le but de cet établissement, « écrivait-il, est de procurer du secours aux personnes « qui ont *les plus grands besoins*, avec *le moins de* « *moyens pour y subvenir*, il est indispensable d'y « admettre toutes celles qui sont en état de travailler, « hommes, femmes, vieillards et jusqu'aux enfants » (1).

Et voici la raison pour laquelle il voulait que les femmes et les enfants fussent acceptés dans les ateliers aussi bien que les hommes. « Lorsque la cherté élève « la denrée au-dessus des facultés du peuple écrivait-il « ce n'est point pour lui-même que souffre l'homme de « journée, l'ouvrier, le manœuvre ; ses salaires, s'il « était dégagé de tous liens, suffiraient pour le nourrir : « ce sont sa femme et ses enfants qu'il ne peut soutenir, « et c'est cette portion de la famille qu'il faut chercher « à occuper et à salarier » (2).

Dans toutes les grandes tentatives faites pendant le courant de ce siècle pour procurer de l'ouvrage aux « sans travail », on ne s'est pas suffisamment inspiré de cette conception économique qui aurait pourtant pu donner de très bons résultats.

1. Turgot, *Constitution des ateliers de charité*, p. 455.

2. Turgot. *Mémoires sur les moyens de procurer, par une augmentation de travail, des ressources au peuple de Paris, dans le cas d'une augmentation dans le prix des denrées*, mai 1775, t. II, p. 481.

Sans entrer dans la discussion de la théorie très complexe qui consiste à savoir si le gain de l'homme doit être suffisant pour nourrir sa famille, ou si chacun doit être indépendant et gagner ce qui lui est nécessaire à son existence propre, il est pourtant permis de penser que dans des périodes particulièrement critiques, tout le monde, sans exception, doit donner son maximum d'effort pour obtenir, par son travail, les subsistances qui lui sont nécessaires. A plus forte raison dans les familles dépourvues de leur chef naturel, est-il indispensable que les femmes, et même dans une certaine mesure les enfants, se mettent au travail avec courage dès qu'on peut leur en fournir. C'était à procurer du travail à chacun selon ses forces et ses capacités, que tendirent tous les efforts de Turgot.

Il organisa une série de travaux que l'on peut grouper en trois catégories principales :

1° Travaux faciles ;

2° Travaux difficiles mis en entreprise ;

3° Travaux à domicile.

1° *Travaux faciles.* — Il fut nécessaire de classer suivant le degré de difficulté, les diverses occupations et leur rémunération. Pour les routes, par exemple, qui occupaient une place importante parmi les travaux à entreprendre, Turgot divisa en deux groupes les chantiers qu'on devait établir.

D'une part, pour les sections planes, qui exigent seulement le creusement des fossés latéraux et le remblai de la chaussée en pierre, il acceptait tous les bras qui se présentaient, si débiles ou si inexpérimentés qu'ils fussent. Les femmes et les enfants étaient munis de paniers et chargés d'aller chercher des pierres : ils servaient ainsi d'auxiliaires aux travailleurs plus robustes.

2° *Travaux difficiles.* — D'autre part, il existe dans la création des voies de communication, des parties plus compliquées (tels que remblais, travaux d'art, etc.), qui exigent une direction technique et une capacité professionnelle que ne pouvaient posséder, ni les propriétaires bénévoles qui se chargeaient de surveiller les ateliers de charité, ni les êtres débiles et peu expérimentés qui y travaillaient. Afin d'éviter les malfaçons coûteuses et même dangereuses pour la sécurité des nouvelles voies, Turgot décida de faire exécuter ces travaux à l'entreprise. Le but philanthropique était encore atteint, puisqu'on créait, par le fait même de l'ouverture de ces travaux, de nouveaux débouchés pour la main-d'œuvre, et, par ailleurs, l'habileté dans la direction et dans l'exécution du travail était plus efficacement assurée que si l'on s'en était remis, pour ce soin, aux représentants de l'État ou à ceux des bureaux de charité. Les meilleurs travailleurs devaient donc être employés à cette besogne ; s'ils n'y trouvaient pas de place, on les embauchait aux ateliers de charité dans les conditions que nous expliquerons plus loin.

3° *Travaux à domicile.* — Tandis que les hommes avaient la possibilité de trouver à s'employer soit dans les travaux privés dont Turgot avait cherché à susciter la création, soit dans les travaux exécutés à l'entreprise, soit enfin dans les ateliers de charité proprement dits, les femmes et les enfants étaient moins bien partagés. Les quelques travaux auxquels ils pouvaient être admis, étaient peu en rapport avec leur nature et leur capacité. Ils encombraient les ateliers de charité sans y être d'une grande utilité.

Pour remédier à ces inconvénients on organisa la distribution de travail à domicile. Des fonds spéciaux étaient alloués pour être consacrés à l'achat des matières premières (filasse, fil à dentelle, etc.) destinées à être mises gratuitement à la disposition des personnes sans travail (1). Il suffisait pour les obtenir d'une attestation

1. Colbert avait précédemment recommandé ce mode de secours;

d'honnêteté délivrée par le curé de l'endroit. On avait pris d'ailleurs la précaution de ne livrer ces matières que par « petites parties », car « un ouvrier à qui on « confierait une plus grande quantité de matières « serait tenté de les vendre et d'en détourner le prix à « son profit » (1).

Des rouets étaient prêtés aux personnes qui en manquaient, et même on apprenait à filer à celles qui ne le savaient pas encore.

Une fois le travail exécuté, il devait être rapporté. La matière première était estimée au prix courant, et la matière ouvrée « un peu au-dessus du prix ordinaire », la différence, était remise à l'ouvrière. Une fois le salaire payé, on fournissait un nouveau lot de matières premières, de telle façon que le travail pouvait être continué sans interruption.

En outre, pour ôter d'une façon plus complète tout prétexte à ceux qui auraient voulu spéculer sur la misère du peuple pour acheter la main-d'œuvre au rabais, Turgot avait décidé que, dans le cas où l'ouvrier pourrait se croire lésé dans l'estimation de son travail, on lui laisserait « la liberté de remporter son ouvrage « et d'aller le vendre ailleurs ; néanmoins en rappor- « tant au bureau la valeur de la matière première qui « avait été avancée » ; même dans ce cas il pouvait obtenir de nouveaux lots d'ouvrage.

La question de la nature des travaux à effectuer et de leur rémunération n'était pas la seule difficulté à résoudre ; il s'agissait encore de déterminer comment

sur son ordre les intendants devaient « presser les abbayes de rem- « placer leurs aumônes en argent par des distributions de laine des- « tinée à être tissée ou tricotée. » L. Rivière, *Mendiants et vagabonds*, Victor Lecoffre, 1902, p. 13. Voir également Pierre Clément, *Histoire de Colbert et de son administration*, 1874.

1. Turgot, *Mémoires, loc. cit.*, p. 451.

se ferait, en pratique, le recrutement des travailleurs, et quelle serait l'organisation intérieure des ateliers.

Voici comment on opéra. La liste des personnes dignes de recevoir des secours était présentée par le curé, mieux placé que tout autre à cette époque, pour connaître les gens, leurs ressources et leurs besoins. Une fois l'admission prononcée on s'efforçait de créer des ateliers de famille, où le père était responsable de la discipline et de l'exécution du travail. Ce mode d'organisation présentait d'immenses avantages, il était simple car il évitait l'épineuse difficulté du bon choix des chefs d'équipe ; il était pratique, car la discipline se trouvait organisée du même coup sans mollesse ni sévérité excessives, et il assurait une responsabilité complète en cas d'indiscipline ; il était juste enfin, puisqu'il permettait de répartir équitablement la tâche suivant les forces et la capacité de chacun.

Quand, pour un motif ou pour un autre, la création d'un atelier de famille n'était pas possible, on organisait des brigades de 5 à 10 individus. Le chef de la brigade jouait le rôle de père de famille. C'est à lui qu'on assignait le travail à accomplir : il était chargé pendant une semaine d'en assurer l'exécution et de veiller au maintien de la discipline.

Les salaires n'étaient réglés qu'à la fin de chaque semaine, au moment de la réception du travail ; mais des acomptes journaliers étaient versés pour permettre de faire les achats indispensables

Les ateliers fournissaient la nourriture dont on prélevait le montant sur les salaires à verser à la fin de la semaine.

Les personnes au-dessus de 16 ans avaient seules droit à un salaire. Les enfants au-dessous de cet âge ne recevaient comme toute rémunération que leur nourriture journalière. Turgot nous en donne lui-même les raisons. « Les brigades sont composées d'hommes,

« femmes et enfants. Or ceux-ci mangent presque « autant qu'une grande personne tout en fournissant « beaucoup moins de travail. Comme les acomptes ont « servi à la nourriture égale pour tous pour un travail « inégal, il est juste que le reliquat à toucher au « moment de la réception du travail ne soit distribué « qu'entre les personnes de plus de 16 ans. D'autant « plus que les enfants au-dessous de cet âge n'ont pas « besoin d'autre chose que leur nourriture. De nom- « breuses charges, au contraire, pèsent sur les person- « nes plus âgées » (1). Des gratifications supplémentaires étaient accordées aux chefs de brigades, pour la peine et la responsabilité qu'ils avaient.

Le salaire cependant devait rester constamment au-dessous du cours normal, pour ne pas provoquer la désertion en masse des ateliers privés, ce qui aurait augmenté encore la gravité de la crise qui pesait sur le pays.

III. — *Résultats des ateliers de charité*

Telles étaient les principales mesures que Turgot avait prises, en vue de rendre aussi simples et aussi pratiques que possible le recrutement et l'organisation des ateliers de charité.

Assurément dans des temps moins profondément troublés, ces ateliers auraient porté des fruits plus féconds encore, ils auraient manifesté leur utilité d'une façon plus évidente ; mais il faut se garder d'attribuer à l'assistance plus de puissance qu'elle n'en peut avoir. S'il lui est possible de secourir beaucoup de misères, elle est impuissante à guérir un pays d'une crise politique, économique et sociale. L'assistance n'est en réalité qu'un palliatif et, en nous plaçant à ce seul point de

1. *Ibid.*, p. 461.

vue, nous devons constater que Turgot a su avec des ressources très restreintes, tirer un excellent parti des ateliers de charité.

A cet égard, l'examen du « Compte rendu des opérations relatives à la disette » (1771) est des plus instructifs.

Recettes

Achats de graines	200.000	livres
» de riz	20.000	»
Travaux publics, 1770	80.000	»
» » 1771	80.000	»
Don du prince de Soubise	6.000	»
Ensemble	386.000	»

Dépenses

Pertes sur les grains, sommes non rentrées	90.150 l.	19 s.	5 d.
Travaux publics, chemins, Limoges (fortifications), filatures, 1770	85.019	3	7
Travaux publics, 1771	218.404	3	7
Aumônes, riz, fèves	47.200	3	6
Transport de graines, ventes, manutention	15.471	4	4
Commissions aux intermédiaires	11.000		
Intérêts des sommes avancées	8.307	15	10
Total	475.553	10	3
D'où un excédent de dépenses de	89.553	10	3

Grâce à cette somme relativement minime, Turgot était parvenu à fournir aux travailleurs de ces ateliers pour 220.000 livres de grains et de riz, que ceux-ci n'auraient sans doute pas pu se procurer autrement. En effet, l'administration avait été obligée, pour se procurer ces denrées, de les faire venir de Dantzig par l'intermédiaire des négociants de Bordeaux. En dehors de cette quantité de vivres qui avait été *vendue*, on en avait *distribué gratuitement* pour une somme de 137.000 livres, soit à titre d'aumônes pure et simple, soit en fixant le prix de vente au-dessous du prix de revient.

La population indigente avait donc reçu à titre de don pour 350.000 livres de denrées alimentaires de première nécessité, en dehors de ce qu'elle avait acheté au commerce privé avec les salaires payés en numéraire, et qui s'étaient élevés à 463.000 livres.

Ces résultats sont tout à fait remarquables et prouvent la supériorité incontestable de la méthode suivie par Turgot (1). Le ministre de Louis XVI ne faisait donc que se rendre une stricte justice quand il écrivait dans son rapport à l'abbé Terray : « J'ose me flatter qu'un « déficit de moins de 90.000 livres sur des opérations « de plus de 1.240.000 livres vous étonnera moins et « que vous jugerez moins défavorablement de mon « économie. Peut-être même vous paraîtrai-je mériter « quelque approbation. C'est la principale récompense « que je désire de mon travail ».

1. Voir la note de l'Office du travail sur les sociétés d'assistance par le travail, elle contient l'appréciation suivante relative à l'instruction envoyée par Turgot aux intendants, le 2 mai 1775, au sujet des ateliers de charité : « celle-ci peut être considérée comme une réglementation modèle des ateliers publics de charité ».

CHAPITRE III

L'ASSISTANCE PAR LE TRAVAIL SOUS LA RÉVOLUTION

I. — *L'œuvre du Comité de mendicité*

Aussitôt que la Révolution eut éclaté, un des premiers soins de l'Assemblée nationale fut de nommer un *Comité de mendicité* (1) chargé d'étudier toutes les questions concernant la misère qui sévissait dans le royaume, et de proposer les mesures les plus propres à en assurer le soulagement. Inspiré par la plus sincère philanthropie, le Comité se mit à l'œuvre avec une ardeur d'autant plus grande que les maux qu'il avait à guérir étaient plus pressants. De nombreux rapports furent rédigés par ses membres et notamment par son président de La Rochefoucauld-Liancourt; tous témoignent d'une ardente sympathie pour la misère et d'un désir sincère d'y porter remède. Les critiques que porte le président du Comité sur les institutions d'assistance existantes sont presque toujours justes, et nous montrent les réformes urgentes qu'il eût été nécessaire d'y apporter.

Malheureusement son esprit n'est pas suffisamment pratique, il voit clairement le but à atteindre, il indique quelle direction il faut suivre pour y arriver, mais il ne se préoccupe pas suffisamment des difficultés à vaincre,

1. Le « Comité pour l'extinction de la mendicité » était ainsi composé : MM de La Rochefoucault-Liancourt, président; Massieux, curé de Cergy, prieur, Coulmiers, abbé d'Obbécourt, de Cretat, Guillotin, David, curé, l'évêque d'Oléron, l'évêque de Rodez, Bauce de Vienzac, de Virieux.

et, dans sa généreuse impatience de voir aboutir ses bienfaisantes réformes, il s'irrite contre ceux qui se heurtent aux obstacles du chemin.

Les rapports de La Rochefoucauld devraient pourtant être tous lus par les personnes qui s'occupent des questions d'assistance, jamais jusqu'à cette époque (et rarement depuis) cette matière n'avait été étudiée avec autant de soin, de désintéressement et de hauteur de vues (1). Si dans l'ardeur de leur zèle, les membres du Comité ont été parfois entraînés à prendre leurs désirs pour des réalités, la cause en était dans leur manque de cette expérience des hommes et des choses, qui est un si puissant contrepoids pour les esprits trop portés vers l'idéologie. D'ailleurs, en comparant leurs divers écrits, on s'aperçoit que bien souvent l'expression a dépassé leur pensée, ou qu'ils ont été entraînés par le flot des idées nouvelles plus loin qu'ils ne l'auraient voulu ; plus d'une fois ils durent se contredire pour revenir à des théories plus facilement praticables : en voici un exemple.

Une des grandes revendications de la Révolution dont le Comité de mendicité était chargé d'assurer la réalisation pratique, était *le droit à l'existence*. Or, voici comment il était défini dans le plan de travail du Comité : « Le devoir de la société est *de chercher à pré-* « *venir la misère*, de la secourir, *d'offrir du travail* à « ceux auxquels il est nécessaire pour vivre, de les y « forcer s'ils refusent, enfin d'assister sans travail, ceux « à qui l'âge ou les infirmités ôtent tout moyen de s'y « livrer. Tel est le sens qui est donné *à cet axiome poli-* « *tique que tout homme a droit à sa subsistance*, et à « cette vérité incontestable que la mendicité n'est un « délit que pour celui qui la préfère au travail » (2).

1. Voir l'intéressant ouvrage sur la Rochefoucauld-Liancourt par Ferdinand Dreyfus, Plon-Nourrit 1903.

2. Plan de travail pour l'extinction de la mendicité présenté à l'As-

La définition affaiblit singulièrement la partie du droit à la subsistance qu'elle transforme en « *un devoir* « *pour l'Etat de chercher à prévenir la misère, de la* « *secourir* ».

Le contradictions entre les termes et leur définition, entre le principe et l'application ne sont pas rares dans l'œuvre du Comité. Dans le premier rapport, La Rochefoucauld revient sur le droit à l'existence joint à l'obligation du travail pour les valides. « Si celui qui existe, dit-il, a le droit de dire à la société : *Faites-moi vivre*, la société a également le droit de lui répondre : *Donne-moi ton travail* » (1). Peut-on croire que l'auteur de ces lignes ait une confiance bien éclairée dans l'utilité et l'efficacité de la revendication qu'il proclamait, quand il écrivait quelques semaines plus tard, dans son quatrième rapport : « Ce n'est pas par des moyens privés, indivi- « duels qu'un grand Etat peut donner du travail à ceux « de ses membres qui en manquent. A cet égard les « tentatives ruineuses pour le pays, désastreuses pour « les entreprises particulières et toujours impuissantes « n'auront pour effet que d'entretenir dans la classe « indigente, la *dangereuse idée que le gouvernement* « *doit la débarrasser de l'inquiétude, et de l'activité* « *nécessaire pour assurer sa subsistance*; elle sera plon- « gée dans la fainéantise, dans l'imprévoyance, dans la « misère qui en est la suite et dans le vice que nécessai- « rement elle entraîne » (2).

semblée nationale en conformité de son décret du 21 janvier, par M. de Liancourt, député de Clermont en Beauvoisis, Paris, Imprimerie Nationale, 1790.

1. Premier rapport du Comité de mendicité, Paris, Imprimerie Nationale, 1790, p. 1.

2. Le passage suivant n'est pas moins probant : « nous osons dire « que quand l'Etat pourrait à chaque instant fournir du travail au « désir individuel de ceux de ses membres qui lui en demanderaient, « ce qui est démontré sans possibilité, l'intérêt public s'opposerait à « cette institution ». Quatrième rapport, p. 84.

Il ne semble pas qu'il soit utile d'insister davantage sur de pareilles contradictions (1) qui seraient inexplicables, si on ne tenait compte du manque de pondération et d'esprit de suite qui régnait à cette époque, et de la facilité avec laquelle on proclamait, en théorie, des droits naturels qu'on méconnaissait ensuite dans la pratique. Pour ne pas sembler réactionnaire devant l'opinion, chacun ne cessait de surenchérir sur ses prédécesseurs ou sur ses rivaux. Dans le domaine de la spéculation on allait très loin, dans la pratique on était ramené à de moins grandes ambitions, par les nécessités de la pratique, par la réalité des faits.

En dehors de la partie proprement déclamatoire, de La Rochefoucauld, nous trouvons une foule de remarques profondes ou ingénieuses, qui font de leur ensemble un ouvrage de tout premier ordre sur les questions d'assistance. Bornons-nous à en citer quelques traits qui touchent à l'assistance par le travail.

La disproportion entre la population et le travail est « la cause première et essentielle de l'indigence ». Il faut donc s'efforcer par tous les moyens possibles de susciter des offres de travail (2). L'agriculture notamment pourrait arriver facilement à un plus haut degré d'activité et réaliser d'importantes améliorations : les emplois deviendraient plus nombreux, et même temps que les subsistances plus abondantes. Le gouvernement ne doit donc négliger aucun des moyens propres à favoriser les progrès dans ce sens, car *s'il ne doit pas être prévoyant pour chaque individu, il a le devoir de l'être pour tous* (3) ».

Il faut susciter chez l'individu la notion de sa responsabilité, la pensée de moralité, le désir de l'amélioration

1. Conf. Premier rapport, p. 9.
2. C'est la même théorie que nous avons vu soutenir par Turgot.
3. Quatrième rapport, p. 84.

de sa condition, par le travail et la prévoyance. Aussi quand il s'adresse à l'Etat pour obtenir un secours (toujours sous forme de travail pour les valides) devra-t-il s'attendre à être moins rémunéré que s'il trouvait lui-même une occupation chez un particulier, « principe, « dit La Rochefoucauld, aussi éloigné dans son exécu- « tion de la dureté que de la profusion, mais principe « essentiellement nécessaire et qui bien suivi est moral, « politique, humain, et même bienfaisant pour la « société puisqu'il tend à lui donner de l'énergie, à lui « créer des vertus, en ne se refusant d'ailleurs à aucun « de ses véritables besoins » (1). Cette exigence est, d'ailleurs, naturelle, car si pour l'enfant et le vieillard la société doit un secours qui lui sera, ou lui a été remboursé par l'activité économique de cet individu pendant la période productive de son existence, il n'en est pas de même pour le valide, en pleine possession de sa force et de son énergie. Il est juste, autant que nécessaire, d'exiger de lui un travail sérieux.

S'il n'accepte pas ce travail, il faut le punir, car le travail est nécessaire à l'homme pour vivre et les paresseux et les vicieux doivent être bannis de la société des honnêtes travailleurs. Pour éviter chez l'homme une chute aussi déplorable, il faut veiller à ce que le travail ne lui manque pas. Car sans cela « il tombe dans la misère et de la misère au désespoir ; il n'est qu'un pas du désespoir au crime ».

Pour améliorer véritablement la société il ne faut pas seulement chercher à donner du travail à tous, ce qui aurait déjà le grand avantage de diminuer la concurrence, et de faire augmenter les salaires, il faut en outre, chercher à diffuser le plus possible la propriété, en effet si la pauvreté se soulage par le travail, elle s'éteint par la propriété (2).

1. Premier rapport, p. 8.
2. Plan de travail, *loc. cit.*, p. 15.

Malgré les réserves que nous avons cru devoir formuler, ces rapports du Comité de mendicité sont dignes de notre admiration et de nos éloges, par la hauteur de vue et l'élévation des sentiments qui a présidé à leur rédaction ; c'est une œuvre sérieusement économique, en même temps que profondément morale. Malheureusement elle ne fut pas assez pratique et l'exécution des mesures inspirées par ce comité n'aboutirent le plus souvent qu'à des résultats déplorables.

II. — *Les ateliers de secours pour les hommes valides pendant la période révolutionnaire.*

A. — Organisation des ateliers de secours

Turgot s'était occupé d'une organisation générale de travaux de secours tant dans les campagnes que dans les villes, ce furent vers ces dernières surtout que se portèrent les préoccupations du gouvernement dès le commencement de la période révolutionnaire. Soit que l'on voulut éviter les troubles en apaisant les souffrances de la misère, soit que l'on eût en vue de rémunérer les « services » de ceux qui avaient « bien mérité de la patrie », en participant aux journées sanglantes pour faire triompher la Révolution, les partisans de l'ordre aussi bien que les agitateurs insistaient sur la nécessité de l'extension des ateliers de secours dans les villes et principalement à Paris. En dehors des motifs politiques des différents partis, il ne manquait pas de gens dévoués, d'éminents philanthropes qui, en leur qualité « d'hommes sensibles », désiraient l'amélioration de l'assistance, dans le seul but de diminuer les souffrances si nombreuses qui accablaient les classes populaires.

A défaut d'identité, de points de départ, de similitude de mobiles, il y avait donc tout au moins une universelle sympathie pour les souffrants, jointe à un vif désir de soulager efficacement leurs misères trop souvent imméritées. On se mit à l'œuvre avec beaucoup de courage. Les pouvoirs publics, le Comité de mendicité, la municipalité de Paris rivalisèrent de zèle dans l'accomplissement de leur tâche. Mais la besogne était difficile et ils n'usèrent pas des moyens qui auraient été susceptibles de faciliter son exécution

« La récolte de l'année 1788 avait été en partie détruite par la grêle, l'hiver était rude, le prix du pain s'élevait de jour en jour, et en même temps, l'agitation inséparable des élections des États généraux avait paralysé le commerce et raréfié le travail.

« Dès le 2 décembre 1788, le bureau de la ville de Paris avait pris les dispositions nécessaires pour l'ouverture de divers ateliers, au quai d'Orsay, à la descente du pont Saint-Nicolas, au ruisseau du quai Le Pelletier, à celui du port Saint-Paul, au quai de la Tournelle, au quai de Miramiones, à la rue des Banis, etc., enfin dans les îles de Charenton. Les travaux entrepris étaient naturellement des terrassements, des déblais et remblais. On décida d'y admettre indistinctement, tous ceux que le besoin et le défaut de ressources forceraient à se présenter, les obligeant seulement à se munir de pelles et de pioches; et le salaire de la journée fut fixé à 18 sous au maximum. Il descendit à 15 et à 10 sous pour les femmes veuves et les enfants » (1).

L'affluence y fut bientôt considérable. Le gouvernement fut obligé d'ouvrir de nouveaux ateliers (2). Le seul chantier de Montmartre qui au début ne comportait que 2.000 travailleurs dut en recevoir 17.000 au mois d'août.

1. Office du travail, *Note sur les travaux de secours contre le chômage*, Imprimerie Nationale, 1895, pp. 9 et 10.

2. Un décret de l'Assemblée nationale, en date du 30 mai 1790, prescrivait l'ouverture à Paris de nouveaux ateliers et l'expulsion des mendiants qui ne voudraient pas y travailler.

Cet encombrement était déplorable à tous les points de vue. Les ateliers étaient improductifs et ils attiraient une foule de paresseux qui acceptaient volontiers de gagner de l'argent sans rien faire.

Les difficultés du recrutement étaient, il est vrai, particulièrement grandes. Alors que Turgot n'avait guère dans ses ateliers que des cultivateurs déjà habitués au travail de la terre, on devait rencontrer forcément à Paris dans les ateliers de la Révolution, une foule d'ouvriers appartenant aux professions industrielles. Il fallait les former à la tâche qu'on attendait d'eux ; il aurait été nécessaire pour cela d'avoir affaire à des hommes de bonne volonté, parfaitement embrigadés sous la direction de chefs choisis avec le plus grand soin. Aucune de ces conditions ne fut remplie, ainsi qu'en témoignent les nombreuses plaintes auxquelles donna lieu l'organisation de ces ateliers. On s'explique d'ailleurs facilement ces doléances quand on étudie de près comment était effectué le recrutement des travailleurs et du personnel dirigeant.

On acceptait dans les ateliers toutes les personnes qui se présentaient sans avoir de renseignements précis et exacts sur leur situation et sur leurs antécédents. Le rebut de la population parisienne attiré par la perspective de ces ateliers où l'on gagnait de l'argent à ne rien faire s'y précipita en foule. Turgot avait agi sagement lorsqu'il avait fait appel au concours du clergé qui était le plus à même de connaître les familles nécessiteuses et intéressantes. A l'époque où nous nous trouvons, le gouvernement ne veut plus demander de services à l'Eglise, et il n'est pas à même d'en rendre de semblables. Aussi ne devons-nous pas nous étonner des résultats déplorables que nous aurons à constater (1).

1. Voir notamment le procès-verbal d'arrestation et l'interrogation de deux terrassiers prévenus d'avoir menacé de couper en morceaux

Le recrutement du personnel dirigeant n'était pas moins défectueux. C'était une lourde tâche que la direction du personnel de pareils ateliers; les ouvriers qui y étaient assemblés étaient totalement inconnus; il était donc impossible de choisir parmi eux avec discernement ceux qui auraient été capables de commander aux autres. La nomination des chefs était faite d'une façon aveugle, arbitraire, et aucune discipline n'était possible.

Personne n'obéissait, personne ne travaillait, et beaucoup ne se dérangeaient même pas pour faire acte de présence aux ateliers ; ils n'y venaient que les jours de paye, pour recevoir leur « salaire ».

Le mal était si visible que personne ne pouvait le nier. On chercha des remèdes en multipliant les règlements; mais les règlements se succédaient les uns aux autres sans être pour cela plus efficaces, et les considérants qui les précédaient constataient toujours une situation aussi critique (1). Non seulement le recrute-

les chefs de leur atelier. Archives Nationales, *y* 15.102 ; *y* 18.766. Consulter également les considérants qui précèdent les arrêtés municipaux et les plaintes des villes où l'on envoie les ouvriers parisiens, que nous reproduisons ci-après.

1. En voici quelques exemples :

Le règlement municipal du 11 novembre 1789 commençait en ces termes :

« Le département des travaux publics... instruit... des abus qui « n'ont que trop longtemps régné dans les précédents ateliers et dési- « rant, pour les faire disparaître, établir et maintenir le bon ordre et « la subordination parmi les ouvriers... » ; malgré les mesures prises, la situation ne se modifie pas, car le règlement du 24 septembre 1790, tout aussi sévère, commence par ces considérants : « La muni- « cipalité de Paris, instruite des abus qui, malgré sa surveillance et « celle de ses préposés, se sont introduits dans les ateliers publics, « voyant avec peine que l'exécution de ses précédents règlements a « été négligée et que la plupart des ouvriers induits en erreur par des « gens mal intentionnés se croyant dispensés de travailler parce « qu'ils regardent comme une dette ce qui est, et ne peut être, que le « salaire de leur travail, etc... »

Les considérants qui précédaient le décret du 31 août 1790 n'étaient pas de meilleure augure : « L'Assemblée nationale considérant comment était mauvais mais l'organisation était tout aussi défectueuse.

Au lieu d'organiser les ateliers par groupes composés d'un petit nombre d'individus fortement embrigadés, Bailly, le maire de Paris, se contenta de cadres très larges composés d'un petit nombre de surveillants. L'article premier du règlement du 11 novembre 1789 fixait à 200 le nombre des ouvriers travaillant dans le même atelier ; ils étaient partagés en deux divisions de cent hommes chacune. L'atelier était dirigé par un chef, deux sous-chefs, deux piqueurs et par un contrôleur chargé de la surveillance générale. Il était composé d'hommes de toutes provenances et de toutes conditions. Il suffisait pour y être admis d'être âgé de 16 ans au moins et d'être domicilié dans la ville de Paris ; or, il était facile d'obtenir d'un logeur complaisant une attestation de résidence qui permettait d'obtenir le certificat de domicile (1).

Il est vrai que Bailly avait pris quelques mesures rigoureuses grâce auxquelles il espérait maintenir l'ordre et la discipline ; mais leur sévérité fut loin d'avoir l'efficacité qu'il espérait. Elles n'aboutirent qu'à gêner, à vexer tous les ouvriers, sans en imposer aux paresseux et aux perturbateurs.

Le paragraphe XVI du règlement était ainsi conçu :

« La paye ne se fera que tous les samedis au soir et aucun ouvrier ne pourra exiger d'à-compte dans le cours de la semaine ».

Si Turgot avait édicté une mesure analogue, il avait du

bien il importe que les ateliers publics ne soient qu'un secours accordé à ceux qui manquent véritablement de travail..., que les secours ne soient préjudiciables ni à l'agriculture ni aux manufactures et ne deviennent une sorte d'encouragement à l'imprévoyance et à la paresse, a décrété ce qui suit... »

1. Les brigades des ateliers de Turgot ne comprenaient que 5 à 12 hommes sous la surveillance d'un chef connu de tous, et responsable de leur conduite et de leur travail.

moins pris la précaution de faire distribuer à tous les travailleurs les vivres dont ils avaient besoin dans le cours de la semaine ; c'est ce que Bailly avait négligé de faire. Il était pourtant facile de prévoir le danger qu'il y aurait à priver les ouvriers de toutes ressources pendant la première semaine de leur travail, alors que le pain leur manquait.

Pour assurer la présence des ouvriers pendant toute la journée, le même règlement prévoyait quatre appels par jour ; mais cette mesure, non plus que les précédentes, n'aboutit au résultat cherché ; partout, le travail et la discipline laissaient à désirer (1).

En présence de cette situation alarmante, l'Assemblée nationale avait décrété, le 31 août 1790, la réorganisation de tous les ateliers sur des bases nouvelles.

On prescrivait la fondation d'ateliers de deux espèces différentes : dans les uns, les valides devaient travailler à la tâche ; dans les autres, les hommes d'une capacité

1. Des doléances parvenaient de tous côtés à l'Assemblée nationale sur le résultats du décret du 20 mai 1790. On se plaignait en même temps du règlement municipal du 11 novembre 1789. Une note du 18 août nous montre que « les députés de la section Sainte-Mar- « guerite sont venus déposer au comité leur crainte sur le grand nom- « bre d'ouvriers qui abandonnent les ateliers pour venir demander « du travail dans ceux de secours, ils appréhendent que leur nombre « devienne si considérable qu'on ne puisse être maître de les conte- « nir » (Extrait Archives nationales, AFx 115 fol. 282).

Un rapport fait à l'Assemblée nationale au nom du Comité de mendicité, par M. Massieu, curé de Cergy, nous fait entrevoir une situation tout aussi inquiétante. « Si le nombre des mendiants a diminué, « dit-il, celui des ouvriers indigents et sans travail s'est accru d'une « manière onéreuse pour le Trésor national et peu favorable au main- « tien de l'ordre » (Archives nationales, minute F16 936). Il constate, en outre, l'impossibilité où l'on s'est trouvé d'appliquer entièrement le décret du 30 mai : « Nous nous contenterons d'observer, dit-il, que « les circonstances n'ont guère permis d'adapter dans l'organisation « des ateliers, les principes que votre Comité vous a déjà présentés et « que vous avez vous-même approuvé par votre décret du 30 mai. » C'était contre certaines dispositions de ce décret que Necker s'était élevé avec raison.

de travail inférieure étaient payés à la journée; mais dans ces deux cas le salaire devait toujours rester au-dessous du cours normal.

Le nouveau décret réalisait une sérieuse amélioration. On en revenait aux principes de Turgot. L'unité qui servait de base à l'organisation, au lieu d'être la division, comprenant 100 hommes, était la brigade ne comptant que 20 ouvriers. Les chefs devenaient plus nombreux et mieux hiérarchisés. Les inspecteurs généraux, les contrôleurs, les inspecteurs des chefs, les piqueurs, avaient des attributions nettement définies pour maintenir l'ordre et la discipline, et assurer la bonne exécution du travail. On créa des inspections (5 ateliers), des ateliers (3 brigades) et des brigades (20 hommes) ; en outre, il devait être installé des ateliers de correction destinés à tous ceux qui, n'obéissant pas à leurs chefs, seraient une cause de trouble, de scandale ou d'oisiveté dans les ateliers.

Cette transformation n'était pas cependant suffisante, et elle n'aboutit qu'à un échec (1). En dehors du mauvais recrutement du personnel, qui rendait presque impossible toute organisation stable, pacifique, laborieuse et disciplinée, deux principaux facteurs en étaient

1. Dans un rapport adressé au Directoire du département de Paris, touchant l'état des travaux de secours (16 novembre 1791), M. Garnier rappelait « les ateliers de fainéantise qui ont trop longtemps affligé vos regards dans toutes les avenues de la capitale. Cette institution funeste, l'une des plus grossière erreurs de la bienfaisance, en offrant une prime à la paresse et à l'effronterie tendait à avilir le travail et à décourager l'indigence laborieuse. L'aumône déguisée sous le nom de salaire était demandée sans pudeur et acceptée sans reconnaissance; cette émulation salutaire qui alimente le goût du travail, s'éteignait journellement ; les ateliers des manufactures étaient déserts, la langueur de l'industrie préparait la ruine du commerce, et la plus pure substance de contribution du peuple alimentait par des foyers d'or ce foyer de corruption et de misère. Enfin, un décret du 16 juin détruisit entièrement ce fléau » (Archives nationales. Seine 13 fol. 24, Extrait du procès-verbal des délibérations du Conseil général du département de Paris).

surtout la cause. En première ligne, il faut placer le défaut de travail. On manquait d'occupation à fournir à ces 27.000 individus inscrits aux ateliers de la capitale. On improvisait des travaux de tous les côtés, curage et réfection des quais de la Seine, construction de « l'édifice » Sainte-Geneviève, démolition de la Bastille, etc. ; on se décida à envoyer quelques groupes à Dieppe et dans l'Yonne pour creuser des canaux. L'encombrement existait toujours : les ouvriers admis dans les chantiers, trop nombreux, se gênant les uns les autres, s'encourageaient à la paresse et ne travaillaient pas, tandis que beaucoup d'autres restaient à la porte. D'ailleurs les ouvriers avaient intérêt à ce que les travaux ne fussent pas trop rapidement menés à bonne fin, car une fois terminés, il n'était pas sûr qu'on ouvrît d'autres chantiers tant on avait de peine à improviser des travaux nouveaux.

La plupart des ouvriers n'ayant pas le désir de travailler, aucun n'ayant intérêt à l'achèvement de la tâche, il aurait fallu une discipline bien sévère pour exiger d'eux un effort continu. Et cette discipline était impossible étant donnée la composition des cadres. Telle est la seconde raison pour laquelle ce règlement ne pouvait amener les améliorations qu'on devait en attendre.

La façon dont le personnel de direction était recruté laisse à penser comment il était composé. En effet, on avait prescrit de choisir parmi les personnes sans travail qui se recommandaient par leur capacité *ou par les services rendus à la Révolution*, et il est fort à croire que la seconde qualité suppléait le plus souvent à la première. Prendre des révolutionnaires pour calmer les esprits, maintenir la discipline et organiser le travail dans un milieu trop enclin, par sa nature même, à la paresse et à la rébellion, était assurément téméraire de la part du gouvernement qui avait l'intention de consolider, au milieu du calme, le nouvel État républicain.

Quel intérêt d'ailleurs les piqueurs, les chefs et les inspecteurs avaient-ils à exiger que le travail soit exactement fait? Beaucoup étant, par définition même, des révolutionnaires avérés, ne désiraient, en aucune manière, calmer l'effervescence favorable à la réalisation de leurs projets ; et le meilleur moyen pour eux de faciliter l'échauffement des esprits était de laisser les hommes en groupes et désœuvrés.

Mais, en admettant même qu'ils n'eussent pas d'aussi noirs desseins, les chefs avaient-ils la possibilité de se faire obéir ? La population des ateliers était trop hétérogène, trop changeante, pour qu'on pût obtenir et conserver sur elle un ascendant utile. Beaucoup de mendiants, de vagabonds, de paresseux de toute espèce, venaient s'embaucher dans les ateliers, puisqu'il était notoire qu'on y gagnait de l'argent sans rien faire. Il était presque impossible de commander, de diriger de pareils éléments à moins d'avoir à sa disposition des mesures sérieuses d'intimidation et de répression ; or, l'autorité n'osait ni agir, ni même manifester trop ouvertement ses volontés, car il arrivait souvent que les chefs qui usaient de ces moyens étaient menacés et molestés par leurs hommes ; et comme ils étaient le plus souvent sans défense vis-à-vis d'eux, ils avaient pris le parti de laisser faire et de ne pas accomplir, eux aussi, leur besogne de contrôle. On en arriva de la sorte à proposer de diminuer le nombre et les attributions des surveillants que le nouveau règlement avait augmentés. Comme ils ne faisaient rien, leur présence devenait inutile, et il valait mieux faire l'économie de leur traitement. Un mémoire du temps nous le dit en termes formels : « L'expérience et la clameur publique viennent démontrer « d'une manière invincible que cinq employés qui diri- « gent des ateliers mal surveillés ne font qu'ajouter cinq « fainéants aux 200 ouvriers qu'ils conduisaient ». On y demandait en même temps la diminution du nombre des contrôleurs, « car les abus qui existent en ce mo- « ment dans cette entreprise viennent presque tous « de l'inexactitude extrême qu'ils mettent à remplir « les fonctions intéressantes qui leur sont confiées » (1).

B. — RÉSULTATS DÉPLORABLES DES ATELIERS DE SECOURS

Une pareille population, dirigée de cette façon, devait se porter aux pires excès pour le moindre prétexte. En attendant les sanglantes journées qui devaient se produire peu de temps après, des déprédations de toutes sortes étaient fréquemment commises par des bandes de travailleurs de ces ateliers, soit dans les campagnes, soit même dans les villes.

Dans les documents si intéressants publiés par M. Tuetey, nous retrouvons constamment des lettres de Bailly à Lafayette ou au ministre de la guerre, leur signalant des pillages commis, ou sur le point d'être exécutés. Tantôt c'est une maison de Vaugirard, qui est mise à sac, c'est le palais Bourbon et la maison de Beaumarchais qui sont menacés, tantôt la populace veut s'en prendre à des ateliers, comme à la manufacture de glaces. Les troupes peuvent à peine suffire aux réquisitions incessantes, leur secours est demandé de tous côtés pour protéger les villes où des ouvriers de Paris sont envoyés.

Quand une localité est menacée de recevoir un contingent parisien pour exécuter des travaux, les réclamations, les demandes de renfort de troupes se produisent aussitôt. Et en effet, dès que la garnison n'est pas

1. Mémoire sur les ateliers de charité établis à Paris ou dans les environs, par M. Smith, 16 avril 1791. Tuetey, *L'Assistance publique à Paris pendant la Révolution*, publication de la ville de Paris, 1895, t. II, p. 181.

assez nombreuse pour les tenir en respect, ces prétendus ouvriers semblent tenir à justifier leur réputation : ils pillent et bouleversent le pays.

On forme le projet de créer un grand atelier à Dieppe pour le creusement d'un canal ; aussitôt cette ville envoie des députés chargés d'exposer les alarmes qu'une telle nouvelle a causées parmi la population qui craint une insurrection (1). Aux environs de Paris de nombreux dégâts sont commis dans les vignes des territoires de Vincennes et de Charonne, et on demande la protection de la garde nationale.

Mais c'est surtout dans l'Yonne que les demandes de secours se font les plus pressantes. De nombreux ouvriers de Paris y avaient été envoyés pour travailler au Canal de Bourgogne et le ministre ne peut arriver à satisfaire aux demandes de renforts qui lui sont adressées (2).

La municipalité de Saint-André-de-Cubzac prend un parti plus radical. Elle prie Bailly de ne plus désigner cette localité sur les passeports délivrés aux indigents renvoyés de la capitale, « ne pouvant les satisfaire et craignant leurs cris » (3).

Mieux que toute autre enquête sur les ateliers de

1. Tuetey, *Ibid.*, p. III, lettre du 6 janvier 1790.

2. Lettre de la municipalité de Joigny à MM. de la Tour-du-Pin et Saint-Priest demandant une garnison supplémentaire pour maintenir l'ordre à cause des 3 000 ouvriers envoyés de Paris qui viennent travailler au canal de Bourgogne, 11 oct. 1790 ; (Archives historiques du ministère de la guerre, carton n° 65). Lettre des administrateurs du département de l'Yonne au contrôleur général des finances demandant l'envoi d'un détachement à Brienon, avant l'arrivée des ouvriers de Paris pour maintenir l'ordre, 11 novembre 1790, (*ibid.* n° 65 *d*).

Lettre du 19 mai 1791. On y renvoie de nouvelles troupes pour calmer les inquiétudes des habitants.

Le ministre de la guerre déclare qu'il ne peut diminuer les frontières des troupes de ligne qui sont indispensables à sa défense. Il ne peut envoyer qu'une compagnie du 6e hussards, 17 mai 1791.

3. Tuetey, *ibid.*, v. lettre du 6 décembre 1790.

secours, les craintes du pays qui les reçoivent et les mesures de sécurité qu'ils nécessitent, montrent d'une manière péremptoire la façon déplorable dont ils étaient dirigés et surveillés. Mais en dehors de la population qui passait réellement ses journées aux ateliers, il y avait une quantité considérable de personnes qui, au dire des contemporains, se contentaient de s'y faire inscrire à l'atelier et de s'y présenter au moment de la paye. Ces gens-là n'étaient assurément pas les plus dangereux pour l'ordre public. S'ils volaient le patrimoine des pauvres, en recevant une rémunération qui ne correspondait à aucun service rendu, du moins ils ne cherchaient généralement pas à susciter des troubles et à prêcher la révolte. Et soit par impéritie, soit par impuissance à le constater et le réprimer, soit enfin par ignorance, le fait continuait de se produire et restait impuni.

Cependant de nouvelles plaintes se faisaient entendre, car les charges du Trésor augmentaient et la misère ne diminuait pas Au commencement de 1791, notamment, l'agent chargé de recevoir les fonds nécessaires pour les travaux de terrassement, M. Smith est assez mal reçu au Trésor public, par M. Dufresne parce qu'il demande 172.000 francs pour le paiement des salaires d'une seule semaine. Il écrit pour se disculper une lettre qui mérite d'être retenue (on ne mettait d'ailleurs nullement son honorabilité en jeu). Il commence par déclarer qu'il ne pourra donner de détails circonstanciés parce que toutes les pièces de contrôle qu'on devait lui envoyer ne lui parviennent pas. « Les administrateurs ont soustrait à « ma révision des feuilles de paye des ouvriers, et ils « ont cessé de me fournir la plus grande partie des « pièces qui justifiaient de l'emploi des fonds que vous « me délivrez ; cependant, Monsieur, voici aux détails « près, les motifs de l'énormité des dépenses dont vous « vous étonnez avec tant de raison.

« L'augmentation successive des ouvriers admis aux « ateliers de secours, sans que l'on l'exige d'eux aucune « espèce de travail et dont *une grande partie ne se pré-« sente que le samedi pour recevoir le salaire qu'elle n'a « pas mérité* ; le nombre effrayant de cette multitude « attirée par la fainéantise et son impunité montant à « présent à près de 17.000 individus, enfin, Monsieur, « les dilapidations causées par les nombreux abus qui « affligent depuis longtemps cet établissement malgré « l'honnêteté et la surveillance des officiers municipaux « chargés de cette partie » (1). C'est un homme compétent et impartial qui parle ; il résume clairement en quelques lignes les principales causes de la mauvaise tenue des ateliers, dont les désordres devaient amener la disparition. Son témoignage est d'ailleurs corroboré par bien d'autres. L'abbé Gouttes, par exemple, vient déclarer à la tribune de l'Assemblée Nationale, que si l'intention du législateur est de secourir les malheureux il n'entend en aucune façon favoriser la fraude et la fainéantise, et il ajoute : « Dans plusieurs ateliers composés de plus de 800 hommes, il y en a 200 au plus qui travaillent. Le reste est composé de jardiniers, de maçons, etc., occupés ailleurs la semaine et venant le samedi à l'appel recevoir six livres sur lesquelles ils donnent vingt sous à l'inspecteur. »

C. — DISSOLUTION DES ATELIERS DE SECOURS

La situation était devenue intolérable, les inscriptions augmentaient sans cesse. Leur nombre était de 19.000 en octobre 1790, il passait à 27.000 au commencement de janvier 1791 dans la seule ville de Paris (2).

1. Minute, 2 p. Archives nationales. D VI, 10, n° 101.
2. M. Gaufrès dit, dans son étude si documentée sur l'assistance par le travail, qu'en décembre 1791, il y avait 31.000 ouvriers à occuper

Il fallait avoir recours aux moyens radicaux, il s'agissait ou bien de remanier complètement l'organisation des ateliers, ou bien de les faire disparaître.

Le premier parti nous eût paru de beaucoup préférable ; avec beaucoup de persévérance, d'énergie et d'activité éclairée, on aurait pu arriver à faire rendre aux ateliers toute l'utilité qu'ils étaient susceptibles de donner. On considérait les ateliers de secours comme une institution détestable parce qu'ils n'avaient pas réalisé les espérances qu'ils avaient suscitées, sans discerner si la cause de l'échec provenait d'un vice essentiel de l'institution, ou de la mauvaise application qui en avait été faite. Nous reviendrons sur cette question pour apprécier les responsabilités, qu'il nous suffise de constater que le Comité de mendicité, malgré la sagesse dont il avait maintes fois fait preuve, se laissa entraîner par le préjugé du moment et il proposa de « rompre les ateliers ». Pour prendre une décision aussi grave il n'avait pas d'ailleurs jugé prudent d'en assumer seul la responsabilité, et quatre autres Comités s'étaient joints à lui pour délibérer (Comité des finances, d'agriculture, de commerce et des domaines).

La Rochefoucault Liancourt fit le rapport et proposa à l'Assemblée un décret qu'elle ratifia (16 décembre 1790).

Ce décret ne faisait que préparer la fermeture définitive des ateliers, en répartissant sa population sur divers points du territoire. Une somme de 15 millions était allouée pour ouvrir des chantiers de travail dans les départements, chacun d'eux recevait 80.000 francs pour commencer. Les travaux devaient être exécutés « sous l'autorité et la surveillance immédiate du directoire des départements, par les districts et les municipalités ».

et à payer, coûtant 900.000 livres par mois, sans préciser pourtant, si, dans ce nombre, figuraient ceux qui travaillaient en province.

La circulaire du Ministre de l'intérieurdu 26 décembre explique le décret, et rappelle que « le travail est le « seul moyen dont une nation sage et éclairée puisse « secourir l'indigence » ; mais elle se tait naturellement sur un des objets essentiels du décret qui était celui-ci : éloigner et disséminer une population qui pouvait être dangereuse pour la sécurité commune et l'ordre établi. Un certain nombre de départements entreprirent des travaux, d'autres distribuèrent les fonds en aumône, d'autres enfin « les partagèrent par district à raison de « la population et les laissèrent subdiviser ensuite dans « la même proportion par la municipalité de façon que « des sommes au-dessous de six livres furent distri- « buées par la municipalité. Un grand nombre de « départements employèrent ces fonds en réparations « des grandes routes bien que l'entretien de celles-ci « eût une dotation particulière » (1).

Les ouvriers ne mirent aucun empressement à retourner en province, de telle sorte que le nombre des présences aux ateliers de Paris ne fut guère diminué. Dans ces conditions, on n'osait dissoudre immédiatement les ateliers, et un désordre complet continuait à régner.

Mais l'opinion publique s'élevait de plus en plus vivement contre cette institution.

La Rochefoucauld lui-même déclarait qu'on contractait aux ateliers — quand on ne l'avait pas acquise par avance — l'habitude de la paresse. « Les mauvais gâtent les bons », disait-il, et il ajoutait : « Les ateliers même « utiles ont le funeste effet d'entretenir les ouvriers « dans la dangereuse opinion que le gouvernement doit « les débarrasser du soin et de la prévoyance nécessai- « res pour en chercher ». Ce langage ne ressemblait guère à celui qu'il tenait quelques mois plus tôt, alors qu'il proclamait hautement le droit qu'avait l'individu

1. La Rochefoucauld-Liancourt, séance du 28 septembre 1791.

de sommer la société de lui procurer ce qui lui était nécessaire.

Les Comités de section faisaient eux aussi entendre leurs doléances.

C'est ainsi que le Comité de la section du Temple « sur la motion d'un des membres, qu'un grand nombre d'ouvriers de divers états préfèrent travailler aux ateliers de charité, au lieu de s'occuper de leur métier, a arrêté que MM. les administrateurs des travaux de charité seraient priés de n'admettre aux dits travaux aucuns ouvriers de la partie de bâtiment et de renvoyer ceux qui pourraient avoir été admis jusqu'à présent » ; sur la demande des patrons charpentiers un vœu analogue était émis à l'égard des ouvriers de leur corporation (1).

Devant le changement d'orientation du Comité de mendicité et de la majeure partie du public, ces établissements ne pouvaient subsister longtemps. Par ailleurs la réaction était trop violente, pour qu'elle pût se contenter d'une simple modification dans leur organisation. Il fut donc décidé que le 20 mai les ateliers de Paris seraient définitivement fermés, c'était d'ailleurs l'époque favorable, car au printemps les travaux des champs et des industries saisonnières reprennent leur activité, et, la période des grands froids étant passée, les souffrances de la misère sont par là même moins douloureuses.

La crise économique de cette époque était si terrible que la reprise du travail au printemps ne put avoir lieu. Personne n'osait engager des affaires dans cette période de désorganisation, d'incurie et de perturbations de toutes sortes. On entrevoyait pour le lendemain de trop graves menaces pour que l'industrie ou le commerce

1. Extrait des délibérations du comité de la section du Temple, 4 mai 1791, Tuetey, *loc. cit.*

pussent se lancer dans des opérations qui auraient fourni une somme considérable de travail aux masses ouvrières. C'était donc la perspective d'une nouvelle période de chômage qui ne devait pas être moins dangereuse pour la paix et la sécurité publiques que pour l'aisance de la famille ouvrière.

Aux ateliers de secours, en même temps que l'habitude de la paresse, le peuple avait contracté celle de manifestations bruyantes à tout propos. Les ateliers fermés, l'armée de la Révolution se trouvait toute prête.

Les membres du Comité de mendicité espéraient conjurer le danger en fermant les ateliers, ils ne faisaient qu'en augmenter l'imminence. Ils pensaient que les ouvriers se reclasseraient dans les industries privées, mais l'activité économique étant presque nulle, beaucoup de ceux qui désiraient vraiment travailler, et ils étaient le petit nombre, ne purent trouver d'emplois. Quant aux autres ils ne cherchaient qu'à prolonger l'agitation, sans travailler et en vivant aux dépens de la société. Ils ne faisaient d'ailleurs que pousser à ses extrêmes conséquences le principe que La Rochefoucault-Liancourt proclamait au commencement de la Révolution, quand il déclarait que le citoyen avait le droit de crier à la société : « Faites-moi vivre ! »

Les réclamations des ouvriers contre la fermeture des ateliers décidée par l'Assemblée, ne tardèrent pas à se manifester sous des formes diverses. Des pétitions furent remises à l'Assemblée, les unes suppliantes, d'autres comminatoires. La pétition des ouvriers des travaux publics de Paris, dont la rusticité même prouvait qu'elle n'avait pas été transmise par quelque exploiteur de la misère du peuple, ne faisait appel qu'aux bons sentiments de patriotisme pour demander à l'Assemblée la réouverture des ateliers (1).

1. Tuetey, *loc. cit.*, p. 208, 28 juin 1791.

Pétition des ouvriers des travaux publics du département de Paris à l'Assemblée Nationale à l'effet d'obtenir le retrait du décret qui fixe l'époque de la cessation des ateliers de charité.

« Pour quelque coupable vous ne priverez point le vray citoyen qu'ils sont d'honnette nécessiteux et qu'ils ne seront pas même confondu avec des gens qui ont eu la bassesse d'usurpé ce qui n'était donné que pour le pauvre sans ressource, non vous êtes trop patriote pour réduire les malheureux dans la cruelle alternative de choisir entre le crime et la mort. Nous sommes convainqu que c'est le patriotisme quy vous a porté à suprimer les attellier puisque l'on vous les a dépeint comme le refuge de brigandage je ne disconviendrez point qu'il n'y ait dans les attellier des individus suspect, mais ce que je puis répondre c'est que la majorité sont de très bons patriotes ».

Tout autre était la pétition du 4 juillet destinée à « *exiger du pain à l'instant même* ».

MESSIEURS,

« Les ouvriers des travaux publics s'adressent à vous pour la troisième et *dernière fois*. La faim commence à les travailler et les contre-révolutionnaires s'en réjouissent, ils ne lisent que trop sur les visages. Ils vous supplient donc, Messieurs, ils vous pressent, ils vous sollicitent de prendre des mesures les plus promptes afin de leur procurer du pain et cela dès aujourd'hui, dès ce moment même, car il leur en faut *soit d'une façon, soit d'une autre*. Ils vous crient tous, c'est le cri de 25.000 individus dont les trois quarts ont femmes et enfants dans la capitale, de rétablir les ateliers de secours au moins jusqu'à la fin de la Constitution en supprimant les abus qui s'y étaient introduits. C'est le besoin, c'est le plus pressant besoin et rien autre qui leur fait tenir un pareil langage » (1).

Cette pétition, qui manifestait bien l'état d'esprit d'une partie de la population, était un véritable ultimatum.

Comme il était impossible de continuer à entretenir la foule des ouvriers incrits aux ateliers, la guerre devenait inévitable (2).

L'Assemblée Nationale, dont nous reconnaissons tout à la fois l'entière bonne volonté et les dangereuses illusions, avait résolu de faire exécuter plusieurs travaux très importants pour apporter des palliatifs à la dissolution des ateliers. Par le décret du 16 juin 1791, qui prononçait la dissolution des ateliers, elle attribua sur un fonds de 15 millions, voté précédemment pour les travaux d'assistance, 2.600.000 francs à répartir entre divers départements : celui de Paris notamment reçut un million affecté à la destination suivante : « Démolition de la porte Saint-Bernard et de la Geôle (prison des Tournelles), réparation du quai et nouveaux ouvrages de construction tant en amont qu'en aval du pont Louis XVI, ouverture d'un nouveau canal en face de Passy. — Gare à exécuter au-dessous du pont de Charenton ». On devait aussi continuer les travaux de Sainte-Geneviève. L'article 8 du décret spécifiait que

1. Minutes, Archives nationales, D. XXIX, nº 376.

2. Voici quel était le résultat financier des « ateliers de charité dans Paris, les environs et dans les provinces » (17 septembre 1791).

(V. tableau p. suivante).

Nouveaux ateliers de charité de la ville de Paris pour lesquels il a été accordé un million :

Mois de juillet 1791, suivant le compte des commissaires de la Trésorerie nationale	91.000 fr.
Mois d'août 1791, suivant le compte des commissaires de la Trésorerie nationale	162.000 fr.
	253.000 fr.

(Minutes, Archives nationales D VI, 17, nº 177).

les travaux seraient donnés à l'entreprise, par adjudication, au rabais, et que les chantiers devaient être ouverts au plus tard au 1er juillet.

A partir de cette date le Trésor cessa d'entretenir des ateliers de secours. Les ouvriers qui désiraient rentrer en province reçurent avec un passe-port, le fameux secours de trois sous par lieue qui leur permettait d'aller chez eux sans crainte d'être arrêtés ou de mourir de faim sur la route. Il faut croire que le voyage dans ces conditions leur parût agréable, car beaucoup revinrent ensuite à Paris pour recommencer quelque temps après ce vagabondage subventionné.

	Exercices			Totaux
	1789	1790	1791	
	Livres	Livres	Livres	Livres
Dépenses du 1er mai 1789 au 30 avril 1790 suivant le compte rendu, par M. Necker	1.403.201	1.084.600	»	2.487.801
Du 1er mai 1790 au 31 décembre, dit suivant le compte rendu, par M. Dufresne.	4.961	4.181.000	»	4.185.961
Du 1er janvier 1791 au 30 juin dit suivant le compte-rendu, par le même. .	»	181.710	5.504.000	5.685.710
Mois de juillet 1791, suivant le compte rendu des commissaires de la Trésorerie nationale. Mois d'août 1791, par les mêmes. . .	»	»	220.000	220.000
	1.408.162	5.447.310	5.724.000	12.579.472
A déduire, reçu du directeur du magasin général de filature pour fils vendus	»	»	78.000	78.000
	1.408.162	5.447.310	5.646.000	12.501.472

Au commencement de l'hiver suivant on fit une dernière distribution des 5.760.000 livres restant disponibles sur le crédit de 15 millions, mais ce furent les derniers subsides accordés aux ateliers de secours.

La Rochefoucault-Liancourt essaya bien de faire adopter, en septembre 1791, un nouveau décret dans lequel il proposait notamment d'aliéner les biens des hôpitaux pour former un fonds de bienfaisance nationale, mais l'Assemblée ne tenant guère à voir se rouvrir le débat sur une question aussi brûlante, que lui avait suscité tant de difficultés et valu une si profonde impopularité. Elle semblait craindre, d'ailleurs, que les moyens proposés n'aboutissent pas aux résultats que La Rochefoucault en attendait. Enfin ses pouvoirs tiraient à leur fin et elle n'osait prendre parti dans cette question épineuse. La Rochefoucault, voyant que les circonstances n'étaient pas favorables, se borna à faire une proposition dilatoire.

« Si l'Assemblée, disait-il, ne croit pas pouvoir s'oc-
« cuper de ce travail avant sa séparation, il faut au
« moins motiver l'ajournement et je propose le décret
« suivant :

« L'Assemblée Nationale considérant avec peine que
« l'immensité de ses travaux l'empêche, dans cette ses-
« sion de s'occuper de l'organisation du secours dont
« elle a dans la constitution ordonné l'établissement,
« laisse à la législature suivante l'honorable soin de
« remplir cet important devoir ».

Grâce à cette phraséologie pompeuse et hypocrite, l'Assemblée fut heureuse de pouvoir se débarrasser d'une telle préoccupation. Cette résolution fut votée par acclamation (1).

1. La multiplicité des lois qui se succédèrent montre le peu d'efficacité de chacune d'elles. Voir notamment les lois des 24 vendémiaire an II, 26 vendémiaire an VI, 16 messidor an VII. La substitution du secours en travail au secours en argent était pourtant nettement posée

L'assistance par le travail était en réalité définitivement abandonnée. On se borna de temps à autre à accorder des crédits pour l'exécution de certains travaux d'utilité publique ou politique. C'est ainsi que l'Assemblée législative vota encore le 17 janvier 1792, 2.500.000 livres « pour donner provisoirement des « secours ou pour faciliter des travaux utiles dans les « départements, qui, *pour des cas exceptionnels*, pour« raient en exiger ».

La Convention se cantonna dans les principes, et, si elle déclara que « tout homme a droit à sa subsistance par le travail » (1), elle ne fit presque rien pour pourvoir à l'application de cette théorie, et le résultat effectif fut nul.

Dans un rapport au Conseil des Cinq-Cents, au nom du Comité de secours, en date du 13 messidor an IV, Delaporte estimait le nombre des mendiants en France à 500.000, et il proposait de faire réaliser l'assistance par le travail par les communes, au lieu d'en charger l'Etat. Les conclusions furent repoussées et l'on cessa de se préoccuper des ouvriers sans travail.

Des ateliers publics furent ouverts momentanément à Lyon, par Couthon, pour faire disparaître les quartiers riches de la ville qui avaient été *condamnés* à être démolis. Couthon pensait confier cette tâche à environ 6.000 ouvriers de la ville ou, au besoin, des départements voisins. Il y en eut bientôt 15.000 qui coûtaient 400.000 livres par décade. Cet encombrement même sauva un grand nombre d'édifices, car les chantiers étaient tellement envahis que les ouvriers n'y pouvaient

par l'art. 16 de la première de ces lois ainsi conçu : « Toute distribu« tion de pain ou d'argent cesseront à l'époque du premier établisse« ment des travaux de secours. Tout citoyen qui sera convaincu « d'avoir donné à un mendiant aucune espèce d'aumône sera con« damné à une amende d'une valeur de deux journées de travail, « l'amende sera du double en cas de récidive. »

1. Gaufrès, p. 182 et suiv., *loc. cit.*

plus travailler. Cette détestable méthode eut pour une fois un bon résultat, celui d'éviter la destruction insensée des plus beaux quartiers d'une de nos plus grandes et plus florissantes cités.

D. — Conclusion

Toute l'œuvre pratique de l'assistance par le travail, à la fin du XVIIIe siècle, se bornait donc aux ateliers de charité de Turgot et à ceux de l'Assemblée nationale dont La Rochefoucault-Liancourt avait été le grand inspirateur. Bien qu'une certaine analogie semble les rapprocher les uns des autres, au point de faire croire à la transformation d'une même institution, des différences tellement profondes les distinguent qu'il faut nettement les séparer pour déterminer les mérites ou les vices qui incombent à l'organisation de chacun d'eux. Le point de départ était tout à fait différent.

Dans les ateliers de charité, il ne s'agissait que de porter quelques secours, dans la mesure du possible, aux malheureux que la crise économique et sociale de cette époque privait de leur travail, leur unique gagne-pain.

Dans les ateliers de la Révolution, au contraire, on voulait assurer le travail à *tous* les citoyens sans emploi. Il n'était pas possible d'y parvenir. Non seulement le but ne fut pas atteint, mais pendant et après cette malheureuse tentative la misère fut beaucoup plus grande qu'auparavant et les troubles devinrent et plus fréquents et plus dangereux.

En dehors de cette divergence fondamentale dans les principes qui avaient présidé à la création des ateliers de Turgot et de ceux de La Rochefoucault, des circonstances de faits, de lieux, de personnes accentuèrent les différences de ces institutions et expliquèrent le succès des unes et l'échec des autres. Nous les avons déjà indiquées, bornons-nous à les rappeler en énumérant les plus importantes : difficulté plus grande pour organiser des ateliers de secours à la ville qu'à la campagne, tant à cause du personnel employé que des travaux à fournir ; manque de direction, de surveillance ; incompétence de ceux qui commandent, indiscipline des subordonnés, instabilité des unités de groupement.

Toutes ces difficultés, aggravées encore par de déplorables erreurs, avaient amené le discrédit et bientôt après la suppression complète de ces institutions. En sorte que avant la Révolution les ouvriers sans ouvrage pouvaient parfois trouver à s'employer dans les ateliers de secours, mais à partir de 1791 cette dernière ressource leur fut enlevée.

Une vérité se dégage de cette malheureuse expérience, vérité qu'on ne saurait trop répéter Les institutions les meilleures peuvent avoir les conséquences les plus désastreuses quand leur fonctionnement repose sur des principes théoriques qui n'ont pas été contrôlés par l'expérience. Si, dans ce cas, la tentative insuffisamment mûrie échoue, on juge l'institution elle-même radicalement mauvaise et on la rejette pour longtemps.

L'échec des ateliers de secours, dû à leur organisation défectueuse, a retardé de bien des années de nouveaux essais plus pratiques de ce mode d'assistance éminemment utile par lui-même.

L'expérience de 1791 ne servit malheureusement pas aux théoriciens de 1848, qui partis des principes analogues, tombèrent exactement dans les mêmes fautes, et aboutirent à d'aussi déplorables résultats. Il est certain que si les hommes chargés d'organiser les ateliers de la Révolution de Février avaient examiné sérieusement l'expérience de leurs devanciers, un grand nombre de fautes et bien des troubles auraient pu être évités. Une économie des deniers du pays, de souffrances et de sang du peuple eût bien valu une pareille étude.

III. — *Ateliers de Filatures*

A. — Organisation

A côté des ateliers de secours pour les hommes valides, fonctionnait une autre institution destinée aux diverses catégories de personnes que leur peu de force empêchait de travailler aux terrassements. A diverses reprises on avait songé, sous l'ancien régime, à procurer de l'ouvrage à domicile aux femmes et aux vieillards susceptibles de fournir encore un certain travail. Plusieurs paroisses, Saint-Sulpice notamment, avaient soulagé ainsi de nombreuses misères. On confiait à des femmes nécessiteuses et d'une honorabilité connue, une certaine quantité de filasse ou quelques mètres d'étoffe pour les transformer en fil ou en vêtements; quand ces objets étaient rapportés on leur donnait en même temps que leur salaire de nouvelles matières à ouvrer.

L'organisation par les pouvoirs publics des travaux de ce genre remonte à l'époque où Sartine était lieutenant de Police. Il voulait, en réformant complètement les services qui lui étaient confiés, rendre la ville plus sûre et plus salubre et assurer une meilleure distribution des secours aux nécessiteux. Il créa en 1781 pour les femmes et les vieillards des ateliers de filatures que Lenoir, qui lui succéda peu après, continua de perfectionner. Une des plus grandes difficultés à vaincre était de créer des débouchés à la quantité énorme de fil produite. Lenoir trouva moyen d'en écouler une grande partie en les faisant acheter par l'hôpital général. Bien que les vivres fussent chers à Paris (car les pauvres étaient nourris à l'atelier) et qu'il y eût de nombreux déchets dans la production, grâce à une bonne organisation et à une minutieuse surveillance, on arriva, avec un subside de 3.000 livres par mois, à secourir annuellement

2.000 pauvres (1). C'était un résultat des plus appréciables.

Pour recevoir la matière à ouvrer (2) il fallait présenter une attestation d'honorabilité fournie par le curé ; celui-ci connaissait généralement fort bien la partie miséreuse de sa paroisse, et il ne se trompait guère sur l'honnêteté des personnes qui s'adressaient à lui, aussi les cas où les matières premières ne furent pas rendues se trouvèrent-ils peu nombreux. Une commission, créée dans chaque quartier, et composée de six commerçants, était chargée de veiller à la livraison et à la réception du travail (filature ou confection de dentelle). Le salaire devait être égal à la différence entre le prix de revient de la matière première et le prix de la matière ouvrée. L'estimation était faite à un prix plutôt favorable au travailleur qui avait d'ailleurs la faculté d'aller vendre ailleurs son ouvrage, si l'appréciation de sa valeur ne lui semblait pas équitable. Il fallait toutefois qu'il payât, dans ce cas, le prix de la matière première qu'on lui avait fournie.

Sous la Révolution on eut recours à des mesures analogues. Un règlement de juillet de 1790 appliquant les résolutions votées le 30 mai par l'Assemblée Nationale, décida l'établissement des ateliers de filature des Jacobins-St-Jacques et des Récolets du faubourg St-Laurent (2). Dans chacun des établissements (4) devait exis-

1. Voir une lettre de Mme Nau, chargée de la direction du bureau de filature des pauvres, à M. de Jussieu. Tuetey, *L'Assistance publique à Paris pendant la Révolution*, t. II, p. 550.

2. On donnait à la fois une livre de filasse ou quelques onces de fils à dentelle.

3. Tuetey, *loc. cit.*, t. II, p. 269.

4. Sur la demande d'une section, le département des établissements publics avait expliqué de la façon suivante les conditions d'admission.

Les pauvres devaient en remplir au moins trois :

Extrême indigence, très pressant besoin.

ter un atelier d'épreuve « par lequel passeront les pauvres, disait le règlement, avant d'être distribués dans les divisions; cette épreuve donnera la facilité de les répartir d'une manière convenable à leur industrie » (art. 11). Un atelier d'instruction était en outre organisé pour les personnes ne sachant pas encore filer.

Le travail durait de 7 heures du matin à 7 heures du soir avec une heure de repos pour le déjeuner et autant pour le dîner. A ces deux repas il était fourni gratuitement une portion de riz et de légumes cuits (art. 18). Un tarif réglait le prix de filature; le payement du salaire avait lieu à la fin de chaque semaine. Quant aux enfants et aux commençants admis à l'atelier d'instruction, ils ne recevaient qu'un salaire de 3 sols par jour pendant le temps que durait leur apprentissage.

Dans les premiers jours une foule de femmes et de vieillards sachant filer se présentèrent pour se faire admettre à ces nouveaux ateliers, car les conditions du travail étaient réellement avantageuses (1).

Nés à Paris.
Domiciliés depuis longtemps.
Domiciliés l'espace de temps nécessaire.
Agés.
Infirmes.
Chargés d'enfants en bas âge.
Chargée d'un mari âgé, infirme.
Ayant perdu leur état par l'effet de la Révolution, telles sont les gazières, les passementières, les agrémentistes, les fleuristes, les ouvrières en dentelle, en robe, en linge, les brodeuses, les éventaillistes, etc.

Et le rédacteur de cette note ajoutait cette appréciation digne d'être retenue : « Je crois que ces neuf sortes d'états occupaient sans exagération *9.000 femmes et enfants qui aujourd'hui manquent absolument de pain et couchent sur la paille comme des chiens*; cependant on n'en peut guère placer au total que 4.800 » (Archives nationales F[15] 3560).

1. Il n'en était pas de même pour les ateliers d'instruction. Une lettre de M. Plaisant, administrateur des travaux publics, exprimait des craintes fondées en ce qui concernait la situation qui pouvait en résulter. Comment supposer, en effet, que les 700 enfants au-dessous

A la fin du mois d'août le département des hôpitaux fut obligé de constater qu'il n'y avait plus une place à prendre : « L'emplacement des ateliers étant très exigu on n'a pu admettre qu'un certain nombre de pauvres et aujourd'hui que la place manque absolument on est obligé de refuser tout le monde » (1).

De nouvelles mesures devenaient indispensables et urgentes ; il fallait pourtant attendre le nouveau règlement jusqu'au 5 octobre. Les considérations qui le précèdent méritent d'être citées :

« Sur le compte rendu du département des hôpitaux de divers abus qui se sont introduits relativement à l'admission des pauvres dans les ateliers de filatures qui se sont ouverts aux Jacobins de la rue St-Jacques et aux Récollets en vertu du décret de l'Assemblée nationale du 30 mai dernier, et sur ce qui a été reconnu par le département ;

« 1° Que plusieurs femmes et enfants employés aux travaux de filature chez différents particuliers de cette capitale avaient abandonné leurs maîtres pour se rendre aux ateliers dans l'espoir d'y obtenir un salaire plus considérable.

« 2° Que plusieurs autres éloignés de l'indigence, qui seule *donne droit* aux secours publics et négligeant les moyens de subsistance qu'ils pourraient trouver ailleurs, sont parvenus à surprendre la religion des comités de

de 16 ans, occupés à ce moment aux travaux de terrassements et gagnant 20 sols par jour pussent consentir bénévolement à les abandonner pour entrer dans un atelier où on ne leur offrait que 3 sols pour une même durée de travail ? Ils devaient pourtant être tous contraints d'aller aux ateliers de filature (Lettre de M. de Jussieu, lieutenant du maire au département des Hôpitaux, 17 août 1790. Voir Tuetey, *ibid.*, p. 227).

1. Lettre du 26 août répondant à la section du Jardin des plantes, se plaignant de ce qu'on refuse d'admettre les personnes qu'elle envoie aux ateliers de filature. Minute. Archives nationales, F. 15, 3.581.

section et à obtenir d'une les certificats nécessaires pour être admis.

« 3° Enfin que les différents pauvres, porteurs de ces certificats se présentent chaque jour en foule, à des heures indues, au bureau du département, rue des Bernardins, importunent le quartier par leur rassemblement et quelquefois par le tumulte qui en est la suite » (1).

Pour empêcher cet empressement, le département fait connaître que le salaire payé « est toujours au-dessous de la normale, conformément au décret du 31 août dernier » (2).

En conséquence, le département conjure les sections de veiller à ce que les enquêtes soient très sérieusement faites, car si cette tâche avait été accomplie avec plus de soin, les ateliers n'auraient pas été si vite encombrés. Enfin pour porter remède à l'agitation qui troublait constamment le quartier, les heures d'admission aux ateliers étaient strictement limitées et, sauf à ce moment aucun rassemblement ne pouvait être toléré.

Des mesures très sévères étaient prises, en même temps, pour empêcher la désertion des chantiers privés.

« Les ouvriers *réclamés par leurs maîtres*, pouvait-on lire dans l'article 11 du règlement, et reconnus pour avoir abandonné des fabriques de filature ou des travaux d'un autre genre dans cette capitale, seront exclus des ateliers et *obligés de reprendre lesdits travaux* » (3).

1. La section du Jardin des Plantes remarque que l'obligation de toujours revenir pour voir s'il y avait du travail faisait perdre à ces femmes un temps considérable et elle ajoutait : « Cela aigrit l'humeur bilicuse de ces femmes qui en tout temps ne valent pas grand'chose, et encore moins lorsque la bile est en fermentation (Tuetey, *loc. cit.*, p. 296).

2. Tuetey, t. I, p. 293. Règlement du département des hôpitaux fixant les conditions d'admission des pauvres dans les ateliers de filature, 5 octobre 1790.

3. Original signé, minute et copie 3 p. Archives nationales F[15], 3.592.

C'était la résurrection de l'odieux droit de suite de la féodalité, en vertu duquel le seigneur avait le pouvoir de revendiquer partout où il le trouverait celui de ses hommes qui avait abandonné sa terre natale. C'était remettre en vigueur le droit de l'homme sur l'homme, et supprimer la garantie essentielle de l'employé vis-à-vis de l'employeur, celle de la possibilité de quitter l'atelier en cas de désaccord. La Révolution en revenait aux mœurs du servage.

Ces mesures étaient d'ailleurs aussi vexatoires qu'inutiles. Elles ne pouvaient suffire à changer la situation. Au surplus, si, comme le constatait le département des travaux publics, il devait y avoir dans les seules industries de luxe 9.000 femmes et enfants sans foyer ni pain, le contingent que fournissaient à cette armée de misère les autres professions devait être extrêmement élevé, et dès lors les 1.800 places des ateliers ne pouvaient procurer qu'un secours presque insignifiant.

Au lieu d'admettre 1.800 femmes dans ces ateliers, on en accepta, il est vrai, jusqu'à 3.200 ; mais on se heurta à une difficulté nouvelle. L'encombrement était si grand qu'il devenait impossible de travailler. Il aurait fallu agrandir ces ateliers, les mieux disposer, la chose eût été facile, mais il fallait compter avec l'incurie, avec la lenteur, sinon la malveillance de l'administration. M. de Jussieu, lieutenant du Maire au département des Hôpitaux, le constate non sans humeur. « Cette impossibilité (d'admettre de nouveaux enfants), procède de la lenteur avec laquelle on travaille à préparer le local destiné aux ateliers. Depuis quatre mois et plus que les dispositions nécessaires sont convenues, je ne cesse d'écrire, et toujours inutilement, pour en presser l'exécution. Aucune de mes lettres n'a même obtenu les honneurs d'une réponse » (1). A cette époque où tout le monde

1. Lettre de M. de Jussieu à M. Plaisant, administrateur au département des travaux publics, 21 octobre 1790. Tuetey, *ibid.*, p. 299.

manquait d'ouvrage, on ne pouvait trouver moyen de faire exécuter les travaux les plus simples en même temps que les plus urgents. Aussi le directeur de l'atelier des Jacobins prend-il la responsabilité d'en faire exécuter quelques-uns lui-même. Ce fut grâce à cette décision qu'il put augmenter le nombre des admissions.

Ces quelques aménagements devenaient surtout nécessaires aux approches de l'hiver avec son cortège de misères plus nombreuses, plus profondes, plus cruelles.

Tout cela était loin d'être suffisant, car pendant le mois de janvier 1791 on ne put admettre que 17 personnes en moyenne par jour, alors qu'il se présentait environ trente personnes ayant droit au secours et ayant rempli toutes les formalités exigées (1).

B. — Résultats

Pendant ce temps le désordre ne faisait que s'accroître. Un rapport de l'an III (2) constate que « depuis

Quand le commissaire du département aux travaux publics se présenta au mois de juin 1791, c'est-à-dire près d'un an après la création des ateliers et deux mois après en avoir reçu l'ordre, pour examiner les travaux à faire, il constata qu'ils étaient de peu d'importance et que d'ailleurs ils avaient été exécutés en grande partie.

La dépense approximative pour les deux ateliers n'atteignait pas 1.200 livres. Pour les travaux complémentaires à exécuter le commissaire réclamait une délibération préalable du conseil municipal. Aussi est-il plus que probable qu'ils ne furent jamais exécutés, malgré leur nécessité et leur peu de valeur.

Voir l'avis du département des travaux publics, 3 juin 1791. Archives nationales, F[15] 3.578.

1. Les enregistrements n'avaient pas lieu le dimanche et les jours fériés, ce qui de l'aveu des organisateurs aurait trop multiplié le nombre des admissions. Il n'y eut ainsi en janvier que 23 jours d'enregistrement et 314 personnes furent inscrites (Archives nationales F[15], 3.592).

2. Rapport fait au Comité d'agriculture et des arts sur la situation des ateliers de filature, avec projet de décret en conséquence. Tuetey, *L'Assistance publique à Paris pendant la Révolution*,

l'établissement de ces ateliers jusqu'au 30 messidor an III, la Trésorerie a versé, pour subvenir à leur dépense une somme de . . 3.222.919 liv. 12 s. 6 d.

« A la même époque l'effectif des ateliers, tant en fonds réservés à la Trésorerie, qu'en matières premières et en deniers restant en caisse pour le service courant présentait une valeur de . . . . 2.125.170 liv. 1 s. 3 d.

Il y a donc un déficit de. 1.097.749 liv. 11 s. 3 d.

« Cette somme divisée par le nombre moyen de 2.500 individus habituellement employés et par 1.334 journées qu'a duré leur travail donne par jour, sur chaque individu, une somme de 33 centimes ou 6 s. 7 d. Une remarque bien frappante c'est que le salaire journalier de chaque individu ne s'élève que de 10 deniers au delà de cette perte, puisque l'acquit des feuilles de paye et la distribution du pain, les seules dépenses dont ils aient profité, ne s'élèvent qu'à 1.243.834 liv. 8 s. 4 d. ce qui l'établit à 37 centimes ou 7 s. 5 d. la journée commune des ouvriers dans l'atelier de filature.

« Il en résulte que si, au lieu de former l'établissement des ateliers de filature et d'y appeler chaque jour au travail une population de 2.500 individus, le gouvernement eût fait distribuer un secours de 6 s. 7 d. par jour, la dépense eût été la même... avec cette différence que les ouvrières, privées seulement de 10 deniers par jour, eussent à ce prix recouvré la libre disposition de tout leur temps, qu'elles eussent employé à un travail plus utile, et que le gouvernement de son côté se fût

t. IV, p. 686. Voyez aussi le Rapport de l'agence des arts, 14 vendémiaire an III. Tuetey, *loc. cit.*, p. 671.

épargné l'embarras d'une administration compliquée... »

Le travail des ateliers de filature n'avait pas toujours coûté à beaucoup près aussi cher, car en 1782 et 1783 quand Lenoir était lieutenant à la police, chaque pauvre coûtait 7 liv. 11 s. par an (1), en 1790, la dépense annuelle se montait à 32 liv. 17 s. par tête, et, en y comprenant les frais d'administration, à 89 liv. environ.

Les mauvais résultats financiers des nouveaux ateliers n'étaient qu'une des manifestations de l'état d'esprit déplorable qui ne cessait d'y régner. Loin de s'efforcer d'y trouver un remède, certaines personnes ne cherchaient qu'à augmenter leur encombrement et à encourager le désordre. Le rapport du 15 floréal an III est des plus instructifs à cet égard. On y lit : « Les sous-agents, les femmes sous la direction desquelles les ouvrières se trouvent immédiatement placées, ont constamment favorisé le travail intérieur, soit pour tenir celles-ci sous leur dépendance, soit peut-être pour s'en aider dans les combinaisons de profits illicites, toujours est-il vrai que, tandis qu'on négligeait les ouvrières au dehors, l'admission, de celles qui se présentaient pour travailler dans l'intérieur n'éprouvait aucune difficulté, un salaire plus fort que dans les fabriques particulières leur était payé, elles recevaient en outre du prix de filature un pain de 6 livres chaque décade ; elles avaient d'ailleurs une liberté entière quant aux heures et à la nature de leur travail... On conçoit également quelle insubordination et quel gaspillage dut s'établir au milieu d'une multitude rassemblée par ces faciles moyens. L'atelier du Midi (2) qui, par l'avantage de sa situation, réunit dès le principe une population nombreuse, devint

1. Rapport de M. de Jussieu à M. Bailly sur la situation et le fonctionnement du Bureau de filature, 14 janvier 1790. Tuetey, *L'assistance publique à Paris pendant la Révolution*, t. II, p. 560.

2. Depuis quelque temps on appelait l'atelier de filature des Jacobins l'atelier du Midi, et celui des Récollets l'atelier du Nord.

bientôt un foyer de corruption et de trouble. De pareils excès eurent également lieu ensuite dans l'atelier du Nord ; l'improbité, la paresse, la débauche, protégées par l'esprit d'insurrection livrèrent ces établissements aux désordres les plus scandaleux, et leur imprimèrent une réputation d'immoralité qu'ils conservent encore aujourd'hui » (1).

De tels scandales n'avaient que trop duré, la suppression des ateliers de filature fut bientôt résolue, mais on laissa subsister le travail à domicile. Un arrêté du comité des secours publics en date du 29 prairial an III régla les détails de cette mesure (2).

Sur 384 personnes inscrites en janvier 1791, il n'y en avait que 42 à travailler chez elles. Au mois d'avril de la même année, sur les 900 qui étaient inscrites à l'atelier des Récollets, 300 femmes travaillaient à domicile. Cette proportion resta à peu près la même, car au moment de la dissolution des ateliers, leur population s'élevait

1. Rapport à la Commission des secours publics. Tuetey, *L'Assistance publique à Paris pendant la Révolution*, t. IV, p. 721.

2. Arrêté du Comité de secours publics réduisant à un seul les ateliers de filatures et substituant au travail intérieur le travail à domicile.

« Séance du 29 prairial, l'an III de la République, une et indivisible.

« Le Comité, considérant qu'il s'est introduit beaucoup de désordre et d'abus dans les ateliers de filature établis à Paris ; que les ouvrières ne sont assujetties à aucune subordination ni règle ; que le travail y est mal fait, que ces établissements sont, par le vice de leur administration et les dépenses qu'ils entraînent une charge onéreuse à la République.

« Considérant que le seul moyen de pourvoir à ces inconvénients est de supprimer le travail qui se fait dans l'intérieur de ces ateliers et d'y substituer le travail à domicile ; que le travail à domicile en occupant le même nombre d'individus, sera beaucoup plus profitable à la République, simplifiera l'administration, diminuera le nombre des établissements qui, jusqu'à présent, ont été très nuisibles aux bonnes mœurs . . . .

Art. 3. Le travail intérieur sera supprimé. Il sera remplacé par une distribution de travail à domicile.

à 2.500 personnes dont un tiers travaillaient hors de l'atelier (1).

Un arrêté du 29 prairial an III, prescrivit quelques très sages mesures pour éviter que des abus ne s'introduisissent aussi dans la distribution du travail à domicile aux femmes indigentes. « Il sera confié, y disait-on, du lin, du chanvre ou du coton et les ustensiles nécessaires à toutes celles qui se présenteront pour travailler à domicile, à condition : 1° qu'elles soient déjà instruites des procédés de filatures ; 2° qu'elles soient munies d'un certificat de responsabilité délivré par le propriétaire ou principal locataire de la maison où elles sont logées, et visé par le comité civil de la section (art. 5). — Afin d'éviter une concurrence préjudiciable au commerce, le prix de main-d'œuvre sera toujours inférieur d'un dixième au prix en usage dans les fabriques particulières » (art. 6).

On ne se contenta pas de donner du travail aux femmes qui avaient déjà l'habitude de filer, on voulut procurer un gagne-pain, en leur faisant apprendre ce métier, aux enfants qui ne le connaissaient pas encore. « Il sera établi, disait l'article 7, dans la maison de filature un atelier d'instruction pour cent jeunes citoyennes, depuis l'âge de 7 ans jusqu'à celui de 12 ans seulement. L'enseignement y aura pour objet la filature des chanvres et lins. Les citoyens qui voudront faire admettre leurs enfants dans cet atelier se muniront d'un certificat du comité civil de leur section, attestant leur bonne conduite et leur état d'indigence.

« Le temps de l'apprentissage est fixé à deux mois, pendant lesquels il sera payé à chaque élève un secours de 7 sols par jour. A l'expiration de ce délai chaque élève pourra recevoir du travail à domicile, en rem-

1. Rapport fait au Comité d'agriculture et des arts sur la situation des ateliers de filature, 12 frimaire an III. Tuetey, *loc. cit.*, p. 686.

plissant les formalités prescrites par l'article 5 » (1).

Nous n'avons malheureusement pas de documents qui nous permettent d'apprécier le fonctionnement du travail à domicile tel qu'il fut organisé par l'arrêté du 29 prairial. C'est fort regrettable, car il nous semble que si les prescriptions contenues dans cet arrêté ont été suivies, on a dû arriver à de très bons résultats.

Quoi qu'il en soit, nous pouvons constater que les ateliers de filature peuvent faire un bien très réel quand ils sont bien organisés. — Malgré les négligences inimaginables et les fautes graves qui furent commises et qui causèrent leur perte, ils permirent à 2.500 ou 3.000 personnes, femmes, vieillards ou enfants de subsister et d'attendre des jours meilleurs. Evidemment il aurait été possible de faire plus de bien aux assistés, ou d'en secourir un plus grand nombre, on aurait pu aussi diminuer les charges du Trésor, une foule de désordres de tous genres auraient pu être évités; mais ce que nous devons retenir c'est que ces ateliers peuvent être très efficaces dans les périodes de grande misère, pourvu qu'on évite certains écueils sur lesquels sont venus se briser ceux de la Révolution.

1. L'art. 9 ajoutait : « Le domicile d'un an à Paris est nécessaire pour être admis soit au travail à domicile, soit dans l'atelier d'instruction. »

QUATRIÈME PARTIE

Les ateliers nationaux de 1848

CHAPITRE PREMIER

LES ATELIERS NATIONAUX. — LEUR CRÉATION

I. — *Causes économiques de la Révolution de Février*

Pendant les dernières années du règne de Louis-Philippe, à la suite des écrits et des discours de polémistes éminents tels que Proud'hon, Louis Blanc et Lamennais (1), était né un mouvement d'opinion vaguement socialiste qui s'élevait vigoureusement contre les excès du capitalisme. Dans les classes bourgeoises aussi bien que dans le peuple, les idées d'organisation du travail, de droit au travail, de communisme, avaient fait des

1. « Un rapport adressé par M. Delessert, préfet de police, au président du Conseil, en date du 19 janvier 1847, constate que dans l'année 1846 les publications socialistes ont été plus nombreuses que pendant les années précédentes ; que la tendance vers les idées de révolution sociale est plus vive que jamais, et mérite une attention sérieuse. Il signale parmi les ouvrages dangereux : *les Evangiles avec des notes et réflexions*, par Lamennais ; *Le système des contradictions économiques*, de Proud'hon ; *L'essai sur la liberté*, de Daniel Stern, etc., etc. » Stern, *Histoire de la Révolution de 1848*, p. LXVIII, Introduction, note.

progrès considérables. Mais, en même temps que se préparait la guerre au capital, s'organisait la lutte contre le libéralisme et l'individualisme.

Le libéralisme laissait les ouvriers isolés et sans défense : la loi Chapelier, de juin 1791, toujours en vigueur, leur interdisait de s'entendre sur « leurs prétendus intérêts communs » (1) ; et précisément à ce tournant de notre histoire économique plus qu'à aucune autre époque, le prolétaire aurait eu besoin de groupements professionnels pour lutter contre les difficultés qui le terrassaient.

Quant à l'individualisme, voici ce qu'en disait Louis Blanc : « De l'individualisme sort la concurrence, « de la concurrence la mobilité des salaires, leur insuf- « fisance... (et il la peignait en termes émouvants), arri- « vés à ce point c'est la dissolution de la famille ». Il montrait d'ailleurs que la misère devait normalement engendrer toujours une misère plus grande. « La con- « currence produit la misère : c'est un fait prouvé par « les chiffres.

« La misère est horriblement prolifique : c'est un fait prouvé par des chiffres.

« La fécondité des pauvres jette dans la société des malheureux qui ont besoin de travailler, et ne trouvent pas de travail : c'est un fait prouvé par des chiffres.

« Arrivée là, une société n'a plus qu'à choisir entre tuer les pauvres, ou les nourrir gratuitement, atrocité ou folie » (2).

1. Loi des 14-27 juin 1791 :

Article premier. L'anéantissement de toutes espèces de corporations des citoyens du même état et profession étant l'une des bases de la Constitution française, il est défendu de les rétablir de fait sous quelque prétexte et sous quelque forme que ce soit.

Article 2. Les citoyens de même état ou profession... ne pourront, lorsqu'ils se trouveront ensemble... former des règlements sur leurs *prétendus intérêts communs.*

2. Louis Blanc, *Organisation du travail.*

Toutes ces critiques contre le capitalisme et l'individualisme avaient d'autant plus de prise sur l'ouvrier qu'il souffrait davantage.

C'est en effet, l'état de misère dans lequel se trouvaient les classes laborieuses de cette époque, que nous considérons comme un des éléments essentiels qui favorisèrent le développement des idées nouvelles et amenèrent la Révolution de Février. Cette misère était provoquée, comme nous allons essayer de le démontrer par la crise économique qui sévit pendant les années 1847 et 1848, et surtout par la substitution du travail à la machine au travail à la main.

Pour être fixé sur la première de ces causes, il suffit d'un simple examen des fluctuations de notre commerce à cette époque. L'augmentation du total des importations et des exportations réunies avait été, en moyenne, de 53 millions pendant la période de 1831-1835, de 50 millions pendant la période de 1836-1840, de 27 millions pendant la période de 1841-1845. Même l'année 1846 avait été extrêmement prospère puisque l'augmentation avait été de 82 millions sur la moyenne précédente et de 68 millions sur l'année 1845. Mais une dépression extraordinaire se manifesta en 1847. Le chiffre total des importations et des exportations réunies baissa de 106 millions et l'année suivante de 512 millions, soit une diminution totale de 618 millions du chiffre des affaires extérieures de la France en deux années. On peut aisément se figurer combien de bras devaient forcément rester inoccupés pendant une pareille crise, d'autant plus que, par suite de l'introduction du moteur à vapeur, un moins grand nombre d'ouvriers devenait nécessaire pour exécuter un même travail (1).

L'emploi du moteur à vapeur était assez répandu dans

1. Le tableau qu'on trouvera à la page suivante indique les fluctuations commerciales pendant toute cette période.

toute la France depuis nombre d'années, mais jamais jusqu'à cette époque, la transformation de l'outillage n'avait été aussi rapide (1).

Commerce extérieur spécial de la France (en millions de francs).

Années	Importations	Exportations	Total des importations et exportations	Moyenne	Augmentation moyenne par an
1831. . .	374	456	830		
1832. . .	505	507	1.012		
1833. . .	491	560	1.051	1.001	53.5
1834. . .	504	510	1.014		
1835. . .	520	578	1.098		
1836. . .	565	628	1.193		
1837. . .	569	515	1.084		
1838. . .	656	659	1.315	1.272	49.8
1839. . .	651	677	1.328		
1840. . .	747	695	1.442		
1841. . .	804	761	1.565		
1842. . .	847	644	1.491		
1843. . .	846	687	1.533	1.590	27.8
1844. . .	868	790	1.658		
1845. . .	856	848	1.704		
1846. . .	920	852	1.772		68
1847. . .	956	720	1.676		106 dimin.
1848. . .	474	690	1.164		512 dimin.
1849. . .	724	938	1.662		498 augm.
1850. . .	791	1.068	1.859		197

1. Villermé disait déjà à ce sujet, en 1838 : « Si l'industrie organisée, comme nous le voyons, est l'un des plus admirables phénomènes de la société, dès qu'il y a crise c'est un des plus affreux ; et des multitudes d'ouvriers tombent dans une horrible détresse, qui accable principalement les plus faibles, ceux qui gagnent les moindres salaires. Ainsi, tandis qu'à la rigueur les hommes dans la force de l'âge peuvent encore vivre, soit en continuant la même besogne, soit, comme je l'ai vu, pour des fileurs, en 1837, en se chargeant eux-mêmes du travail des enfants qui leur servent d'aides ; ces aides, beaucoup d'autres enfants et beaucoup de femmes restent sans ouvrage, c'est-à-dire sans pain.

« Les grands ateliers produisent ces fâcheux résultats en même temps que les machines tendant chaque jour à remplacer le travail des hommes et des adultes par celui des femmes et des enfants. »

(Rapport sur l'état physique et moral des ouvriers, par Villermé, Rapport à l'Académie des sciences morales et politiques, p. 228).

Les premières statistiques officielles que nous ayions sur le nombre et la puissance des machines à vapeur ne remonte pas au delà de 1839. A cette époque il existait 2.450 machines à vapeur déployant une force de 33.308 chevaux-vapeur. Deux ans après, en 1841, nous trouvons 2.810 machines et une force de 37.304 chevaux-vapeur, soit une augmentation moyenne pendant chacune de ces 3 années, de 120 machines et de 1.332 chevaux-vapeur. La progression s'accroît très sensiblement pendant la période de 1841-1845 : la moyenne de l'augmentation annuelle s'élève à 260 machines et 2.576 chevaux-vapeur; mais la progression va beaucoup plus vite encore dans les années qui précèdent immédiatement la Révolution de Février 1848.

De 1845 à 1846 l'augmentation est en effet de 281 machines et de 4.280 chevaux, de 1846 à 1847 de 458 machines et de 7.163 chevaux.

Les troubles occasionnés par la Révolution entravèrent cette marche ascendante sans l'arrêter immédiatement. De 1847 à 1848 il y eut un accroissement de 359 machines et de 3.159 chevaux-vapeur. L'année suivante non seulement le progrès était arrêté, mais un retour en arrière se manifestait violemment. De 1848 à 1849 il y avait une *diminution* de 263 machines et de 3.159 chevaux-vapeur. C'était la conséquence des troubles de la Révolution. La France n'était déjà guère en avance pour la transformation de son outillage ; il devait lui falloir plusieurs années d'efforts pour réparer cette nouvelle perte de temps.

Nous pouvons encore nous rendre compte de l'accroissement des moteurs à vapeur, en consultant les statistiques qui nous indiquent la consommation des combustibles minéraux. Nous suivrons mieux encore le développement du machinisme, car la consommation domestique ne variant pas d'une année à l'autre dans des proportions très sensibles, les fluctuations sont donc généralement provoquées par les nécessités de l'industrie (1).

La consommation des combustibles n'était en 1820 que de 1.318.122 tonnes, elle était en 1830 de 2.493.944 tonnes, ce qui représente une augmentation totale de 1.145.822 tonnes et une augmentation moyenne de 104.165 tonnes par année. Pendant la période 1830-1835 l'accroissement annuel moyen s'élève à 132.382 tonnes, à 161.412 tonnes de 1835 à 1840 et à 347.726 tonnes de 1840 à 1845.

En 1846, la progression se ralentit, l'augmentation n'est plus que de 265.815 tonnes. Mais ce n'est qu'un inci-

(1) Années	Consommation de combustibles minéraux	Machines à vapeur employées dans l'industrie	
		Nombre	Puissance en chevaux-vapeur
1787	403.591 T	»	»
1802	935.180	»	»
1820	1.318.122	»	»
1830	2.493.944	»	»
1831	2.301.726	»	»
1832	2.520.159	»	»
1835	3.288.238	»	»
1838	4.301.887	»	»
1839	»	2.450	33.308
1840	4.256.711	2.591	34.350
1841	4.070.892	2.810	37.304
1842	5.203.415	3.053	39.609
1843	5.293.508	3.369	42.514
1844	5.480.850	3.645	45.780
1845	6.313.069	4.414	50.187
1846	6.608.884	4.396	54.467
1847	7.048.875	4.853	61.630
1848	6.095.283	5.212	64.789
1849	6.405.478	4.949	61.630
1850	7.225.267	5.322	66.642
1851	7.376.833	5.672	70.031
1852	7.958.515	»	»

Annuaire statistique de la France, années 1895-96.

dent et dès l'année suivante, la consommation prend un essor considérable.

Au lieu de . . . . . 6.608.884 tonnes en 1846
Il y a . . . . 7.638.875 tonnes en 1847

soit une augmentation de 1.039.991 tonnes sur l'année précédente.

Nous en arrivons donc à cette conclusion que, au moment où se produisit la Révolution en France, la transformation de notre outillage économique continuait à s'opérer avec une progression beaucoup plus rapide qu'elle ne l'avait été jusqu'à cette époque.

Cette crise momentanée était assurément nuisible pour l'ensemble du prolétariat, mais certaines catégories d'ouvriers étaient beaucoup plus gravement atteintes que d'autres. En effet, toute transformation de l'outillage national nécessite aussi une transformation de la main-d'œuvre qui ne peut s'obtenir très rapidement, et provoque une crise passagère mais terrible. Les ouvriers les plus intelligents et les plus habiles sont les seuls qui, arrivés à l'âge adulte, soient aptes à se conformer immédiatement aux nécessités nouvelles et à en profiter ; les autres, et ils sont de beaucoup le plus grand nombre, se trouvent être les victimes de l'évolution. C'est ce qui arriva en 1848. L'élite seule fut susceptible d'être occupée au difficile maniement des machines à grand rendement. Une masse de travailleurs, nombreux comme une armée, furent obligés de déserter les ateliers, et cette armée devait être celle de la Révolution.

Pour nous résumer, nous constaterons que la crise était due :

1° A la diminution du besoin de main-d'œuvre résultant de l'adoption des moteurs à vapeur ;

2° A la crise commerciale qui vint augmenter la misère des travailleurs en 1847 et qui ne fit que s'accroître pendant la période révolutionnaire ;

3° Au nouvel apprentissage devenu subitement nécessaire par l'adoption d'un outillage économique beaucoup plus compliqué

Jamais depuis la première Révolution, le chômage n'avait été aussi intense et la misère aussi terrible ; le peuple hypnotisé par le prestige des inventions nouvelles, persuadé qu'il serait possible de transformer l'édifice social aussi rapidement que l'outillage industriel, se laissa endoctriner par les pompeux discours et les belles promesses des rhéteurs de l'époque. Il fit la Révolution (1), mais ses espérances furent bientôt déçues.

II. — *Origine des ateliers nationaux*

Dès que le gouvernement provisoire fut entré en fonctions, il voulut manifester son désir de réaliser les promesses qu'il avait faites ; il commença par la plus importante d'entre elles : le droit au travail. Le 26 février 1848 paraissait, au *Journal officiel*, un décret que Louis Blanc avait rédigé lui-même et qui était conçu en ces termes :

RÉPUBLIQUE FRANÇAISE

LIBERTÉ, ÉGALITÉ, FRATERNITÉ

« Le gouvernement provisoire de la République française s'engage à garantir l'existence de l'ouvrier par le travail.

« *Il s'engage à garantir du travail à tous les citoyens.*

« Il reconnaît que les ouvriers doivent s'associer entre eux pour jouir du bénéfice légitime de leur travail.

« Le gouvernement provisoire rend aux ouvriers aux-

1. Il est nécessaire de noter en passant que si le peuple se montra aussi modéré dans les journées de février, aussi calme pendant et après la lutte, ce fut grâce à l'influence de Louis Blanc. Voir notamment Lamartine, *Histoire de la Révolution de 1848*, t. II, p. 193.

quels il appartient le million qui va échoir de la liste civile ».

Le peuple pouvait donc se figurer à bon droit que le gouvernement était entré dans les vues de Louis Blanc, le protaganiste du droit au travail, et cette croyance devait être corroborée par le fait de sa présence dans le gouvernement provisoire.

Pour tout esprit simpliste il devait évidemment en être ainsi. Mais les révolutions cachent malheureusement souvent de nombreuses compromissions : la série des événements qui allaient se dérouler, devait montrer combien étaient profondes les divergences d'opinions qui séparaient les membres du nouveau gouvernement, à quel point ceux qui avaient pu s'entendre pour démolir étaient loin d'être d'accord quand il s'agissait de reconstruire.

La façon dont fut rédigé ce décret est un de ces détails typiques qui montrent combien l'union était factice entre des éléments si divers.

Le peuple étant venu réclamer du gouvernement l'exécution des promesses de la Révolution, un groupe entre dans la salle des délibérations accompagné de citoyens armés de fusil. En termes énergiques il exige, au nom du peuple, que le gouvernement reconnaisse immédiatement le droit au travail. Lamartine, répondant avec autant de hauteur que les autres avaient mis de violence dans leurs discours, commence par s'emporter et déclare que jamais il ne donnera son consentement à une mesure aussi impraticable, aussi dangereuse. Bientôt il se radoucit : il met la main pour mieux fixer son attention sur le bras de l'ouvrier qui lui parle, il entreprend avec tant de chaleur et de conviction de l'amener à son sentiment, il expose avec tant de netteté le danger de pareilles mesures, qu'il en arrive à ses fins. L'ouvrier ému, troublé se retourne vers ses camarades indécis comme lui. Ils finissent par consentir à différer la demande de reconnaissance du droit au travail.

Pendant ce temps Louis Blanc, Flocon, Ledru-Rollin se sont retirés dans l'embrasure d'une fenêtre. Ils causent ensemble. Puis rejoignant les autres membres du gouvernement et les délégués, ils donnent lecture du décret qu'ils venaient d'élaborer et qui accordait le droit au travail. Tout ce que Lamartine avait eu tant de peine à édifier s'écroulait à ce moment (1). Le lendemain, son nom n'en figurait pas moins au bas du décret, avec ceux de Marie, de Marrat et de tant d'autres qui s'étaient toujours montrés si hostiles à toutes les mesures socialistes.

On avait eu peur de Louis Blanc, de l'influence qu'il exerçait sur le peuple, on lui céda cette fois du moins, car le nouveau gouvernement ne se sentait pas encore assez solidement établi pour lui résister. Les modérés ne devaient pas tarder à prendre leur revanche.

Un autre exemple, non moins frappant, de la façon dont les idées des membres du gouvernement provisoire étaient opposées, nous est fourni par la circulaire suivante, envoyée aux commissaires dans les départements (15 avril). Le ministre de l'intérieur, Ledru-Rollin, disait, au sujet des élections qui devaient avoir lieu :

« .... Les élections, si elles ne font pas triompher la vérité socialiste, si elles sont l'expression des intérêts d'une caste, arrachées à la confiante loyauté du peuple, les élections qui devraient être le salut de la République seront sa perte, il n'en faut pas douter. Il n'y a alors qu'une voie de salut pour le peuple qui a fait les barricades ; ce serait de manifester une seconde fois sa volonté, et d'ajourner les décisions d'une fausse représentation nationale.

« Ce remède extrême, déplorable, la France voudra-t-elle forcer Paris d'y recourir ? » (2).

1. Daniel Stern, *Histoire de la Révolution de 1848*, Paris, 1848, 3 vol. tome II, p. 5.
2. *16e Bulletin de la République.*

Bien que ce bulletin ait été désavoué par Ledru-Rollin, il n'en avait pas moins été expédié dans toute la France, et vivement commenté. Cet exemple, venant d'en haut, avait porté ses fruits en encourageant de tous côtés la révolte.

Il est intéressant de rapprocher de cette circulaire, le passage d'un discours de Louis Blanc à la Commission des travailleurs au Luxembourg. Il s'exprimait en ces termes : « Nous parlons d'avoir, de former une assemblée de députés ; vous êtes l'assemblée des députés du peuple, et que l'Assemblée nationale s'installe ou non, celle-ci, j'en ai la confiance ne périra pas. » L'analogie de pensée entre ces deux documents est frappante et bien faite pour expliquer les violentes manifestations et les émeutes qui eurent lieu contre l'Assemblée pendant les mois d'avril, mai et juin.

Le rapport de la commission d'enquête contient aussi d'intéressantes révélations sur la propagande organisée secrètement par des personnalités du pouvoir. « Nous avons constaté aussi, pouvait-on y lire, l'action moins publique, mais plus irrégulière encore, d'un grand nombre d'agents envoyés dans toute la France au nom des clubs les plus dangereux de la capitale, avec une solde prélevée sur les fonds secrets du ministère de l'intérieur ».

Il avait fallu une coalition de tous les républicains pour renverser Louis-Philippe. Une fois arrivés au pouvoir, des socialistes comme Louis Blanc et Albert, des républicains « rouges » comme Flocon et Ledru Rollin, et des républicains modérés comme Marie, Arago et Lamartine ne pouvaient s'entendre pour arrêter une ligne de conduite commune. Les socialistes ayant joué un rôle prépondérant dans les journées de Février, on fut obligé de leur céder une part du gouvernement ; mais les modérés, s'appuyant principalement sur la province et plus tard sur l'Assemblée nationale, cherchèrent par tous les moyens en leur pouvoir de réduire les socialistes à l'impuissance et au silence. Quand ils étaient forcés d'accepter des réformes socialistes ils tâchaient de les utiliser de telle sorte qu'elles servissent d'arguments de *fait* contre tous les arguments de la *théorie* socialiste. La mauvaise volonté que rencontrèrent partout les organisateurs des ateliers nationaux n'avait pas d'autre cause.

Les modérés avaient été battus dans la question du droit au travail, les socialistes devaient être défaits à leur tour dans la question du ministère du progrès. Une manifestation populaire vint, le 28 février, réclamer du gouvernement la création d'un ministère du progrès dont Louis Blanc soutenait énergiquement la nécessité. Cette fois les *Rouges* se montrèrent irréductibles et ne voulurent point accéder à ces nouvelles exigences : la balance pencha dès lors du côté des modérés. Louis Blanc sentait bien que la création du nouveau ministère était le seul moyen pour lui de faire passer dans l'application, les mesures qu'il avait tant de fois réclamées dans ses discours ; aussi, après avoir vainement insisté, il déclara qu'il se retirait.

C'était une nouvelle révolution pour le lendemain, et le sang allait encore couler. Cent mille hommes étaient prêts à marcher contre le gouvernement sur un mot de Louis Blanc. La situation était critique. Grâce à l'intervention de Garnier Pagès et d'Arago de nouvelles et graves complications furent évitées. Le premier proposa une mesure de conciliation consistant dans la création d'une commission de travailleurs chargée, sous la direction de Louis Blanc, de préparer les nouvelles lois sociales qu'allait voter le Parlement. Louis Blanc refusait énergiquement de souscrire à une pareille mesure, qui lui retirait toute espèce de moyen d'action pour l'application des réformes socialistes.

Il fallut tout l'ascendant qu'Arago avait sur lui, toute

la douceur et l'affection dont il fit preuve à son égard, pour l'amener à renoncer à ses exigences, et surtout à conseiller lui-même au peuple (car seul il pouvait le faire avec succès) de se contenter d'une pareille solution. Il tint pourtant sa promesse, mais c'était une capitulation dont il ne put jamais se relever. Eliminé peu après du gouvernement, relégué à la commission du Luxembourg où il n'avait d'autre pouvoir que l'influence de sa parole sur son auditoire, traqué de tous les côtés, voyant ses doctrines faussées par ses adversaires, Louis Blanc allait devenir le bouc émissaire chargé de tous les échecs qu'essuya le nouveau gouvernement. La plus importante des responsabilités qu'on lui fit encourir fut celle des ateliers nationaux.

Pourtant, quoi qu'on en ait dit, leur création ne fut pas son œuvre, et jamais il ne participa à leur organisation. On n'en peut plus douter, quand on étudie de près comment furent créés et dans quelles conditions fonctionnèrent les célèbres ateliers.

Le lendemain du jour où avait paru au *Moniteur* l'engagement pris par le gouvernement de « garantir du travail à tous les citoyens », figurait à la même place un décret conçu en ces termes :

« Le gouvernement provisoire décide l'établissement immédiat d'ateliers nationaux.

« Le ministre des travaux publics est chargé de l'exécution du présent décret » (1).

Qui ne pouvait voir dans ces quelques lignes autre chose que la réalisation de la promesse de la veille ? On devait évidemment s'attendre à voir appliquer le droit du travail. L'illusion se prolongea encore, quand, le jour suivant, parut une proclamation de M. Marie,

1. *Moniteur*, 27 fév. 1848, p. 507.

ministre des travaux publics, annonçant aux ouvriers que tous les travaux qui avaient été suspendus par la Révolution, allaient être repris, que de nouveaux chantiers seraient ouverts et il ajoutait : « Tous les ouvriers qui voudront y prendre part devront s'adresser à l'une des mairies qui recevront leur demande et les dirigeront sans retard sur les chantiers » (1).

Des esprits méfiants, auraient pu faire remarquer que dans l'application d'une mesure aussi importante concernant l'organisation du travail, le nom de Louis Blanc ne paraissait pas et que, au contraire, figurait celui d'un des membres du gouvernement qui lui était notoirement hostile. Mais, à ce moment, on ne s'attarda pas à ces réflexions ; les socialistes tout à la joie de voir entrer aussi rapidement dans la voie de la réalisation, une de leurs revendications les plus chères, ne soupçonnaient pas les dessous politiques de l'affaire.

Les modérés avaient accepté volontiers la décision transactionnelle prise par Louis Blanc de se contenter de la présidence de la Commission du Luxembourg. On redoutait bien un peu ce « Congrès de salariés », mais on savait aussi que leur président s'il enseignait aussi des théories erronées, développerait surtout des idées humanitaires, et saurait au besoin contenir les plus violents en modérant leur ardeur. D'ailleurs « on ne pouvait moins accorder aux ouvriers, soldats de cette révolution faite au nom du travail, qu'une enquête sincère et libre sur ces questions de travail qui étaient leur politique et leur vie » (2). Il suffirait seulement de savoir rendre platoniques les vœux qu'ils pourraient émettre en évitant

1. *Ibid.*, 28 fév. Toutefois le ministre continuait : « Ouvriers de Paris, vous voulez vivre honorablement par le travail, les efforts du gouvernement tendront, soyez-en sûrs, à vous *aider* à l'accomplissement de cette volonté » ; la suite devait prouver le sens que le ministre entendait donner à cette phrase, mais au moment de sa publication elle ne provoqua aucun soupçon.

2. De Lamartine, *Histoire de la Révolution de 1848*, p. 94.

de provoquer chez eux une trop grande effervescence. Louis Blanc, à la présidence de cette Commission ne serait pas dangereux, tandis qu'il eût été impolitique de l'évincer et de le persécuter.

Cette façon de procéder était très diplomatique, mais d'un succès incertain, étant donné l'immense ascendant que Louis Blanc conservait sur la foule. Il était nécessaire pour réussir de discréditer son système, de désillusionner les ouvriers à son égard, de provoquer une certaine agitation contre lui, c'est ce qu'on réussit à faire en créant les ateliers nationaux. Il paraît certain que c'est bien là le rôle que le gouvernement entendait faire jouer à cette institution d'apparence socialiste. Autrement pourquoi évincer d'une fondation celui qui en aurait été l'inspirateur ? Louis Blanc, pour sa part, n'en doutait pas, et montrait combien « les logiciens du laisser faire, ces prôneurs aux abois, trouvaient un avantage immense à nous imputer de pareils désordres (ceux des ateliers). Quelle bonne fortune pour les tenants de la vieille économie politique, s'ils parvenaient à donner le change à l'opinion, s'ils parvenaient à présenter comme l'application suprême de l'organisation du travail, les ateliersnationauxquin'en ont été qu'une ignoble parodie ! l'imposture ici avait incontestablement une portée ; elle donnait à nos adversaires, à bout d'arguments, l'occasion de dire : « A quoi bon tant raisonner ? Contre toutes vos théories nous avons un fait » (1).

Même en dehors de l'appréciation de Louis Blanc qui était juge et partie en la circonstance, l'apparence socialiste qu'on voulait donner à la création des ateliers ressort de diverses preuves. Comme nous l'avons indiqué plus haut, elle semblait résulter aussi de la façon dont avaient publiés les décrets, les arrêtés, les proclamations concernant la création de ces ateliers.

1. Louis Blanc, *Histoire de la Révolution de 1848*, t. I, p. 228.

Bien plus, un article publié à cette époque dans la *Revue des deux Mondes*, fait remonter la responsabilité des ateliers à Louis Blanc, ou tout au moins à ses théories. Voici comment s'exprimait l'auteur de cet article : « Les ateliers nationaux tendent, en principe, à prendre rang parmi nos institutions et, en pratique, à s'étendre comme une plaie dévorante sur toute la surface de notre pays. *L'établissement de ces ateliers est une conéquences juste, logique, forcée, des doctrines économiques, qui, depuis quatre mois, envahissent l'administration* » (1). Aujourd'hui l'illusion n'est pas encore partout dissipée : car M. H. Berton dans un article paru dans la *Revue de l'École des sciences politiques* (2) déclarait que « le droit au travail proclamé par le gouvernement provisoire et l'organisation du travail tentée par lui avaient ouvert les ateliers du Champ-de-Mars », et que l'échec des ateliers nationaux avait porté un coup mortel au droit au travail. M. Jules Simon déclarait aussi dans un discours au Comité central des œuvres d'assistance par le travail en 1896, que « le fond de cette révolution (de 1848) qui dure encore ce sont les conférences de Louis Blanc au Luxembourg Eh bien ! le résultat immédiat ce furent les ateliers nationaux ».

En était-il ainsi en réalité ? Loin de là. Non seulement le président de la Commission du Luxembourg, qui faisait encore partie, à cette époque, du gouvernement provisoire, ne fut pas consulté au sujet de l'organisation des ateliers nationaux, mais, alors qu'il semblait plus indiqué que tout autre pour les diriger, on le tint systématiquement à l'écart de toutes les décisions qui furent prises à leur égard, et on mit à leur tête des hommes qu'on lui savait profondément hostiles : M. Marie et M. Thomas.

1. J.-J. Baude, Les ateliers nationaux, *Revue des Deux-Mondes*, 1er juillet 1848, p. 5.
2. Novembre 1897.

On voulait faire des ateliers une force au service du gouvernement pour lutter contre Louis Blanc (1).

« On pouvait prévoir, disait M. Bauchart dans son rapport, qu'une aussi vaste agglomération d'hommes deviendrait bientôt une armée politique que les partis se disputeraient. La portion modérée du gouvernement le sentait si bien elle-même qu'elle voulut à différentes époques s'en faire un auxiliaire. Elle y réussit d'abord, mais cette arme dangereuse devait lui échapper, et passer plus redoutable encore dans les mains de ses ennemis » (2).

Lamartine qui connaissait à fond, et pour cause, les sentiments intimes de « la portion modérée du gouvernement », est encore plus explicite, quand il parle des ouvriers des ateliers nationaux.

« M. Marie les organisa, disait-il, avec intelligence, mais sans utilité pour le travail productif ; il les embrigada, il leur donna des chefs, il leur inspira un esprit de discipline et d'ordre, il en fit pendant quatre mois *au lieu d'une force à la merci des socialistes* et des émeutes, une armée prétorienne, mais oisive dans les mains du pouvoir, commandée, dirigée, contenue par *des chefs qui avaient la pensée secrète de la partie anti-socialiste du gouvernement*. Ces ateliers contre-balancèrent jusqu'à l'arrivée *de l'Assemblée Nationale les ouvriers sectaires du Luxembourg et les ouvriers séditieux des clubs*, ils scandalisèrent par leur masse et par l'inutilité de leurs travaux les gens de Paris, mais ils

1. « Pour les paralyser (les ouvriers de la Commission du Luxembourg) et discréditer la doctrine de Louis Blanc, Marie organisa les ateliers nationaux, que le gros public confondait avec les ateliers sociaux dont parlait l'auteur de l'*Organisation du Travail* ». I. Tchernoff. *Louis Blanc*, Bibliothèque socialiste. Société nouvelle de librairie et d'édition, Paris, 1901, p. 75.

2. Rapport fait au nom de la Commission chargée de l'enquête sur l'insurrection qui a éclaté dans la journée du 23 juin et sur les événements du 15 mai, t. I, p. 13.

protégèrent et sauvèrent plusieurs fois Paris à son insu (1) ». On ne pouvait espérer vaincre l'influence de Louis Blanc par la force d'une armée régulière, on organisa contre lui cette « armée prétorienne » destinée à sauver Paris de sa prépondérance (2).

Le commissaire de la République chargé de la direction des ateliers, M. Thomas (3), chercha tous les moyens de faire concurrence à Louis Blanc. Ce fut dans ce but qu'il créa, dans les ateliers nationaux un club de délégués.

Les plus turbulents devaient y être forcément élus, et il comptait, en prenant de l'influence sur eux, obtenir et conserver un ascendant complet sur la masse (4).

Mais on se trouvait dès lors en présence d'un nouveau danger, car les ateliers nationaux n'avaient pas seulement pour but de servir d'argument contre les théories de Louis Blanc, mais on voulait s'en servir aussi pour empêcher une nouvelle révolution en disciplinant la population ouvrière. On espérait calmer l'effervescence résultant d'un manque de travail prolongé en ouvrant ces nouveaux chantiers. Cependant ce ne fut guère qu'à partir du moment où le gouvernement put s'appuyer sur une assemblée qui partageât ses vues modérées, qu'on se permit de mettre en lumière ces nouveaux avantages.

Lamartine nous montre alors « les ateliers nationaux

1. Lamartine, *loc. cit.*, t. II, p. 120.

2. Conf. Rapport Bauchard, déposition Marie, t. I, p. 138. « Les ateliers étaient hostiles aux délégués du Luxembourg ».

3. Louis Blanc, *loc. cit.*, t. I, p. 219, conf. Déposition de M. Boulage, secrétaire général du ministère des Travaux publics, le 15 juillet, à la Commission d'enquête. « Il n'y avait pas d'intimité entre Emile Thomas et Louis Blanc. Le premier cherchait à faire contrepoids au second. On avait des délégués des deux côtés. Emile Thomas cherchait à attirer ceux de Louis Blanc Il croyait avoir vaincu Louis Blanc. Il y avait antagonisme entre eux. » Rapport Bauchard, pièces justificatives, t. I, p. 242.

4. Thomas, *loc. cit.*, p. 144 et suiv.

qu'on a présentés comme un système et qui n'étaient qu'un expédient passager, terrible, mais nécessaire ». Et il ajoute : « Les hommes prévoyants du gouvernement ne cessaient d'envisager avec crainte le moment où la sédition s'introduiraient dans ce noyau *de misère et d'oisiveté* et où il faudrait la dissoudre par la prudence ou par la force » (1).

Garnier-Pagès défend les ateliers d'avoir été « le produit d'une pensée machiavélique »; ils ont été seulement un expédient loyal pour procurer à la population ouvrière un salaire et du pain (2).

Ledru-Rollin les appelle des « ateliers de charité », et il en recommande la création aux préfets dans une circulaire qu'il leur adresse. Il dit de ne pas perdre de vue que le meilleur moyen de soulager les pauvres du bureau de bienfaisance est de « fournir de l'ouvrage à la classe nécessiteuse. C'est *ennoblir l'aumône que de la convertir en rémunération d'un travail utile pour le pays* » (3). Ils étaient bien, en effet, des ateliers de charité où l'on donnait une sorte d'aumône.

Une des appréciations les plus utiles à retenir est celle du ministre qui fut chargé de l'organisation de ces fameux ateliers. « Après la Révolution, disait M. Marie, presque tous les ateliers se fermaient, les ouvriers étaient sans ouvrage et sans pain... Les mauvais ouvriers faisaient violence aux bons... Il y avait une organisation à tenter... Il s'agissait de décentraliser cette masse inquiétante : on devait enregimenter les ouvriers sans ouvrage et leur en donner » (4).

1. Lamartine, *loc. cit.*, p. 122, t. II.
2. Garnier-Pagès, *Histoire de la Révolution de 1848*, t. VIII, p. 148.
3. Circulaire du ministre de l'Intérieur aux commissaires dans les départements. *Moniteur*, 25 mars 1848. Ce n'était qu'un mois après leur création qu'on commençait à avouer leur véritable caractère, et encore se donnait-on bien garde d'en parler devant le peuple.
4. Rapport fait au nom de la Commission chargée de l'enquête sur

Le gouvernement ne comptait donc pas remplir sa promesse du 25 février de « garantir l'existence de l'ouvrier par le travail » et « du travail à tous les ouvriers »; aucun des membres du gouvernement ne fait plus allusion à ces engagements contenus dans leur proclamation.

On avait bien proposé au peuple de lui donner 1 fr. 50 par jour comme à la garde nationale ; il refusa « noblement » en déclarant que c'était pour obtenir du travail et non l'aumône qu'il s'était battu. Ce fut pourtant une aumône qu'on lui donna, car la rémunération qu'il reçut ne correspondait pas à un travail réel et productif.

La révolution, qui s'était faite au cri de « Vivre en travaillant ! Mourir en combattant ! » se voyait maintenant reniée par les premiers hommes politiques auxquels elle avait confié sa destinée. Et M. Marie qui, au début félicitait les ouvriers de vouloir « vivre honorablement par le travail » et leur assurait tous les concours du gouvernement, M. Marie en fondant les ateliers ne cherchait qu'à organiser l'aumône.

Quand M. Marie alla visiter les ateliers, le 28 mars, pour montrer sa sympathie aux ouvriers qui y travaillaient et les encourager au labeur, il y fut reçu avec enthousiasme : des délégués vinrent le remercier de sa sollicitude par des discours dans lesquels on lui rappelait les engagements de la première heure.

Le citoyen Arthur Bautan, pour n'en donner qu'un exemple, s'exprimait en ces termes. « Vous avez compris aussitôt que la volonté du peuple vous a appelé au poste que vous occupez d'une manière si digne, qu'en conquérant sa liberté, il avait aussi le droit de vivre. Votre première pensée a donc été de lui en fournir les moyens et, depuis ce jour, pas un

l'insurrection qui éclata dans la journée du 23 juin et sur les événements du 15 mai. Tome I, page 318, déposition de M. Marie.

de nous n'a eu l'amère douleur de se voir obligé de refuser du pain à ses enfants. Vous avez fait plus encore, vous avez compris que le peuple qui, après avoir chassé la royauté s'était promené dans ses palais en dédaignant les richesses et les trésors qui s'y trouvaient et qui étaient le produit de son sang ; *que le peuple, dis-je, ne voulait pas vivre d'aumône, et, dans ce but, vous avez créé des ateliers nationaux dans lesquels ont été admis tous les ouvriers sans travail*. Par ce moyen, *chacun gagne par son travail* la rétribution que la nation leur accorde (1) ».

La réponse du ministère est digne d'être notée, elle montre une fois de plus l'inanité des promesses qui étaient faites au peuple. — « Oui de cœur et de raison, disait le ministre, nous voulons tous réaliser ces améliorations dans la condition des travailleurs que la République vous promet, et que la République seule vous donnera. J'aime mieux les actes que les paroles, surtout quand il s'agit du sort des ouvriers ; eh ! bien, je vous le dis, tous mes efforts depuis que votre volonté m'a appelé à l'honneur de servir la patrie, ont été dirigés dans cette pensée ; ouverture de nouveaux ateliers, développement le plus grand possible de ces ateliers du travail ; enfin du travail ». Il terminait en disant : « La République est fondée ; on ne l'escamotera pas cette fois. Vos droits vous seront acquis, citoyens, croyez-le ». Et des cris enthousiastes de : « Vive la République » répondaient à ce beau discours (2). C'était à ce moment même que M. Marie cherchait de son propre aveu à organiser l'aumône, à ce moment même pendant que M. de Lamartine et « les hommes prévoyants du gouvernement ne cessaient d'en-

1. *Moniteur* du 29 mai 1848, p. 740
2. La *Revue des Deux-Mondes* elle-même félicitait le gouvernement d'avoir « garanti du travail à tous les citoyens ». Stern, *loc. cit.*, t. II, p. 22.

visager le moment où il faudrait dissoudre les ateliers ».

Les intentions du gouvernement semblent, au début, être conformes à celles du peuple : pure ambition, pure flatterie, pure hypocrisie ; une fois au pouvoir, les membres du gouvernement n'eurent aucunement le désir de réaliser ce que le peuple, qui avait pourtant fait leur fortune politique, leur demandait, et ce qui avait été formellement promis le 25 février.

III. — *Débuts des ateliers nationaux*

Examinons maintenant comment fonctionnèrent ces ateliers.

Dès le premier jour de la Révolution, le peuple était impatient de voir réaliser les promesses qui lui avaient été faites le 25 février, il fallut bientôt l'exhorter à attendre avec patience. Le 5 mars parut au *Moniteur* l'appel suivant :

RÉPUBLIQUE FRANÇAISE

LIBERTÉ, ÉGALITÉ, FRATERNITÉ

« Citoyens, Travailleurs !

« La commission du gouvernement, instituée pour préparer la solution du grand problème qui vous intéresse, s'étudie à remplir sa mission avec une infatigable ardeur, mais quelque légitime que soit votre impatience, elle vous conjure de ne pas faire aller vos exigences plus vite que ses recherches.

« Toutes les questions qui touchent à l'organisation du travail sont complexes de leur nature. Elles embrassent une foule d'intérêts qui sont opposés l'un à l'autre, sinon en réalité, du moins en apparence. Elles veulent donc être abordées avec calme, et approfondies avec maturité. »

« Trop d'impatience de votre part, trop de précipitation de la nôtre, n'aboutirait qu'à tout compromettre (1) ».

Les appels au calme se multipliaient d'ailleurs de tous côtés ; même les organes les plus avancés de la presse parisienne protestaient contre les actes de vandalisme qui pourraient être commis et encourageaient les bons citoyens à ne pas prendre part à des manifestations bruyantes et inutiles (2).

Le gouvernement provisoire ne commença réellement à prendre quelques mesures utiles que le 9 mars. Ce jour là parut un décret établissant un bureau gratuit de renseignements dans chaque mairie de Paris. Déjà quelques chantiers publics avaient été ouverts, notamment pour le nivellement de la place de l'Europe (1.500 ouvriers), pour des terrassements quai de la Gare (500 ouvriers), pour le redressement de la route nationale passant par Courbevoie (800 ouvriers).

Le ministère de la guerre lui aussi ne resta pas inactif : il organisa au Champ-de-Mars, sous la direction du génie, un vaste atelier pouvant contenir 2.000 travailleurs, mais qui en comptait 6.000 au 18 mai, époque à laquelle ce chantier rentra sous l'autorité du bureau central des travaux publics. Buchez, un des adjoints au maire de Paris, dans un discours adressé aux ouvriers, raconta l'histoire de la création de cet atelier : « Nous étions, disait-il, préoccupés de la situation des ouvriers qui étaient sans ouvrage ; nous étions aussi nous autres sans argent, et cependant, quand les hommes ont faim on ne peut pas ne pas leur donner à manger. D'un autre côté nous vous avions offert, vous le savez, 1 fr. 50 par jour,

1. *Moniteur* du 5 mars 1848.

2. Voir notamment *Le Représentant du peuple*, journal quotidien du travailleur, 28 février 1848, 16 mai, etc.

comme à la garde nationale mobile ; mais un grand nombre d'entre vous ont répondu : « *Nous ne voulons* « *pas recevoir l'aumône, nous voulons du travail* » ; nous avons trouvé cette demande juste et noble et il nous a semblé que nous devions y répondre.

« Un officier du génie, M. Baillemont, se trouvait alors dans notre bureau à la mairie ; nous lui dîmes : « Connaissez-vous quelque travail dépendant du minis- « tère de la guerre qui puisse être réalisé immédiate- « ment ? » Il nous répondit qu'il devait y en avoir un. Il partit avec un bout de lettre, s'adressa au comité de la guerre qui jugea le travail possible et écrivit sa réponse sur le même papier, nous acceptons et tout cela fut fait dans la même journée. Le lendemain, les sapeurs du génie étaient sur le terrain, et vous-mêmes, citoyens les aviez bientôt suivis » (1).

En province, dès les premiers jours, on avait essayé de susciter de larges débouchés à la main-d'œuvre ouvrière ; à Marseille, par exemple, la Chambre du commerce faisait des avances de fonds considérables pour que les travaux du port de la Joliette et du canal de Marseille, loin de se ralentir comme on le craignait, fussent poussés le plus activement possible.

Si l'on avait rencontré partout de semblables exemples de bonne volonté et de philantrophie éclairée, que de souffrances que de malheurs, n'aurait-on pas évités, quels succès n'aurait pas remportés la cause du travail ! Malheureusement on se heurta de tous côtés à des habitudes de routine, à une incurie et à une hostilité plus ou moins déguisées.

Le ministre des travaux publics, M. Marie, avait

1. Discours du citoyen Buchez, un des adjoints au maire de Paris, à la réception d'une députation des ouvriers de l'atelier national du Champ-de-Mars, venue pour remercier le gouvernement provisoire de lui avoir permis d'inaugurer solennellement l'arbre de la Liberté. *Moniteur*, 25 mars 1848, p. 663.

envoyé le 14 mars une circulaire aux ingénieurs de l'Etat, leur mandant de rechercher les travaux pouvant être rapidement commencés et de hâter l'ouverture de nouveaux chantiers, en simplifiant pour la circonstance, toutes les formalités administratives (1). Le corps des ponts-et-chaussées, au lieu de s'y employer, mettait tout son zèle et son habileté à faire différer ou avorter les projets qui passaient par ses mains. Quand il présentait lui-même des projets, ceux-ci étaient notoirement irréalisables ou avaient été déjà rejetés comme impraticables ou inutiles par le gouvernement : c'est ce qui faisait dire fort plaisamment à M. Boulage, le secrétaire général du ministre des travaux publics, « ils ne se pressent en rien, si ce n'est pour trouver obstacle à tout ».

Le ministre de l'intérieur, Ledru-Rollin, pressait les commissaires dans les départements de fournir de l'ouvrage à la classe nécessiteuse. « C'est ennoblir l'aumône, leur disait-il, que de la convertir en rémunération d'un travail utile au pays. Encouragez donc l'établissement d'ateliers de charité, auxquels puissent prendre part chacun dans la proportion de ses forces physiques. . J'attends de vous, à cette occasion, citoyen commissaire, tout le zèle et toute la sollicitude que réclament les souffrances des malheureux » (2).

Les travaux n'étaient pas en effet entrepris avec autant d'ardeur en province qu'à Paris ; il s'ensuivit un exode déplorable des ouvriers sans travail vers la capitale. Les ateliers déjà bien insuffisants pour la population parisienne ne devaient plus apporter qu'un secours dérisoire à la masse des malheureux venus de tous les coins de la France, dans l'espoir d'y trouver un emploi. Cette insuffisance des ateliers provinciaux contribua pour une large part à l'échec de ceux de Paris.

1. *Moniteur*, 16 mars 1848, p. 620.
2. Emile Thomas, *Histoire des ateliers nationaux*, p. 22.

Les ouvriers sans travail domiciliés à Paris pouvaient se faire inscrire au bureau central de la rue de Bondy. De là on les envoyait dans les divers ateliers pour y chercher une place. Ils étaient dirigés successivement de Chaillot à Saint-Mandé, de la barrière du Maine à Romainville, car les chantiers comptant plus d'ouvriers qu'ils ne pouvaient en occuper, se renvoyaient les travailleurs que le bureau central leur expédiait. Dès cinq heures du matin la rue de Bondy devenait le siège d'un rassemblement tumultueux, et jusqu'au soir le bureau et la mairie elle-même voyaient se produire dans leurs cours une émeute permanente.

On ne parvenait pas à ouvrir suffisamment d'ateliers pour y caser tous ceux qui *réclamaient* un travail qu'on leur avait appris à considérer comme un *droit*.

Dans les premiers jours de mars 1848 on ne pouvait occuper ou plutôt embaucher que quatre à cinq mille ouvriers, alors qu'il y avait dix-sept mille inscrits sans occupation (1).

On plaça à la tête des ateliers un ingénieur, M. Thomas, en la capacité duquel on avait confiance pour améliorer la situation. M. Thomas voulait, réalisant l'idée saint-simonienne d'organisation semi-militaire des ouvriers, maintenir la discipline surtout par des moyens d'influence morale, « que la justice et la bienveillance rendraient facile à acquérir, disait-il, dans un contact permanent avec eux » (2). D'ailleurs il ajoutait : « Les moyens de compression manquent ; il n'y en a pas, il n'y aura peut-être pas de longtemps à Paris de corps militaire, pas de pouvoir physique pour arriver à maintenir l'ordre. Mais un des moyens les plus énergiques

1. On estimait, il est vrai, à un cinquième le nombre des doubles emplois, mais la situation empira rapidement et bientôt la crise se manifesta dans toute sa gravité.

2. E. Thomas, *loc cit.*, p. 35.

qui puissent arriver au même but est à votre disposition, je veux parler de l'influence morale » (1).

Il considérait aussi comme nécessaire une grande centralisation de l'organisation, pour avoir une action plus directe sur tous les rouages et plus d'influence sur les hommes. Afin de favoriser le placement des travailleurs, soit à Paris, soit en province, il voulait faire une classification générale de tous les ouvriers par profession. On leur donnerait ensuite des occupations en rapport avec leurs connaissances techniques. Tout cela était bien difficile dans des temps aussi troublés, et M. Thomas semblait le pressentir lui-même, car il ajoutait : « Pour que l'institution ne soit pas dangereuse, il faut assurer un travail effectif ».

C'était précisément la difficulté à laquelle on se heurta, sans pouvoir la surmonter.

1. Thomas, *ibid.*

CHAPITRE II

LES ATELIERS NATIONAUX SOUS LA DIRECTION D'ÉMILE THOMAS

I. — *Organisation des ateliers*

Aussitôt qu'il fut entré en fonctions M. Thomas détermina par de nombreux règlements, le mode d'embrigadement et d'organisation dans les ateliers. Ces règlements furent très souvent modifiés, soit à cause des inconvénients qu'ils présentaient, soit à cause de l'accroissement ininterrompu du personnel des ateliers, soit enfin à cause du changement survenu dans l'état des esprits. Voici toutefois dans ses grandes lignes quelle était l'organisation des ateliers.

L'embrigadement se faisait à heure fixe, dans la mairie de chaque arrondissement. Le travailleur pour être accepté devait avoir plus de seize ans (à moins qu'il ne fût orphelin de père, ou enfant aîné de parents ayant six enfants).

La *brigade* se composait de cinquante-six hommes, et était commandée par un brigadier ou chef d'escadron, élu par elle (1). Quatre brigades formaient une *lieutenance* sous les ordres d'un lieutenant. Quatre lieutenances composaient une *compagnie* commandée par un chef

1. Au début (commencement de mars) les brigadiers étaient nommés par l'administration, ce fut, devant l'insistance de M. Thomas que cette mesure fut rapportée.

de compagnie. Un *chef de service* avait sous sa direction trois chefs de compagnie.

Enfin *un chef d'arrondissement* avait sous ses ordres tous les chefs de service de son arrondissement. Les communes de la banlieue étaient rattachées, pour le recrutement, à l'un des arrondissements de Paris.

Les *salaires* étaient réglés de façon différente, suivant que l'homme travaillait ou ne travaillait pas ; car les ateliers étant beaucoup trop étroits pour contenir les ouvriers, tous ne pouvaient être occupés le même jour.

Voici comment les salaires étaient fixés :

Jours d'activité :

Brigadier	3 fr. »	par jour
Chef d'escouade . . .	2 fr. 50	»
Travailleur	2 fr. »	»

Jours d'inactivité :

Brigadier	3 fr. »
Chef d'escouade .	1 fr. 50 (1 fr. à partir du 16 mai)
Travailleur. . .	1 fr. »

Le dimanche tout le travail était suspendu et personne ne recevait de salaire (1).

Le travail durait de 6 h. 1/2 du matin à 6 heures du soir avec deux heures de repos pour les repas. Chaque jour deux appels au moins devaient être faits pour vérifier les présences.

Les outils étaient fournis par l'administration, mais les ouvriers étaient responsables de leur conservation.

Les précautions prises pour surveiller le recrutement des ateliers étaient loin d'être suffisantes.

1. Cette mesure avait été prise par raison d'économie.

Les commissaires de police, surchargés de travail, n'avaient pas le temps de s'assurer de l'exactitude du domicile des postulants, et donnaient leur visa sans avoir la possibilité de faire aucune enquête.

Ce manque de contrôle encouragea l'immigration des ouvriers de province et même de l'étranger, car ils obtenaient leur inscription grâce à la complicité des logeurs qui leur donnaient des certificats de résidence (1). Aussi le chiffre des ouvriers logés en garni qui était ordinairement de 10.000, s'éleva rapidement à 30.000 (2).

Le préfet de police, Caussidière, publia le 19 mars un avis annonçant qu'en persistant à vouloir venir à Paris, les ouvriers étrangers à la ville s'exposaient à se voir expulsés par une mesure exceptionnelle que les circonstances motivaient. Cette menace n'empêcha pas les embrigadements d'augmenter d'une manière effrayante : leur nombre s'élevait à 21.350 au 31 mars, 64.870 au 15 avril, 99.400 au 30 avril (3). Malheureusement la quantité de travail était loin de correspondre à l'augmentation de l'effectif des travailleurs. On ne savait comment employer tout ce monde, et le prétendu travail qu'on accordait était plus anémiant et plus révoltant que la complète oisiveté. Aussi les vrais et honnêtes travailleurs se détournèrent-ils de plus en plus de ces ateliers.

D'ailleurs certains faits étaient véritablement de

1. *Moniteur* du 20 mars.

2. Vanlaer, *Le chômage de l'ouvrier. Ateliers nationaux*, 1848. *Correspondant*, 10 septembre 1892, p. 242. Voir également Garnier Pagès, *Histoire de la Révolution de 1848*, Paris, 1862, p. 153.

3 On était loin de s'attendre à un accroissement aussi rapide. Au moment de l'organisation des ateliers, on taxa d'exagération le maire du VIIIe arrondissement qui pensait devoir fournir à lui seul 7 à 8.000 ouvriers aux ateliers nationaux ; en réalité, il en envoya plus de 22.000. On estimait d'ailleurs à cette époque que les ateliers n'auraient jamais à recevoir plus de 14.000 travailleurs. (Voir Thomas, *loc. cit.*, p. 46).

nature à les démoraliser complètement des ateliers. Voici quelques-uns des procédés auxquels l'administration avait recours pour faire perdre aux travailleurs le plus de temps possible. Quand on les renvoyait d'un chantier à l'autre, on ne leur donnait que des indications vagues et insuffisantes pour qu'ils aient à chercher leur chemin. « Les ouvriers furent employés, raconte M. de la Gorce, à arracher sur les boulevards les arbres abattus en février ; on les envoya dans les pépinières des environs pour y chercher des plans nouveaux ; on les expédia dans les forts pour en rapporter les outils nécessaires (1), on mettait à allonger ces courses autant de soin qu'on en eût mis en d'autre temps à les abréger. Ajoutez à cela quelques réparations de chemins de ronde ou de halage, quelques extractions de cailloux, quelques terrassements. C'est dans ces objets dérisoires que se dépensait l'activité de cette armée populaire si témérairement rassemblée et si savamment hiérarchisée » (2).

La hiérarchie « si savante » inventée par M. Thomas, servait plutôt à rendre pire le mal qu'à en atténuer la portée. Une de ses inventions particulièrement funestes fut la désignation des chefs d'escouade par l'élection. Avec ce système, il arrivait forcément que ces dangereux fonctionnaires, bien loin de commander, gênaient le moins possible les hommes qui étaient sous leurs ordres, mais dont ils tenaient le pouvoir. D'autres, dit un auteur qu'on ne peut suspecter d'hostilité envers le nouveau régime, Garnier-Pagès, « firent métier de recruter des camarades, c'est-à-dire des partisans, d'inscrire des

1. M. Thomas qui cite aussi cet exemple, ajoute ce détail vraiment typique : au début on avait envoyé chercher les pelles et les pioches par charrettes, mais comme on trouvait que cela allait trop vite, dans la suite on n'employa que des hommes à ce transport.

2. De la Gorce, *Histoire de la seconde République*, Paris, 1887, p. 279.

noms qui figuraient sur plusieurs listes, de simuler même des personnes qui n'existaient pas » (1). De la sorte ils étaient sûrs de conserver une influence prépondérante sur leur escouade et de pouvoir en même temps garder pour eux une partie de la paye qu'ils étaient chargés de remettre aux hommes (2). Il en résultait une augmentation injustifiable du nombre des inscriptions et une honteuse dilapidation des deniers publics.

Si Garnier-Pagès critique à juste titre la composition des échelons inférieurs de la hiérarchie, Thomas n'a pas moins raison de se plaindre vivement des collaborateurs qu'on lui donne, qu'on lui impose, pour les postes supérieurs. « L'administration des ateliers nationaux disait-il, était devenue une sorte d'exutoire pour chacun de ces Messieurs du pouvoir, par où ils écoulaient soit les protégés de leurs amis, soit les solliciteurs et les coureurs de places, parasites inévitables, courtisans éhontés et le plus souvent malheureux, victimes honorables de la faim qu'avaient amenée le désordre et le discrédit du gouvernement ». Et comme, ajoutait-il encore, « il ne fallait alors mécontenter personne », il se plaignait d'être obligé d'accueillir tous les collaborateurs qu'on lui envoyait journellement, quelle que fût leur valeur, quelle que fût leur origine (3).

1. Garnier-Pagès, *loc. cit.*, p. 151.

2. Rapport de Falloux à la séance du 29 mai. *Moniteur* du 20 mai 1848, p. 120.

3. « C'est ainsi, dit-il ailleurs, qu'un jour le ministre des Travaux publics m'envoya d'un seul coup, avec injonction d'examiner leur réclamation, six cents personnes, artistes dramatiques, peintres, sculpteurs, dessinateurs, ex-employés de maison de banque ou de commerce. »

II. — *Manque de travaux à exécuter*

Cependant tous ces inconvénients si graves qu'ils fussent, n'étaient que la conséquence plus ou moins directe d'un seul mal essentiel : l'insuffisance des travaux. Le ministre des travaux publics, M. Marie, réunit à plusieurs reprises les chefs de services des ponts et chaussées, mais il ne put obtenir d'eux que des objections quand il faisait des propositions fermes, ou des réponses dilatoires quand il faisait appel à leur initiative personnelle.

Tous les travaux qu'on exécuta, au début tout au moins, furent entrepris à l'instigation de personnes étrangères au corps des ponts et chaussées. Dans une réunion du 16 mars où M. Marie avait employé en vain tous les moyens pour tirer les ingénieurs de leur apathie voulue, un des collaborateurs du ministre se leva et déclara que puisque personne du corps technique ne pouvait trouver de travail pour un seul ouvrier, il allait lui-même indiquer quelques entreprises pouvant occuper 2.000 personnes, et, en fait, la plupart furent exécutées. Voici les travaux qu'il proposa :

1° Abaissement des terrains de l'abattoir Montmartre, et leur transport au bas fond du cimetière avoisinant ;

2° Déblais et remblais des rampes d'Iéna et tracé d'une nouvelle rue sur ce terrain ;

3° Abaissement de la pelouse de Chaillot et le transport des déblais sur les terrains bas avoisinants ;

4° Chemin de halage de Neuilly (1).

M. Thomas proposa de son côté de faire en cailloutis les chemins de ronde des fortifications, il pensait pou-

1. Il avait proposé aussi la construction d'un immense cirque pouvant contenir 20.000 spectateurs, et situé dans les plaines qui avoisinaient la barrière du Trône.

voir y appliquer de 600 à 800 hommes de beaucoup d'arrondissements différents, et particulièrement de ceux de la périphérie qui n'étaient pas les moins malheureux.

Dans une réunion du 23 mars, le ministre de l'intérieur demanda l'achèvement du Louvre, et le maire de Paris celui de la rue de Rivoli.

Ces propositions suscitèrent quelques objections de la part de Marie, Flocon et Garnier-Pagès. Ces objections, intéressantes en elles-mêmes, méritent d'être rapportées, ainsi que les raisons pour lesquelles on ne s'y arrêta pas. Pour les travaux du Louvre on estimait qu'une République pouvait faire un emploi plus utile de ses fonds, que de les consacrer à la construction de palais dont Paris était déjà abondamment pourvu. Pourtant l'achèvement du Louvre fut décidé, après qu'on eut convenu que la bibliothèque nationale et des expositions industrielles et artistiques y seraient installées. Le Louvre devait dorénavant porter le nom de « Palais du Peuple » (1).

En ce qui concerne la continuation de la rue de Rivoli on fit des objections d'un autre ordre. Si l'utilité de cette grande percée, devant aérer tout un quartier qui en avait grand besoin, n'était pas contestée, quelques membres du gouvernement trouvaient cependant que ces travaux exigeaient des déboursés considérables pour l'acquisition des immeubles à exproprier avant qu'on pût fournir du travail aux ouvriers démolisseurs. Or à ce moment le gouvernement était tellement à court d'argent, qu'il avait été obligé de faire suspendre l'achat des maisons qui devaient faire place aux Halles. En outre, la procédure d'expropriation toujours fort longue ne

1. La restauration de toutes les sculptures du Louvre fut également décidée quelque temps plus tard (le 25 avril). Beaucoup de sculpteurs se trouvaient en effet sans travail.

permettait pas d'espérer que les travaux pussent être commencés de si tôt. Bien que ses objections fussent sérieuses, on passa outre, et l'expropriation immédiate fut arrêtée. On s'y décida pour deux raisons. D'abord parce que les fonds nécessaires allaient être fournis par l'aliénation de terrains situés entre la rue Richelieu et la rue Vivienne. Ensuite, et c'était la considération la plus importante, une grande quantité de travail devait être mise ainsi à la disposition des ouvriers du bâtiment qui se trouvaient être en grande majorité dans les ateliers nationaux.

Non seulement l'expropriation des immeubles allait nécessiter le transbordement des industries dans de nouveaux locaux qui auraient besoin d'être aménagés ; non seulement la démolition des bâtiments fournirait un emploi à de nombreux travailleurs ; mais surtout il était évident que beaucoup d'importantes constructions privées (1) ne manqueraient pas de s'élever dès que la nouvelle rue serait ouverte (2).

Ces dernières considérations marquent une intéressante évolution dans l'état d'esprit des sphères gouvernementales. Au début de la crise toutes les préoccupations s'étaient tournées vers la recherche des travaux à entreprendre par l'Etat, bientôt on n'attribua plus à cette question qu'une importance relative, et on s'ingénia surtout à procurer un aliment d'activité à l'industrie privée, seule capable d'occuper un si grand nombre d'ouvriers sans travail. On cherchait à les reclasser dans leur milieu primitif, plutôt qu'à fonder pour eux des ateliers nouveaux.

Il paraît prouvé que beaucoup d'ouvriers refusaient d'accepter du travail dans les ateliers privés, et voulaient

1. On devait donner une prime à toute reconstruction immédiate d'une maison bordant la rue, en l'exemptant d'impôts pendant un certain nombre d'années.

2. Garnier-Pagès, *loc. cit.*, p. 150 et suiv.

rester dans les ateliers nationaux, même avec une rémunération bien inférieure. Un représentant du peuple, M. Sevaistre, déclarait à la tribune : « 1° que le travail ne manque pas dans un grand nombre d'ateliers et que, cependant les ateliers sont déserts; que, 2° beaucoup d'ouvriers ont abandonné le travail de l'atelier qui leur offrait un salaire de 4, 5 et 6 fr. par jour pour se faire inscrire aux ateliers nationaux où ils ne gagnent que 1 ou 2 fr. ; 3° enfin qu'il existe à Paris une sorte d'intimidation, organisée par quelques meneurs ennemis de l'ordre des travailleurs et de la République, pour empêcher les ouvriers de retourner aux travaux industriels privés » (1).

M. de Falloux, soutenant son projet de réorganisation des ateliers, constate la même situation et cite un exemple qui caractérise bien cet état d'esprit. « La presse a retenti récemment, disait-il, d'un fait malheureusement authentique, et qui se produit tous les jours sous des formes différentes. Une commande considérable était arrivée de l'une de nos colonies, les ouvriers des ateliers nationaux auxquels on s'adressa pour y satisfaire demandaient une rétribution tellement exorbitante, que la commande a dû être transportée à l'étranger. Plusieurs de nos provinciaux appellent aussi vainement le secours des bras qui leur manquent ; le même refus est opposé à leurs instances » (2).

Les ouvriers qui agissaient de cette façon poursuivaient évidemment un but. Quel pouvait-il être ? Était-ce uniquement la paresse qui les poussait ? le peu de travail que l'on donnait à faire aux ouvriers dans les ateliers nationaux suffirait à le laisser supposer. La population, en voyant passer les brigades, les raillait

1. *Moniteur* du 31 mai, p. 1214, du 15 septembre 1848, p. 2458 conf. ; Vanlaer, *loc. cit.* ; Thomas, *loc. cit.*, p. 127 et suiv. ; rapport de M. Marie.
2. *Moniteur* du 30 mai 1848, p. 120.

en disant : « Ah ! voici de braves gens qui vont jouer au bouchon ! » (1).

Mais cette paresse ne peut-être l'unique raison de cette désertion des chantiers privés. En effet, s'il existe, dans la population miséreuse, un nombre relativement considérable d'individus qui ne *veulent* accepter aucune besogne régulière, aucun travail sérieux, ce sont, à vrai dire, des cas exceptionnels, des cas pathologiques provenant d'un affaiblissement de caractère, plutôt que d'une volonté positivement arrêtée. Il nous semble au contraire que, dans la plupart des cas cités par les orateurs ou les auteurs du temps, une intention précise, un plan concerté semble généralement avoir inspiré le refus de travail. Ce sont les serruriers, les chapeliers (aussi bien que les ouvriers visés dans le cas cité par M. de Falloux), qui exigent une augmentation de salaire ; ce sont les ouvriers du papier peint qui demandent à transformer le contrat de travail en un contrat d'association. Ils veulent travailler dans des conditions nouvelles, mais dire qu'ils ne veulent travailler à aucun prix nous semble une évidente inexactitude. Nous sommes en présence d'une véritable grève, et les ateliers nationaux servent à fournir des secours aux grévistes.

III. — *Création des ateliers professionnels*

La masse ouvrière qui se précipitait vers les ateliers nationaux continuait donc à s'accroître sans cesse, et la difficulté de trouver du travail devenait chaque jour plus terrible, sans que les ingénieurs des ponts et chaussées consentissent à prêter au gouvernement le concours

1. Garnier-Pagès, *loc. cit.*, p. 186. Nous aurons l'occasion d'apercevoir d'une façon plus manifeste encore les résultats de cette paresse, quand nous examinerons les résultats financiers des ateliers nationaux.

qu'ils lui devaient. M. Thomas prit alors l'initiative d'une mesure fort utile. Il créa des ateliers professionnels, notamment pour les cordonniers et les tailleurs. Tous ceux qui, faisant partie des ateliers de terrassements, appartenaient à l'une de ces deux professions, furent obligés de venir travailler à l'atelier de leur métier, sous peine de se voir rayer des contrôles.

Le salaire y était payé à la tâche, aussi le travail était-il beaucoup plus actif que dans aucun autre atelier (1), et pourtant on arriva à trouver d'amples débouchés pour les vêtements et la chaussure qui sortaient de ces magasins (2).

Ce fut sans doute les heureux résultats de cette expérience qui décidèrent plus tard le gouvernement à étendre le travail à la tâche à tous les ateliers nationaux ; mais c'était déjà trop tard, et les journées sanglantes empêchèrent l'exécution de cette mesure (3).

Il est à regretter qu'une grande extenison n'ait pas été donnée plus rapidement aux ateliers professionnels, car on pouvait en tirer d'utiles résultats et de précieux enseignements. Voici l'appréciation du directeur à leur égard : « Ces ateliers, disait-il, sont les seuls qui aient produit des résultats convenables, parce qu'ils étaient aussi les seuls qui fussent basés sur le principe du travail professionnel respectif pour les ouvriers » (4).

Mais ils ne restèrent qu'à l'état d'exception. Partout

1. On lu[illegible]sait d'ailleurs un certain minimum de travail à fournir ; c'est ainsi que les cordonniers devaient faire au moins deux paires de souliers en trois jours.

2. La vente des chaussures était faite aux ouvriers des ateliers, au moyen d'une mesure ingénieuse. Chaque ouvrier d'une brigade remettait chaque jour 2 ou 3 sous : la somme ainsi amassée permettait d'acheter une paire de chaussures qui était donnée à celui qui en avait le plus besoin, et on continuait de la sorte jusqu'à ce que chacun fût pourvu.

3. Décret du 1er juin, *Moniteur* du 4 juin, p. 1253.

4. Thomas, *loc. cit.*

le désœuvrement et la paresse continuèrent à régner parmi les ouvriers, de même que l'incapacité, l'incurie et le mauvais vouloir empêchaient par en haut toute heureuse réforme.

IV. — *Appréciation de l'œuvre de M. Emile Thomas*

C'était une bien lourde tâche pour M. Emile Thomas que de secouer cette universelle indolence tout en maintenant le bon ordre, mais si sa bonne volonté n'est pas niable, il n'en est pas moins évident qu'il commit de nombreuses fautes qu'il aurait pu et dû éviter. Les reproches qu'on lui a adressés ont été souvent exagérés par l'animosité des partis ou les rivalités personnelles, mais son administration n'a que trop prêté à de pareilles attaques.

Il importe d'observer, tout d'abord, qu'on ne peut rendre Émile Thomas responsable du manque de travail qui fut la source de tant de désordres. Il n'a jamais cessé de protester contre l'impéritie et le mauvais vouloir des ingénieurs des ponts et chaussées, qui seuls pouvaient lui donner des travaux suffisamment importants pour occuper tout son personnel, et qui, soit par esprit de rivalité de corps, soit par regret d'un régime déchu, ne donnèrent pas signe de vie pendant tout le temps que M. Thomas resta à la tête des ateliers. Peut-être même ne furent-ils pas complètement étrangers à son remplacement par un de leurs collègues (1).

Mais le point sur lequel on peut lui adresser les repro-

1. La Commission qui fut chargée de faire une enquête sur les ateliers nationaux, peu de temps avant la disgrâce de M. Thomas, était composée de sept membres, dont trois appartenaient au corps des ponts et chaussées ; l'un était président, M. Mary, et un autre rapporteur, M. Lalanne, qui devait être le successeur d'Emile Thomas. On aperçoit dans tout le rapport une hostilité préconçue contre le directeur.

ches les plus justifiés, c'est l'organisation intérieure des ateliers et particulièrement le paiement des salaires.

Evidemment l'ordre et la discipline étaient difficiles à maintenir au milieu d'une foule composée d'individus de toutes natures et de toutes provenances, sur lesquels on avait des renseignements peu nombreux et souvent inexacts. Le premier devoir du directeur n'en était pas moins clairement indiqué ; il ne devait accepter dans les ateliers que les individus ayant strictement, d'après les lois et règlements en vigueur, le droit d'y entrer ; et il devait savoir exactement et le nombre des travailleurs inscrits aux ateliers et la profession à laquelle ils appartenaient. Bien que l'administration centrale de la rue de Monceau ne comptât pas moins de 250 employés, que les ateliers fussent savamment hiérarchisés, en théorie du moins sinon en fait, on ne put jamais obtenir ces renseignements essentiels. On recevait aveuglément tous ceux qui se présentaient avec un certificat de leur mairie, sans chercher à savoir s'ils n'étaient pas déjà inscrits. Les nouveaux arrivants formaient des brigades qui augmentaient tous les jours et qu'on payait presque sans vérification. De nombreux exemples de fraude prouvèrent combien la surveillance faisait défaut.

« Les signatures apposées sur les feuilles d'émargement sont suspectes, disait un rapport officiel. On trouve des signatures dissemblables pour un même nom. Il est notoire que des signatures s'obtenaient pour 25 centimes. Et ces détournements étaient fréquents, car on estime à un cinquième ou à un sixième le nombre des signatures qui paraissent fausses » (1).

Un autre rapport, fait par des membres de la Cour des comptes délégués spécialement à l'examen de la comptabilité des ateliers (2), reconnaissait les mêmes

1. Rapport Bauchart, p. 41.
2. Rapport de la commission des trois membres de la Cour des

faits et les précisait encore davantage en déclarant que les preuves des fraudes existaient « soit dans les signatures visiblement contrefaites, soit dans les émargements donnés par les individus dont l'absence est constatée par la correspondance administrative. Tantôt ce sont des feuilles où la même main a évidemment émargé pour un grand nombre de titulaires ; tantôt ce sont d'autres feuilles où la signature du même individu est tout à fait différente du jour au lendemain. Tantôt enfin, ce sont des brigades où pendant quinze jours, pendant un mois aucune absence n'est mentionnée sur les états ; ce qui est certainement une présomption grave de fraudes ».

La comptabilité se faisait, au début surtout, de la façon la plus primitive, on se bornait à inscrire chaque jour la recette et la dépense sur un simple carnet. Mais dès le 25 mars, E. Thomas obtint, sur sa demande, qu'un inspecteur des finances fût attaché aux ateliers pour y organiser le service financier. A partir de ce jour la comptabilité fut beaucoup plus clairement établie, ce qui ne devait pas empêcher d'ailleurs les fraudes de subsister dans le paiement des salaires.

Pour y remédier on créa de nouveaux fonctionnaires spécialement chargés de surveiller la paye qui devait être faite en leur présence; cet essai de réforme fut inefficace. Ou bien les inspecteurs remplissant leur devoir, voulaient vérifier l'exactitude du nombre des présences et du paiement individuel, et ils se voyaient alors en présence d'une telle hostilité qu'ils étaient obligés de se retirer; ou bien, pour qu'on supportât leur présence, ils fermaient les yeux sur les abus, et leur fonction devenait désormais inutile.

comptes, MM. Latena, Grand et Petitjean, délégués pour l'examen de la comptabilité des ateliers nationaux par la commission d'enquête sur l'insurrection du 23 juin, t. II, p. 143 et suiv.

Ces graves abus, contre lesquels E. Thomas n'avait pas pu remédier, n'entachent en rien son honneur, car pas un témoignage, si hostile qu'il soit, ne laisse paraître un doute sur l'intégrité de tout le haut personnel des ateliers, malgré le désordre des finances. Même au moment où le service de la comptabilité n'existait pas encore (avant l'arrivée de l'inspecteur des finances M. Roy, le 25 mars), la vérification qui fut faite par la suite, n'amena la découverte que d'un déficit d'environ 600 francs sur les sommes considérables qui avaient été mises en circulation. La commission des membres de la Cour des comptes reconnut qu'elle n'avait trouvé la trace d'aucun détournement en suivant la transmission régulière des fonds depuis le Trésor national jusqu'au chef de service inclusivement (1).

M. Boulage, secrétaire général du ministère des travaux publics, constata aussi que l'inspecteur chargé de surveiller la comptabilité n'avait jamais porté plainte au ministère des travaux publics (2). Et, résumant son appréciation à cet égard la commission de la Cour des comptes déclarait que les dépenses de la direction avaient été irrégulières dans les premiers mois, sans toutefois qu'il puisse être reproché à M. E. Thomas rien autre chose que de la prodigalité, l'oubli des formes et un certain arbitraire (3).

Une des plus sérieuses critiques que M. Trélat, le ministre des travaux publics qui avait succédé à M. Marie, adressa à l'administration d'E. Thomas, fut de n'avoir jamais pu lui procurer un recensement exact et complet des ateliers nationaux. Il y eut là en effet une

1. Elle ajoute, en outre qu' « il ne paraît pas vraisemblable que l'argent ait été détourné en vue d'un complot. ».
2. Rapport précité, t. I, p. 11.
3. *Ibid.*, pièce, t. II, p. 156.

faute, ou tout au moins une négligence impardonnable, car lorsqu'on eut terminé ce travail on reconnut l'importance des abus qui résultaient des doubles inscriptions ou des inscriptions erronées. Le recensement du 7 juin, montra qu'il y avait 14.000 inscriptions à retrancher, et que par conséquent les ateliers au lieu de contenir 119.000 ouvriers n'en occupaient réellement que 105.000. Un nouveau contrôle amena 6.000 nouvelles radiations et il est probable qu'une surveillance plus étroite aurait encore amené d'autres réductions (1).

Quelques personnes ont été jusqu'à dire que de tels abus auraient bien pu persister par la volonté même du directeur. Il aurait craint de prendre des mesures trop sévères de nature à compromettre sa popularité, et de plus il aurait été bien aise de voir sa clientèle s'augmenter. Dans cet ordre d'idées nous en sommes réduits à des conjectures. Ce qui est certain, c'est que E. Thomas avait fait des efforts très réels, quoiqu'insuffisants, pour modifier cet état de choses. Qu'il nous suffise de rappeler notamment que, pour améliorer la tenue des écritures, il avait demandé l'aide d'un inspecteur des finances, et que, pour enrayer les fraudes dans le payement des salaires, il avait provoqué la création d'un corps d'inspecteurs spéciaux. A-t-il dépendu de lui que ces mesures réussissent ou non ? nous n'oserions nous prononcer d'une façon catégorique. Il nous semble pourtant que la bonne foi et le désir de bien faire, sinon la compétence, ont été très réels chez le directeur.

Par ailleurs, il paraît prouvé qu'Emile Thomas prenait beaucoup de soin de sa popularité. Faut-il lui en faire un crime ? N'avait-il pas déclaré, dès le début, qu'il

1. *Ibid.*, t. II, p. 148 ; t. I, pp. 184 et 301. En dehors des raisons que nous avons déjà signalées, une des causes qui contribua le plus efficacement à favoriser les doubles inscriptions fut la facilité avec laquelle un ouvrier qui disait avoir perdu son livret pouvait s'en procurer un autre. Il suffisait pour cela de verser 0 fr. 50.

comptait beaucoup sur l'influence morale pour maintenir l'ordre et la discipline dans les ateliers ? Seul au milieu de cette armée de travailleurs il n'avait d'autre sauvegarde, vis-à-vis d'eux, que la sympathie qu'il pouvait inspirer. Il suffisait d'un mécontentement, d'une sédition pour que sa vie et celles du personnel qui lui était attaché, fussent mises en danger. Bien plus, en conservant du prestige aux yeux des ouvriers, de l'influence sur leur esprit, il pouvait éviter, non seulement aux ateliers, mais à Paris et au pays tout entier, des troubles, des émeutes, qui n'auraient fait qu'aggraver le mal dont tout le monde souffrait. Effectivement dans toutes les manifestations plus ou moins bruyantes qui eurent lieu pendant son administration, il déconseilla aux ouvriers d'y prendre part, et le nombre des absences aux ateliers ces jours-là fut insignifiant. Enfin sa révocation et les événements qui suivirent furent une preuve de l'heureuse influence qu'il exerçait, et dont on se priva si malheureusement.

Aurait-il aspiré, comme ses ennemis l'ont supposé, à tourner au profit de son ambition personnelle la popularité qu'il avait acquise ? C'est ce qui n'est nullement prouvé ou même fondé sur des présomptions sérieuses. C'eût été pourtant le seul motif plausible qui eût légitimé la façon violente et injuste dont on le révoqua. Nous allons rappeler dans quelles circonstances cet événement eut lieu.

II

M. Marie avait quitté le ministère des travaux publics et avait été remplacé par M. Trélat. Dès que ce changement fut opéré, le corps des ponts et chaussées fut fixé sur ses intentions bienveillantes à son égard, et il voulut dès lors se relever du discrédit où il était tombé précédemment. Il commença par faire évincer les intrus qui avaient pris des places qu'il se croyait être seul en état d'occuper dignement, et c'était M. E. Thomas qu'il tenait tout d'abord à faire disparaître.

Une commission chargée de faire une enquête sur les ateliers nationaux, rédigea un réquisitoire suffisamment éloquent pour que le ministre jugeât la disparition du directeur indispensable. On le remplaça naturellement par un ingénieur des ponts et chaussées, le rapporteur de la commission, M. Lalanne (27 mai).

Mais comme on craignait que la révocation de M. Thomas ne semblât un véritable coup d'Etat aux ouvriers des ateliers, il fallut agir avec prudence et voici comment on opéra.

M. Thomas fut appelé un soir chez le ministre. On l'obligea d'y écrire séance tenante sa démission. Puis on le fit partir immédiatement en poste à Bordeaux, sans lui permettre même de revoir sa mère. On prétextait pour l'envoyer si loin une mission dans les Landes. Cet enlèvement, digne d'un autre âge, restera toujours comme un procédé inqualifiable vis-à-vis d'un honnête homme.

L'agitation fut vive quand on apprit la nouvelle le lendemain aux ateliers, mais on parvint, non sans peine, à calmer temporairement cette effervescence en dissimulant au moins en partie la vérité. Grâce à ce piètre expédient, le nouveau ministre, M. Trélat, qui était venu pour l'installation de M. Lalanne et avait été retenu prisonnier pendant quelque temps par les délégués des ateliers, put enfin s'échapper sain et sauf.

CHAPITRE III

LES ATELIERS NATIONAUX SOUS LA DIRECTION DE M. LALANNE

I. — *Essais de réorganisation des ateliers*

Le changement de directeur ne modifia pas sensiblement le fonctionnement des ateliers. On prévoyait leur dissolution comme inévitable, mais personne n'osait prendre la responsabilité d'une pareille décision, tellement on redoutait la révolte qui devait s'ensuivre.

En attendant on décida la création de nombreux chantiers en province.

Le corps des ponts et chaussées, qui n'avait plus les mêmes raisons d'abstention depuis que ses membres étaient les maîtres de la situation, découvrit une foule de travaux utiles que l'assemblée s'empressa de voter (Décret du 10 juin).

Voici ceux par lesquels on commença :

Ponts à Montereau, Lagny, Flavigny, Cognac, Confolens	2.040.000	francs
Chemins de fer de Tours, Nantes	2.000.000	»
Travaux de route	1.000.000	»
Amélioration de la Marne	1.000.000	»
Canal de dérivation de la Sauldre (Sologne)	1.000.000	»
Prolongement canal haute Seine, amont Troyes.	500.000	»
Canal latéral Seine, Marcilly, Nogent. .	500.000	»
	8.040.000	»

Depuis l'entrée en fonctions du gouvernement provisoire en dehors des ateliers nationaux proprement dits les seuls travaux dont on avait voté l'exécution étaient les suivants (Décret du 24 mai 1848) :

Travaux de route nationale.	3.400.000	francs
Canal de l'Aisne et de la Marne . . .	400.000	»
Reconstruction de l'école Polytechnique, etc.	350.000	»
	4.150.000	»

Il faut en outre reconnaître que M. Lalanne introduisit quelques heureuses réformes de détail ; la comptabilité fut mieux surveillée, les dépenses d'administration qui étaient exagérées furent réduites. Mais de pareilles modifications, si justifiées qu'elles fussent, ne pouvaient suffire à enrayer la décadence des ateliers nationaux. Les fraudes et les désordres continuèrent de subsister, comme sous la direction d'Emile Thomas.

Les charges financières pesaient de plus en plus lourdement sur le Trésor déjà très obéré, sans que les travaux exécutés correspondissent, à beaucoup près, aux sommes dépensées.

Du 5 mars au 23 juin, les ateliers avaient coûté plus de 14 millions (14.174.987 fr.). La dépense moyenne avait été de 91.000 fr. par jour pendant la gestion de M. Thomas et de 134.000 fr. pendant celle de M. Lalanne (23 mai-23 juin) (1). Les quelques terrassements exécutés étaient loin d'être en rapport avec une telle

1. Dépense des ateliers nationaux, rapport, *ibid.*, t. II, 156 (pièces). Pendant la gestion de M. Thomas, la dépense s'est élevée du 5 mars au 23 mai à 7.240.000

Pendant la gestion de M. Lalanne, jusqu'au 23 juin.	4.150.000
Ateliers de femmes	1.700.000
Paiement d'urgence depuis le 23 juin	1 084.987
Total.	14.174.987

dépense. Au lieu de revenir à 0 fr. 40, prix moyen en temps ordinaire, le mètre cube de terrasse était payé 8 fr. Dans l'atelier du Champ-de-Mars, qui prêtait le moins aux abus puisqu'il avait été longtemps sous la direction de l'autorité militaire, un travail fait par les soldats aurait coûté 45.000 francs, revint à la somme fabuleuse de 400.000 fr. Dans une journée de travail payée 2 fr., l'ouvrier faisait pour 0 fr. 10 de besogne (1). Ce résultat n'a rien d'étonnant si l'on considère que, de l'aveu du directeur, il n'y avait sur les chantiers, de travail que pour 2.000 hommes, et ils étaient 8.000. On ajoutait que leur besogne effective aurait été facilement faite par 200 ouvriers.

Comme le faisait très justement remarquer E. Thomas, l'ouvrier parisien pouvait se tenir le raisonnement suivant : « L'Etat me donne 30 sous pour ne rien faire, il me paye 40 sous quand je travaille, donc je ne dois produire que 10 sous d'ouvrage ».

La situation d'ailleurs n'était pas différente à Lyon. Il y avait du travail pour 100 hommes, et on en avait 20.000 à occuper. Comme à Paris on accusait d'incurie, et non sans raison, le corps des ponts et chaussées.

Voici d'ailleurs, d'après un ingénieur de ce corps, le résultat effectif donné par les travaux nationaux entrepris dans différentes villes de province : « à Paris valeur des travaux exécutés à peu près nulle ; à Lyon 75 0/0 de perte ; à Nantes 66 0/0 ; à Nîmes somme dépensée presque en pure perte ; à Arles ; 61 0/0 » (2).

Ces chiffres se passent de commentaires. Cependant, à l'époque de la publication du livre si intéressant de M. de la Gorce, M. Lalanne voulut se disculper du reproche de n'avoir rien ou presque rien fait pour l'améliora-

1. Baude, Les ateliers de charité, *Revue des Deux-Mondes*, 1er juillet 1848, p. 16 et suiv. — Vanlaer, *Le chômage de l'ouvrier*, *loc. cit.*

2. Daniel Stern, *loc. cit.*, t. II, p. 219.

tion des ateliers nationaux. Il écrivit alors une lettre (1), reproduisant quelques fragments du rapport des trois membres de la Cour des comptes délégués pour l'examen de la comptabilité des ateliers nationaux (2).

« En terminant ce rapport, y est-il dit, nous croirions manquer à l'équité si nous ne faisions la part des responsabilités qui revient à chacun des deux directeurs des ateliers nationaux, et aussi la part des circonstances souvent plus fortes que la volonté des hommes ». Et, après avoir indiqué les torts de l'administration d'Emile Thomas, le rapporteur ajoute : « Quant à son successeur, M. Lalanne, un grand nombre de critiques exprimées dans notre rapport ne peuvent s'adresser à sa gestion. Nommé le 29 mai, après environ trois mois d'une organisation dont les dangers s'aggravaient tous les jours, M. Lalanne ne saurait être rendu responsable d'un état de choses qu'il n'avait pas créé et qu'il *venait détruire*. La correspondance, les arrêtés, les ordres du jour démontrent clairement qu'il se proposait de changer les bases d'organisation ». Les principales mesures prises par lui étaient la suppression du club central, le remaniement du bureau de direction, la suppression d'emplois inutiles, la diminution des dépenses de voiture, la création d'inspecteurs généraux, etc..

Si l'on peut reprocher à M. Thomas de n'avoir pas été assez « administratif », on pourrait justement accuser M. Lalanne de l'avoir été trop, de n'avoir été que cela, de ne l'avoir été que dans le sens le plus étroit du terme.

La Cour des comptes l'approuve d'avoir mis de l'ordre dans la comptabilité, d'avoir organisé un contrôle administratif, d'avoir réalisé des économies sur les dépenses

1. Journal *Le Temps*, 6 octobre 1887.
2. Rapport adressé aux membres de la commission d'enquête sur l'insurrection du 23 juin et sur les événements du 15 mai.

les plus inutiles, cela se comprend. Mais ces mesures n'étaient pas suffisantes pour transformer complètement les ateliers, comme cela eût été utile, pour donner du travail à de vrais travailleurs, et pour organiser une sévère discipline. M. de Falloux le montre d'une façon saisissante dans un discours qu'il prononça à l'occasion d'une nouvelle demande de crédits.

« L'état des ateliers nationaux, disait-il (1), est aujourd'hui exactement, sans aucune exception, ce qu'il était, il y a six semaines, il y a trois semaines. L'exécution de votre décret (celui accordant les derniers crédits pour les ateliers) demandait quatre mesures, je ne dirai pas bien simples, car rien n'est simple ni facile dans l'état où on a laissé venir cette question, mais quatre mesures bien claires, bien urgentes ».

Il fallait d'abord éclaircir la comptabilité de l'état-major des ateliers nationaux et vider la question des personnes. On a eu recours à des mesures arbitraires et violentes qui loin d'éclaircir la situation l'ont rendue plus obscure et plus complexe. « La question est donc devenue aussi grave que possible ».

Il fallait ensuite ramener le travail dans les ateliers ordinaires soit au moyen d'encouragements aux industries d'exportation, soit en organisant de grands travaux publics. « Je suis bien obligé de dire que le ministre des travaux publics n'a pu réussir à vous présenter l'ombre d'une mesure » (2), déclara M. de Falloux.

Le recensement était encore une tâche très urgente pour pouvoir préparer le classement des ouvriers par profession et par région ; bien qu'on le réclamât depuis fort longtemps la vérification n'était pas terminée, et il

1. *Moniteur*, 18 juin, p. 1377 et suiv.

2. Par contre, la ville de Paris ne pouvait recouvrer une somme de plus de quatre millions qui lui était due. Cette somme était bien dans les caisses de l'État, mais malgré tous ses efforts la ville ne pouvait la ravoir.

n'existait aucune « notion officielle » susceptible d'éclairer les représentants du pays (1).

Mais ce dont M. de Falloux se plaignait surtout c'était de « l'ensemble des résistances que, dit-il, je ne puis caractériser, mais que nous n'avons pas cessé de rencontrer chaque fois que sérieusement, fermement et légament nous avons voulu faire un pas ».

Ces résistances on les signalait de tous les côtés à la fois, aussi bien à la commission du Luxembourg que chez les conservateurs de l'Assemblée. Le gouvernement n'avait pas assez de hauteur de vue pour prendre nettement parti entre les deux opinions adverses, et pour se maintenir avec énergie dans la voie qu'il s'était tracée (2).

La réponse de M. Trélat au réquisitoire de M. de Falloux fut assez faible. En ce qui concernait la révocation de l'ancien directeur, il répondit qu'il aurait dû traiter plus durement M. Thomas car il en avait le pouvoir. Il possédait contre lui un mandat d'arrêt et s'il n'en avait pas fait usage, c'était par faiblesse ou par bonté d'âme (3).

Au sujet des ateliers M. Trélat répondit : « Eh ! bien, citoyens, j'ai fait peu de choses encore ; cependant j'ai fait quelque chose, puissamment aidé comme je l'ai été par une commission créée au ministère des travaux publics, commission qui se tient en permanence, qui a appelé dans son sein toutes les lumières, qui a eu recours à toutes les industries. Aidé de cette commis-

1. On s'était servi du même argument contre E. Thomas pour tâcher de prouver son mauvais vouloir, il est intéressant de constater que son successeur reçut les mêmes reproches.

2. Comme le gouvernement n'osait combattre aucun des partis extrêmes, on le comparait fort plaisamment à Don Juan, soupirant, tour à tour, à chacune de ses maîtresses. « C'est vous que j'aime, les autres ne sont que des sottes ».

3. E. Thomas fut arrêté seulement à son arrivée à Bordeaux ; mais bientôt on le relâcha.

sion je n'ai pu encore arriver à presque aucun dégrèvement des ateliers nationaux ; mais les ateliers nationaux sont transformés. Il ne sont plus un foyer d'agitations, de désordres et d'insurrections continuelles. Ils n'ont pas fourni d'éléments d'insurrection, ou du moins cela a passé presque inaperçu, aux derniers événements de la voie publique, aux dernières agitations de la rue ». Le ministre ajoutait que le travail allait reprendre activement. Et résumant à la fin de son discours toute sa pensée au sujet des résultats acquis, il s'écriait : « Nous en avons obtenus ; nous avons modifié notre milieu ! »

Tout ce travail du ministre, de la commission et de leurs auxiliaires, toutes ces consultations avec des personnalités éclairées, toute cette bonne volonté, cette compétence, cette activité dépensées, n'avaient donc abouti au bout de plusieurs semaines qu'à « modifier le milieu », sans améliorer en quoi que ce soit la situation économique des ateliers. C'était un résultat moral que le ministre se flattait d'avoir obtenu plus qu'un résultat matériel.

Malheureusement, comme nous allons le voir, ce résultat moral n'était pas plus acquis que le résultat matériel : les événements qui ensanglantèrent Paris au mois de juin n'en furent qu'un déplorable mais indiscutable témoignage.

II.— *Influences morales auxquelles obéissaient les ouvriers des ateliers nationaux*

Pour bien saisir la transformation du milieu dont M. Lalanne se vante d'avoir été l'initiateur, il importe de connaître exactement l'attitude des ouvriers, sous chacune des directions, et les influences auxquelles ils obéissaient.

L'ascendant qu'Émile Thomas avaient su acquérir sur

le personnel des ateliers en général, et plus particulièrement sur les délégués nommés par les ouvriers, s'était manifesté en maintes circonstances. Dans les journées du 17 avril et du 15 mai, notamment, le directeur avait pu ramener les ouvriers à des sentiments pacifiques et éviter de sanglantes journées comme celles qui devaient avoir lieu plus tard. Les multiples défauts de l'organisation et du fonctionnement des ateliers, leur origine, et leur destination ambiguë, la paresse, le désordre financier qui semblait partie inhérente de leur fonctionnement, les discordes et les haines qui se faisaient jour continuellement à leur endroit, toutes ces causes dont une seule aurait suffi pour provoquer une violente agitation populaire, n'avaient amené que peu de désordres dans la rue grâce à l'esprit pacifique des chefs du Luxembourg et des ateliers nationaux : Louis Blanc et Emile Thomas. L'un et l'autre prêchaient le calme et ils étaient parvenus, non sans peine, à se faire obéir de tous ceux qui n'étaient pas affiliés aux clubs, et c'était certainement le plus grand nombre. L'influence de chacun d'eux était considérable, bien que réciproquement hostile : elles se contre-balançaient l'une l'autre (1).

Quand Emile Thomas eut disparu, beaucoup de ses amis allèrent renforcer la foule de ceux qui prenaient leur mot d'ordre dans les clubs, et ce fut au plus grand détriment de la paix publique.

Assurément l'administration de M. Thomas avait laissé les ateliers nationaux dans une situation qui était loin d'être brillante. Le travail manquait, les ouvriers engourdis dans la paresse n'avaient plus d'énergie, des fraudes considérables épuisant inutilement les finances publiques, démoralisaient les ateliers et restaient cepen-

1. Au dire de Thomas, Louis Blanc aurait tenté de l'entraîner dans son orbite. Bien que cette assertion ne soit pas confirmée par des preuves, elle paraît assez vraisemblable. Rapport, t. I, p. 352, déposition E. Thomas.

dant impunies. En remplaçant Emile Thomas par M. Lalanne, on espérait pouvoir supprimer la plupart de ces graves abus et liquider pacifiquement les ateliers ; mais il n'en fut rien. Les améliorations matérielles étaient nulles. Quant au résultat moral, on est obligé de reconnaître qu'il a été des plus funestes.

Du départ de M. Thomas qui avait servi de motif à un surcroît d'agitation, date une phase nouvelle qui n'est que le prélude des sanglantes journées de juin. Pour s'en rendre compte il suffit de se reporter à la déposition de M. Trélat à la commission d'enquête. Il y réfute implicitement ce qu'il avait déclaré du haut de la tribune de l'Assemblée nationale quelques semaines auparavant.

En effet, à la séance du 15 juin, le ministre disait : « Les ateliers sont transformés. *Ils ne sont plus un foyer d'agitation et d'insurrection continuelles* ». Puis, à la commission, il vient déclarer qu'au moment du recensement entrepris aussitôt après le changement de direction, *M. Lalanne avait trouvé d'excellentes dispositions*. « *Le lendemain, ajoutait-il, une influence cachée agissait sur eux* ». Et il avouait par là même qu'un nouvel état d'esprit s'introduisait malheureusement dans les ateliers (1).

Laquelle des deux affirmations de M. Trélat est la bonne ? Assurément la seconde, car si la première se trouve n'être appuyée ni par des faits, ni par l'opinion de personnes compétentes, l'autre, au contraire, reçoit deux importantes confirmations.

M. Boulage, qui était resté secrétaire général du ministère des travaux publics après le départ de M. Trélat, et était par là même très qualifié pour apprécier la situation, déclarait « qu'après le départ d'Émile Thomas l'agitation fut plus grande aux ateliers nationaux ; des

1. Rapport, t. I, p. 356.

émissaires travaillaient les ouvriers » (1). M. de la Gorce dans son *Histoire de la seconde République*, reconnaît par ailleurs que l'administration de M. Lalanne n'a abouti à aucune amélioration sérieuse, et que « malgré les assurances contraires l'esprit des ateliers nationaux se pervertissait de jour en jour davantage » (2).

Les faits ne manquent pas pour corroborer ces opinions. Nous pouvons en trouver cités par M. Trélat lui-même. On projetait d'envoyer 500 ouvriers en province, et de les expédier en deux fois. Au lieu d'être 250 au départ du train du 23 juin on ne put guère en réunir qu'une cinquantaine (3) : c'était assurément l'indice d'un mauvais esprit, d'autant plus que le fait se répéta plusieurs fois. Un membre de la commission d'enquête expose qu'on attendait 400 ouvriers à Bourges, et que vingt-cinq seulement arrivèrent (4). M. Trélat attribue tout cela « à une mauvaise influence », mais M. E. Thomas avait pu la combattre, tandis que l'impuissance de M. Lalanne à cet égard était manifeste.

Quelle était donc cette influence qui s'était substituée à celle de E. Thomas ?

Il existait à Paris deux groupes d'ouvriers nettement distincts, poursuivant leur but de révolution sociale par des moyens différents : les clubs et la commission des travailleurs du Luxembourg.

Les clubs, plus violents, prêchaient ouvertement l'émeute, ils fabriquaient ostensiblement des armes et des munitions. La commission du Luxembourg, plus

1. Rapport, t. I, p. 242.
2. M. de la Gorce, *Histoire de la seconde République*, Paris, 1887, t. I, p. 310.
3. Cette dissémination des ateliers en province avait été soutenue à la Chambre en maintes circonstances, mais n'avait jamais été jusque-là exécutée, voir notamment, proposition Saint-Romme, *Moniteur*, 21 mai 1848, p. 1113, et discours de Wolowski, *Moniteur*, 31 mars, p. 1214 et suiv.
4. Rapport, t. I, p. 356.

pacifique, pensait arriver plus sûrement et plus équitablement au but désiré par l'emploi de moyens moins barbares : elle préconisait la grève comme le meilleur moyen d'action. Les grévistes se trouvaient en grand nombre aux ateliers nationaux.

Les uns avaient abandonné le travail volontairement par conviction, les autres à leur corps défendant, par intimidation.

Quand Emile Thomas eut disparu, la masse ouvrière des ateliers nationaux débilitée, énervée par une longue inaction, flottante, sans direction, sans impulsion propre, sans point de ralliement moral était une proie toute trouvée pour les « sectaires » du Luxembourg ou les « violents » des clubs qui cherchaient à recruter de nouveaux adhérents.

Comme les ouvriers des ateliers nationaux étaient généralement des gens pacifiques, ils se laissèrent enrôler pour la plupart sous la bannière de Louis Blanc qui correspondait mieux à leur caractère et à leur goût pour la tranquillité. Tout en continuant à fréquenter les ateliers, ils n'en firent pas moins cause commune avec la commission du Luxembourg.

L'inspiration de Louis Blanc semble bien être en effet l' « influence cachée » que signalait M. Trélat. Ce refus de partir pour la province ressemblait fort aux procédés de guerre économique, de lutte par la force d'inertie, de grève générale pour lesquels Louis Blanc avait une préférence marquée. Pas de refus direct d'obéissance, pas de révolte, celui qui devait partir pour la province se contentait de ne pas aller à la gare : c'était le commencement de « la guerre des bras croisés ».

Un autre fait, plus caractéristique encore, montre bien cette nouvelle entente. Les délégués du Luxembourg se joignirent à ceux des ateliers nationaux pour déconseiller au peuple, dans une proclamation, d'assister « à des manifestations qui n'ont de populaire que le titre » (1); l'appel fut entendu par un grand nombre d'ouvriers des ateliers, car la plupart ne participèrent pas aux journées de juin : un vingtième seulement manquèrent le 23 juin.

Tous les ouvriers ne s'enrôlèrent pas cependant sous la bannière de Louis Blanc; bon nombre d'entre eux allèrent augmenter la clientèle des clubs les plus turbulents, et ce furent ceux-là qui prirent une part prépondérante aux sanglantes journées. Ils cherchaient à faire une active propagande parmi leurs camarades des ateliers, par un appel à toutes les convoitises et à toutes les vengeances, mais le nombre de leurs adhérents demeura toujours assez restreint, et leur influence très circonscrite (2).

III. — *Appréciation de l'œuvre de M. Lalanne*

M. Lalanne ne réussissait vraiment pas dans ses entreprises : même ce qu'il faisait de mieux tournait contre lui. C'est ainsi que les améliorations réelles qu'il apporta dans le service de la comptabilité et de la paye furent pour lui un nouveau sujet d'impopularité auprès des plus turbulents de ses ouvriers, et ces sages mesures ne servirent qu'à rendre plus intense la sourde agitation qui existait déjà, sans procurer de bien sérieuses économies au gouvernement de la République.

1. Conf. Daniel Stern, *loc. cit.*, p. 130 et Henri Martin, *Histoire de la France depuis la Révolution*, t. V, p. 388. M. de la Gorce reconnaît, lui aussi, que cette fusion eut lieu, mais il pense que ce fut dans une commune pensée de désordre, t. I, p. 316. Nous ne partageons pas sa façon de voir. Ce furent les clubs qui organisèrent les émeutes de la rue.

2. Voir de la Gorce, *ibid.*, t. I, p. 316. Cour d'assises de la Seine, affaire Jourdan. Voir également au sujet de l'attitude des clubs le rapport Bauchart et les rapports de police, t. II, p. 178.

M. Trélat et M. Lalanne s'étaient flattés d'avoir obtenu une amélioration des ateliers nationaux tant au point de vue matériel qu'au point de vue moral. Nous sommes obligés de constater que non seulement ce résultat était loin d'être atteint, mais qu'à bien des égards la situation avait empiré sous leur direction.

CHAPITRE IV

LA DISSOLUTION DES ATELIERS NATIONAUX

Les abus criants qu'on signalait dans le fonctionnement des ateliers nationaux paraissant irrémédiables, une importante majorité se forma, tant dans le public que dans le Parlement, pour réclamer énergiquement leur prompte fermeture (1).

Dans les hautes sphères gouvernementales, il y avait longtemps que l'on envisageait cette solution comme inévitable. Déjà le 24 mai une décision, que l'on n'osa faire connaître qu'un mois après, avait été prise en ce sens par le Gouvernement, mais personne ne voulait assumer la responsabilité d'une pareille mesure dont on redoutait, à juste titre, les conséquences.

On était bien d'accord sur la nécessité de la disparition des ateliers, mais on ne savait comment les dissoudre et par quoi les remplacer. Chacun avait son système. C'est ainsi que les socialistes voulaient une organisation économique destinée à faire disparaître progressivement le salariat par « *l'organisation du travail* », tandis que les autres (conservateurs, modérés et quelques « rouges ») voulaient, à l'aide de mesures transitoires, préparer un reclassement progressif des ouvriers dans leurs métiers et ateliers respectifs. Ils se trouvaient de beaucoup les plus nombreux à la Cham-

1. Voir notamment Maxime du Camp. *Souvenirs de l'année 1848*, Paris, 1876, p. 229.

bre ; l'élimination des systèmes de Louis Blanc, de Pierre Leroux et des autres socialistes était donc inévitable.

Le côté négatif le plus simple une fois décidé (pas d'ateliers nationaux, pas d'organisation socialiste), il fallait que les partis bourgeois de la Chambre s'entendissent pour trouver un remède à la situation ; ils eurent bien de la peine à en découvrir un.

La Chambre indécise écouta les conseils qui lui venaient de tous les côtés, car les propositions de toutes sortes affluèrent. La plupart d'entre elles cherchaient à faire naître des demandes de main-d'œuvre, soit en chargeant l'Etat de créer de vastes chantiers, soit en favorisant à l'aide de protection, d'encouragements divers et même de subsides la réouverture de chantiers privés (exemption d'impôts, primes à l'exportation, avances pour le paiement des salaires, etc.) (1).

Les deux projets les plus importants furent les suivants : 1° celui du rachat du chemin de fer par l'Etat, 2° celui de la colonisation agricole de l'Algérie (2).

Pendant que l'Assemblée discutait les mérites et les inconvénients des divers systèmes en présence, le Gouvernement prenait les mesures nécessaires pour préparer la dissolution des ateliers conformément au vote émis précédemment par l'Assemblée.

Le 4 juin parut, au *Moniteur*, un décret qui avait

1. La Commission chargée de l'enquête sur les ateliers nationaux recommandait en outre la construction d'une sorte de colysée pouvant contenir 120 000 personnes. On en venait peu à peu à réclamer comme les Romains *Panem et Circenses*. — Voir proposition Marie, E. Thomas, *loc. cit.*, p. 127 et suiv. Proposition E. Thomas *ibid.* p. 234 et suiv. Proposition de la Commission instituée pour l'examen des diverses questions relatives aux ateliers nationaux. Rapport et diverses propositions parlementaires. Consulter aussi les discours des citoyens Léon Faucher et de la Rochejaquelin à l'Assemblée nationale, le 20 juin et du citoyen Goudchaux, le 15 juin.

2. Voir *infrà*, p. 196 et suiv.

été adopté sur la proposition de M. de Falloux et qui était précédé de considérants fort instructifs dont voici les principaux :

« L'Assemblée Nationale,

« Considérant que le travail des ateliers est devenu improductif ; que son maintien dans les conditions actuelles est en contradiction avec une bonne administration de la fortune publique, avec le retour de l'ordre et la reprise des opérations industrielles ou commerciales ; qu'il constituerait une aumône déguisée (1)...... »

Quant au décret en lui-même, il préparait la dissolution, sans la prescrire expressément ; on n'osait encore publier une pareille mesure :

Art. 1er. — Le travail à la tâche sera substitué dans le plus bref délai possible, dans les ateliers nationaux, au travail à la journée. Il sera livré directement, au prix des devis, sans rabais et sans intermédiaire d'entrepreneurs, soit à des ouvriers associés, soit à des ouvriers isolés, suivant la nature des travaux.

Art. 2. — Des crédits spéciaux seront ouverts au ministère des travaux publics, du commerce et de l'intérieur, pour hâter, par voie d'avance et de prime, la reprise des travaux départementaux, communaux et d'industrie privée.

Art. 3. — Les ouvriers séjournant depuis moins de trois mois dans le département de la Seine, et qui ne justifieraient pas de leurs moyens d'existence, recevront pour eux et leur famille, une feuille de route, avec indemnité de déplacement, dont partie sera payée pendant le trajet et partie au lieu de leur destination.

Art. 4 — Le présent décret sera applicable dans les villes ou

1. Ces considérants étaient manifestement inspirés par le discours de Falloux qui qualifiait les ateliers nationaux de « Grève permanente et organisée à 170.000 francs par jour » (Séance du 2 mars) et par celui de Sevaistre qui montre, avec preuves à l'appui, que ce ne sont pas les ouvriers qui manquent *de* travail « ce sont plutôt les ouvriers qui manquent *au* travail » (Séance du 20 mai).

communes du département, sur la demande des conseils municipaux.

Les ouvriers parisiens virent, à la lecture de ce décret, que la dissolution des ateliers, qu'ils redoutaient, ne pouvait manquer de se produire bientôt ; aussi l'agitation ne fit que s'accroître. Oubliant leurs anciennes rivalités les ouvriers des ateliers nationaux s'unirent à ceux du Luxembourg. Le premier effet de ce pacte fut d'assurer le succès des socialistes aux élections qui eurent lieu le 5 juin (1).

Pourtant, ainsi que le constata M. de Falloux (2), le décret resta à l'état de lettre morte. Mais comme l'agitation ne cessait de s'accroître il fallut en arriver à des mesures plus rigoureuses.

Le 21 juin, sur l'ordre de la commission exécutive, le ministre des Travaux publics signa l'arrêté, qui avait été délibéré un mois auparavant, et qu'on n'avait osé faire paraître à cette époque. Tous les jeunes gens de 17 à 25 ans, inscrits aux ateliers, étaient invités à contracter un engagement dans l'armée, ou à se tenir prêts à partir en province pour y exécuter des travaux de terrassements (3).

1. « Que fera-t-on, disaient-ils de cette masse de 110.000 travailleurs attendant chaque jour de leur modeste paye les moyens d'existence pour eux et leur famille ? Les livrera-t-on aux mauvais conseils de la faim, aux entraînements du désespoir ? Les jettera-t-on en pâture aux passions liberticides ? »

« Organisez, disaient-ils encore, instruisez, moralisez les ateliers nationaux, mais ne les détruisez pas ! » Réponse des délégués des ateliers nationaux à un discours prononcé le 15 juin, à la Chambre, par M. Godchaux, discours dans lequel il demandait énergiquement la disparition immédiate des ateliers, cité par Henri Martin, *Histoire de France*, t. V, p. 386.

2. Séance de la Commission des travailleurs du 19 juin et rapport sur le crédit de 3 millions demandé par le ministère des Travaux publics.

3. Le gouvernement avait l'intention de faire défricher ainsi la Sologne. Piccatier, *Les ateliers nationaux en 1848*, Saint-Etienne, 1899, p. 154.

Cette décision mit l'agitation à son comble. Les articles les plus violents parurent dans la presse (1).

Le gouvernement dut s'incliner, et, le 22 juin, paraissait au *Moniteur* une note faisant savoir que l'exécution de la mesure concernant l'engagement militaire était différée « afin de laisser à tous les jeunes ouvriers le temps de faire leur choix avec la maturité nécessaire ».

On prit aussi la disposition suivante pour réduire le personnel des ateliers. Toutes les fois qu'un chantier privé manquait de main-d'œuvre on offrait ces places aux ouvriers des ateliers nationaux, et s'ils ne les acceptaient pas ils devaient être rayés des listes de contrôle. Les ouvriers se trouvaient donc obligés d'accepter les conditions imposées par les patrons quelles qu'elles fussent.

Les manifestations se multiplièrent. Le 22 juin eut lieu au Luxembourg une entrevue entre les délégués des manifestants et M. Marie membre de la commission exécutive. Les pourparlers n'ayant pu aboutir, rendez-vous fut pris pour le lendemain 23 juin, place du Panthéon, et les journées sanglantes commencèrent (2).

L'Assemblée nationale protégée par la troupe se réunit quand même, et devant la gravité des circonstances elle adopta le projet de décret que lui soumettait de Falloux (3). Il était conçu en ces termes :

Art. 1er. — Les ateliers nationaux seront dissous trois jours après la promulgation du présent décret.

Art. 2. — Ne sont pas compris dans cette mesure les ateliers de femmes.

1. Voir notamment, *La vraie République*, nº du 23 juin 1848.

2. Les plus intéressés au maintien des ateliers étaient assurément ceux qui y travaillaient, et, de l'aveu unanime, ils ne coopérèrent que dans une très faible mesure à l'insurrection. Ce furent surtout les habitués des clubs qui organisèrent les barricades et les combats, quoique pourtant il y eut encore parmi eux bon nombre de véritables ouvriers sans travail (voir le Rapport Bauchart déposition Lalanne. Marie, etc.). C'était également l'opinion de Louis Blanc et de Thomas.

3. Ce décret ne parut au *Moniteur* que le 3 juillet.

Art. 3. — Un crédit de 3 millions est ouvert au ministère de l'intérieur, pour indemnité, secours à domicile, des ouvriers momentanément sans ouvrage.

Art. 4. — Les brigadiers et employés de tout grade aux ateliers nationaux, qui n'auront pas été pourvus d'un autre emploi, recevront pendant trois mois la moitié de leur allocation actuelle.

Art. 5. — Tout brigadier, employé ou ouvrier des ateliers nationaux qui aura contrevenu à la loi contre les attroupements cessera de recevoir aucun secours ou traitement.

Art. 6. — Le ministre des finances est autorisé à prêter la garantie de l'Etat au Comptoir d'Escompte des entrepreneurs du bâtiment jusqu'à concurrence de 5 millions

Ce décret ne pouvait ramener le calme. Le peuple voulait, par un nouvel effort, recommencer la révolution de Février. Cette fois il échoua.

Il n'est pas dans notre rôle de retracer l'histoire sanglante de ces journées, de montrer le danger que courut, un moment, l'assemblée et le gouvernement, les mesures énergiques qui furent prises, la réunion de tous les pouvoirs entre les mains du général Cavaignac. Mais nous devons tâcher, après avoir jeté un coup d'œil d'ensemble sur les événements qui s'étaient déroulés pendant ces quatre mois, de les apprécier et de dégager quelques réflexions essentielles au sujet de cette infructueuse tentative.

Nous avons, en effet, cherché à établir que, si, au début, le gouvernement provisoire avait laissé s'établir une situation fausse qui avait permis de considérer les ateliers comme une application du droit au travail, il avait, en pratique, agi d'une tout autre façon, et que, somme toute, les ateliers nationaux ressemblaient en réalité, beaucoup plus aux ateliers de charité qu'à une application du droit au travail (1).

1. Maxime du Camp, *Souvenirs de l'année 1848*, Paris 1876, p. 239.

Il y a toutefois une différence importante entre les ateliers nationaux et les ateliers de charité.

Au début on avait admis aux ateliers nationaux *tous* les ouvriers parisiens qui s'étaient présentés. C'est là pourrait-on dire, un signe que l'on voulait appliquer le principe du droit au travail ; mais nous croyons avoir prouvé que cette apparence était trompeuse. En outre, il est permis de remarquer que s'il eût été question ici d'un droit individuel à réclamer du travail, ce droit aurait dû s'exercer sur toute l'étendue du territoire. Or, en fait, l'admission de tous les ouvriers domiciliés a été mise en pratique presque exclusivement à Paris et à Lyon. S'il avait été question d'un droit civil, il aurait dû pouvoir s'exercer dans toute la France.

En admettant, d'ailleurs, que l'on ait pu avoir primitivement l'intention de mettre en pratique le droit au travail, il n'en résulterait pas qu'on ait réalisé l'application de ce droit. En effet, si tous les ouvriers qui se présentaient étaient admis et recevaient une rémunération fixe, cette rémunération n'était un salaire que pour une très minime partie, car il n'y avait que deux jours de travail effectif par semaine. Les 5/7 de l'argent que recevaient les ouvriers ne constituaient donc pas un salaire, mais une aumône. C'était encore une aumône, en partie du moins, que les ouvriers recevaient en solde pour les jours d'activité. En effet, sous quelque régime économique que l'on se place, la rémunération du travail doit être proportionnée au produit réel ou espéré de ce travail : quelquefois elle peut être moindre, jamais d'une façon durable elle ne peut lui être supérieure. Or, en outre de la partie réellement gagnée par un travail effectif et composant véritablement le salaire, il y avait une autre portion beaucoup plus considérable de la rémunération qui, ne correspondant à aucun service rendu, n'était plus un salaire mais une aumône. Nous sommes ainsi amenés à constater que, si c'était en vertu d'un droit que les ouvriers recevaient cette paye, ce ne pouvait être qu'en vertu du droit à l'assistance, corollaire du droit à l'existence, et non par application du droit au travail.

De quelque façon que l'on puisse envisager les ateliers nationaux, on ne peut donc les rattacher au droit au travail, si ce n'est pour expliquer leur origine historique et occasionnelle.

Examinons les, par conséquent, comme une simple institution d'assistance, et tâchons d'en faire ressortir les principaux défauts

L'incertitude qui planait au début sur leur destination véritable fut pour beaucoup dans la mauvaise organisa- et dans les déplorables résultats des ateliers. Si, au lieu de vouloir donner satisfaction à des vues purement théoriques, à des susceptilités de parti, à des préventions populaires, le gouvernement se fût décidé à donner une assistance aussi abondante, aussi utile que possible, en même temps que très nettement caractérisée, il aurait pu soulager plus de misères et prévenir des émeutes terribles et des troubles sanglants. Il eût fallu n'admettre que les ouvriers auxquels on pouvait donner de l'ouvrage, et, au besoin, attribuer aux autres des secours à domicile (1). On n'eût pas trompé ainsi l'ouvrier et l'opinion publique, on n'eût pas démoralisé la foule. S'il n'y avait de l'ouvrage que pour 4.000 travailleurs, il ne fallait en admettre que 4.000 (2). Mais, avec un peu

1. Voir notamment Thomas, *loc. cit.*, p. 55. Dans les derniers temps de l'existence des ateliers, on donnait à ceux des ouvriers qu'on n'avait pu inscrire et qui n'avaient pas droit, par conséquent au salaire, une allocation de 750 gr. de pain par jour.

2. M. Thomas indique 6.000 ouvriers comme maximum qu'on eut pu employer au moment de son entrée en fonction. M. Lalanne ne trouvait pas qu'il y eut possibilité d'occuper plus de 2.000 ouvriers : ce chiffre nous paraît bien faible.

de bonne volonté, on serait sans doute parvenu à en occuper davantage.

Il fallait porter secours aux autres dans la mesure de leurs nécessités et des possibilités du Trésor. Mais il est certain qu'en présence de chantiers aussi restreints, les ouvriers de province n'auraient pas afflué à Paris En outre, réduisant l'importance des chantiers de Paris, on pouvait augmenter celle des chantiers de province.

D'un autre côté, la grève générale (1), qui se déclara à ce moment, n'aurait sans doute pas eu lieu. Les ouvriers, ne prévoyant pas de secours possibles pendant le chômage auquel ils allaient s'exposer, auraient hésité à quitter leurs ateliers ordinaires.

Il y avait aussi une autre catégorie d'ouvriers, ou soi-disant tels, qui n'avaient jamais voulu accepter un travail régulier dans un chantier, même avec un salaire rémunérateur et qu'on aurait pu évincer. C'étaient les paresseux, les vagabonds, ces gens de toutes sortes qui viennent on ne sait d'où, et qui pullulent dans les périodes de troubles. Ils acceptaient volontiers d'aller aux ateliers nationaux, parce qu'on n'était assujetti qu'à deux jours de présence par semaine, et que pendant ces deux jours on jouait presque tout le temps à la manille ou au bouchon. Ceux-là auraient bien vite disparu devant la menace d'un travail sérieux, et les secours à domicile ne leur auraient pas été non plus accordés, car une enquête sommaire aurait facilement révélé leur genre d'existence habituel. On estimait leur nombre au moins à 18.000 (2).

Les ouvriers demandant leur entrée aux ateliers nationaux, se fussent trouvés ainsi moins nombreux, et ce résultat eût amené plusieurs conséquences importantes.

1. Discours des représentants de Falloux et Sevaistre à la séance de l'Assemblée nationale des 29 et 30 mai.
2. Baude, *loc. cit.*, p. 23.

En premier lieu la composition des ateliers nationaux eût gagné d'une façon considérable, tant au point de vue du travail auquel on aurait laissé toute sa valeur et toute sa dignité, qu'au point de vue de la morale et de la tranquillité publique.

En second lieu, à l'égard de ceux qui attendaient leur entrée, on aurait pu leur accorder un secours d'attente. Il eût été assez facile de connaître les plus besogneux et les plus méritants pour les envoyer, s'ils y consentaient, sur tel point de province où se trouvait une place disponible. Grâce à ce système on aurait pu encore assurer un recrutement convenable aux colonies agricoles qui allaient être fondées en Algérie.

On peut dire, en concluant, en se plaçant à un point de vue exclusivement pratique, et en n'étudiant que les causes immédiates, que tout le mal découle du trop grand nombre des admissions aux Ateliers nationaux. Peut-être le Gouvernement n'était-il plus maître de régler la question comme il l'entendait; les passions populaires très surexcitées étaient prêtes à tout renverser si on ne leur obéissait pas immédiatement. Mais cette situation devait être prévue de tous ceux qui s'étaient trouvés mêlés de près à la Révolution, et la responsabilité en remonte à ceux qui, acceptant le programme, s'étaient mis à la tête du mouvement insurrectionnel.

Et, dès lors, on est enfermé dans le dilemme suivant: ou bien les membres du gouvernement provisoire partageaient les vœux du peuple, ou bien ils ne les partageaient pas. Dans le premier cas ils n'avaient qu'à poursuivre jusqu'au bout l'exécution de ses revendications. Dans le cas contraire, ils auraient dû s'abstenir et ne pas accepter la responsabilité du pouvoir. C'eût été la seule ligne de conduite loyale, ils ne la choisirent pas. Chacun voulait tirer profit de la Révolution pour son parti; les divisions en tous sens, les compromissions, empêchèrent d'arriver à un résultat net et précis, à des responsabilités clairement établies.

Il eût peut-être mieux valu laisser le pouvoir à Louis Blanc, à Albert, à Cabet, à Pierre Leroux; ils eussent essayé franchement l'application des théories des Révolutionnaires de Février et notamment celle du droit au travail et de l'organisation du travail. Tout porte à croire que cette expérience eût été désastreuse : elle ne l'eût pas été beaucoup plus que cette tentative néfaste des ateliers nationaux. Elle aurait eu du moins l'avantage d'éclaircir plus d'un problème social, de dissiper des préjugés, et d'éviter de fâcheuses rancunes; tandis que les événements qui se sont produits n'ont servi qu'à obscurcir et à troubler davantage les consciences et les esprits.

En admettant même que les ateliers nationaux n'aient pas pu être établis sur d'autres bases, et qu'on ait été obligé d'y admettre cette foule hétérogène, il n'en reste pas moins évident qu'un grand nombre de fautes auraient pu être évitées. Nous avons examiné longuement les critiques de détail, il est inutile d'y revenir. Mais indiquons brièvement les moyens essentiels auxquels on aurait pu avoir recours.

Le défaut d'organisation le plus dangereux consistait dans l'insuffisance des travaux à faire exécuter par les ouvriers. Or, il eût été possible de remédier à ce mal fondamental.

Comme le disait d'une façon si frappante Victor Hugo à la Chambre : « D'un côté une quantité immense de travaux possibles, de l'autre une quantité immense de travailleurs disponibles, et le résultat? Néant! » A aucune époque de notre histoire, peut-être, il ne s'est présenté un moment aussi favorable pour la mise à exécution de travaux publics considérables, utiles, indispensables même, si nous voulions dignement tenir notre place au milieu des nations européennes. Un champ immense était ouvert à l'activité économique du pays par la création des lignes de chemins de fer, qui allaient porter jusque dans nos provinces les plus reculées avec la civilisation les produits les plus divers de l'Europe tout entière ; en même temps elles servaient de débouchés rapides, sûrs et économiques à toutes les productions locales, qui se trouvaient de la sorte fort utilement encouragées. Le régime déchu nous avait légué une colonie d'une étendue considérable, qui avait été autrefois le grenier de l'Europe et pouvait le redevenir. Là encore des chemins de fer étaient utiles pour assurer plus efficacement notre prépondérance et ramener dans le pays toute la prospérité qu'on pouvait en attendre.

En dehors de ces entreprises que les circonstances semblaient avoir préparées à l'avance, se trouvaient des travaux moins exceptionnels, mais qui ont toujours été une source abondante de richesse pour les pays qui les ont entrepris. Il y avait des marais à dessécher, des canaux à creuser, des défoncements et des améliorations à faire dans certaines terres susceptibles de devenir ainsi très fécondes, des perfectionnements à donner aux procédés et aux engins de culture, etc. En un mot, le gouvernement avait le devoir d'employer toutes ses ressources, toutes ses forces, dans les grandes entreprises qui devaient amener la prospérité au sein de la nation tout entière. On ne fit rien, ou presque rien. Bientôt nous fûmes dépassés par toutes les nations rivales qui opérèrent leur transformation économique beaucoup plus rapidement que nous. Les quelques efforts tentés le furent avec une telle insouciance, une telle incapacité qu'ils desservirent les causes qu'ils devaient défendre, et qu'ils aggravèrent les maux qu'ils pouvaient soulager. La France en supporta les conséquences.

Les ateliers nationaux qui auraient pu être la source d'une grande richesse pour le pays, ne furent qu'une des plus déplorables institutions dont parle notre histoire.

CHAPITRE V

LA DISSOLUTION DES ATELIERS NATIONAUX ET LA QUESTION DU RACHAT DES CHEMINS DE FER EN 1848

La question des chemins de fer et spécialement celle de la reprise de possession par l'Etat souleva de vives polémiques au sein du Parlement, dans la presse et dans le public. Ce grave problème touchait, en effet, à une foule de théories financières, politiques, économiques et sociales, dont les partisans étaient plus animés que jamais les uns contre les autres. Ce qui aggravait encore les débats, c'est qu'en dehors de la question doctrinale, on avait à étudier l'opportunité de la mesure, puisque certains présentaient ce rachat comme la meilleure des solutions pour arriver à la dissolution des ateliers nationaux.

Tous les arguments théoriques et pratiques furent donc tour à tour passés en revue. Ils se trouvent résumés, pour les deux opinions opposées, dans deux documents importants, et fort intéressants. Le premier est « l'exposé des motifs du projet de loi présenté à l'Assemblée nationale, au nom de la Commission du pouvoir exécutif, par le ministre des finances (M. Duclerc), relativement à la reprise de possession des chemins de fer par l'Etat » (1). C'est un plaidoyer en faveur du principe du rachat.

Le second document est « le rapport fait par le citoyen

1. *Moniteur*, 19 mai 1848, p. 1094.

Bineau, au comité des finances, sur le projet de décret relatif à la prise de possession des chemins de fer par l'Etat » (1). Il conclut au rejet des propositions de M. Duclerc, en réfutant les arguments sur lesquels elles sont basées.

Les deux partis opposés fondent leurs opinions sur des considérations si nombreuses, d'une portée si étendue, qu'il nous est impossible d'entrer dans une discussion qui nous entraînerait bien loin de notre sujet. Le seul point sur lequel notre attention doive se porter, est celui de savoir si le rachat des chemins de fer par l'Etat pouvait être une mesure propre à faciliter la solution de la question des ateliers nationaux. A entendre les protagonistes du rachat, en adoptant la mesure qu'ils proposaient, on enlevait toute raison à l'émeute, on donnait « l'élan à la circulation et à la consommation », c'était « une richesse pour le pays, une ressource pour le budget, une force pour l'Etat, un secours pour l'industrie, une facilité pour le commerce, un moyen pour l'agriculture, un progrès pour tous » (2). Et le ministre, après avoir reçu l'approbation de la commission exécutive qui l'avait chargé de déposer son rapport dans le plus bref délai, ajoutait dans le même sens : « Si vous rachetez les chemins de fer et si, dans ce cas, vous adoptez les moyens d'exécution que j'aurai l'honneur de vous proposer, nous serons d'ici peu de jours en mesure de ramener le travail dans les usines et sur un grand nombre de points du territoire » (3).

En effet, en accélérant la construction des voies et en multipliant les lignes à créer, on devait forcément arriver à provoquer une grande demande de main-d'œuvre, surtout chez les terrassiers, les hommes de

1. *Ibid*, 9 juin, p. 1315.
2. Garnier Pagès, *Moniteur*, du 19 mars 1848, p. 162.
3. Exposé des motifs du projet de loi. *Histoire de la Révolution de 1848*.

journées et les ouvriers du bâtiment qui étaient précisément ceux qui se trouvaient les plus nombreux dans les ateliers (1).

En outre les commandes de matériel roulant qui étaient la conséquence forcée de l'extension rapide du réseau, donneraient un surcroît de travail aux métallurgistes, aux mécaniciens, aux menuisiers, aux ébénistes ; enfin l'ouverture prochaine de nouvelles voies à la circulation allait nécessiter la création d'une armée d'employés de tous ordres.

C'était un avenir assurément très brillant qui contrastait singulièrement avec les tristes réalités de l'heure présente. Mais, pour que ces beaux projets pussent se réaliser, il fallait de l'argent, beaucoup d'argent, et les compagnies dans l'état où elles se trouvaient, étaient dans l'incapacité de s'en procurer. Elles ne pouvaient déjà supporter les charges qui leur incombaient, à peine pouvaient-elles faire face à leurs engagements ; elles ne voulaient pas se lancer dans de nouvelles entreprises. Du reste l'auraient-elles voulu, elles ne l'auraient pas pu ; car leur crédit était fortement ébranlé, et il paraissait évident que le peu de capitaux disponibles sur le marché, après une pareille crise, ne seraient pas disposés à courir d'aussi gros risques. Il fallait donc d'après les partisans du rachat, que l'Etat se chargeât de l'entreprise pour lui donner toute l'extension voulue (2).

1. Voici d'après le recensement du 19 mai quelles étaient les professions comprenant le plus d'ouvriers aux ateliers nationaux : journaliers 8.976 ; sans profession 7.635 ; menuisiers 6.312 ; ébénistes 5.091 ; maçons 4.341 ; peintres 3.967. E. Thomas, dans sa déposition à la commission d'enquête sur les ateliers nationaux, estimait le nombre des ouvriers du bâtiment aux 3/5 de l'effectif total.

2. Garnier Pagès faisait remarquer à l'appui de cette thèse qu'il soutenait avec énergie, que, toutes les fois que les intentions du gouvernement avaient transpiré, la Bourse avait été favorablement impressionnée et que les actions avaient monté. De plus, en présence de

Le raisonnement semblait irréfutable et la solution logique et engageante. Toutefois en examinant la question de plus près, on apercevait à cette argumentation quelques points faibles, et Bineau n'eut garde de les passer sous silence. Il considérait en effet, que si le système du ministre des finances était un moyen de donner une nouvelle impulsion au travail, ce serait une raison puissante pour l'adopter « car le travail c'est l'ordre, le bien-être et la richesse » (1). Mais il faisait remarquer que la plus grande partie des lignes était régie par la loi de 1842, et que dans ces conditions c'était l'Etat qui devait se charger des travaux de terrassement et des ouvrages d'art. Il était donc possible sans changer quoi que ce fût aux contrats intervenus, d'imprimer aux travaux de ces lignes toute l'activité désirable, sans autres « limites que les ressources et les facultés du trésor ».

Si l'Etat avait repris la possession des lignes, il se serait, il est vrai, chargé en outre de la superstructure et du matériel ; mais les compagnies elles-mêmes allaient faire des commandes et par conséquent l'industrie ne devait rien perdre.

Quant à la question du crédit des compagnies, elle avait été notablement assombrie pour les besoins de la cause. La crise générale avait fait sentir sa réaction sur elles comme sur les autres sociétés commerciales, d'autant plus qu'elles étaient encore dans une période de formation ; mais tout faisait espérer, qu'avec la reprise des affaires, elles pourraient sortir aisément d'embarras.

Enfin il fallait considérer que si l'Etat se chargeait à lui seul de tous les frais de la construction et de la mise

la situation présente, les principaux administrateurs des Compagnies comme Pereire, Enfantin, Thibaudeau, Dubochet, Caillard, etc., et même Rotschild, reconnaissaient le rachat par l'Etat comme la seule solution possible.

1. Rapport sur le projet de décret, *loc. cit.*

en exploitation des lignes, il devrait faire un appel considérable de fonds sur son seul crédit. Les dépenses, au contraire, se partagent entre l'État et les compagnies, deviendraient ainsi beaucoup plus faciles à supporter.

L'État n'avait donc pas besoin d'exproprier les compagnies de chemins de fer, pour donner aux travaux toute l'activité désirable. Telle était, sur ce point, la conclusion de M. Bineau.

Les considérations qui avaient spécialement trait au travail procuré aux ouvriers sortant des ateliers ne furent guère étudiées que dans l'exposé de M. Duclerc et dans le rapport de M. Bineau. La discussion du projet de loi, qui eut lieu dans les séances des 22 et 23 juin ne porta pas sur ce point ; à peine un ou deux orateurs opposés au rachat y firent-ils allusion. Les conceptions économiques et financières dominèrent les idées sociales déjà perdues de vue : plus que jamais les conservateurs l'emportaient. La Chambre, qui vraisemblablement aurait donné raison à son rapporteur, n'eut pas à se prononcer d'une façon précise. La discussion fut interrompue par les troubles sanglants qui venaient d'éclater sur divers points de la capitale. Il ne fut plus question des chemins de fer, et l'affaire fut retirée de l'ordre du jour de la Chambre, sur la demande du nouveau gouvernement du général Cavaignac (1).

En se plaçant tout à fait en dehors des autres raisons qui peuvent militer en faveur de l'exploitation directe des chemins de fer par l'État, en dehors, par conséquent, des préférences personnelles pour tout système d'exploitation, en ne considérant qu'objectivement les arguments que nous venons d'exposer dans leur valeur intrinsèque, il nous faut conclure que le raisonnement de M. Duclerc reposait sur une base insuffisante. A

1. Voir l'interpellation de M. Duclerc et la réponse du général Cavaignac à la séance du 3 juillet.

priori il pouvait frapper, à la réflexion il ne pouvait convaincre.

Puisque en vertu des conventions de 1842 l'Etat s'était chargé de l'infrastructure et de la construction des gares, puisque ces travaux étaient de beaucoup les plus utiles pour les ouvriers sortant des ateliers nationaux, il n'y avait qu'à donner à ces chantiers toute l'activité nécessaire. En outre, les conventions précitées n'étaient en aucune façon limitatives ; il était loisible au gouvernement de faire toutes les nouvelles concessions qui lui paraissaient utiles. Il y avait notamment à Paris l'achèvement de la ligne de Ceinture qu'on réclamait instamment. On aurait pu y occuper beaucoup d'ouvriers mariés qu'il aurait été difficile d'envoyer en province.

Pourquoi ce travail dont l'utilité, à tous les points de vue, était si évidente ne fut-il pas entrepris ? S'il faut en croire M. Baude, c'était dans la crainte de « blesser les camionneurs ». Il est difficile de croire à une pareille étroitesse de vues. L'intérêt général devait évidemment passer avant celui des particuliers, et l'opportunité des travaux des chemins de fer de la Ceinture semblait d'autant plus manifeste, que M. Lalanne déclarait qu'il ne pouvait employer à Paris même que fort peu d'ouvriers à des travaux publics.

Quant à la pénurie de capitaux, elle provenait plus encore du manque de sécurité sociale, que de la méfiance à l'égard de la solidité de la plupart des compagnies. Quand le calme fut revenu, le travail reprit, et le crédit public ainsi que celui des compagnies ne tarda pas à reprendre un nouvel et brillant essor.

Quel que fût le mode d'exploitation adopté, il n'en demeure pas moins démontré, à notre sens, que c'était en développant la construction des voies ferrées, qu'on aurait trouvé la meilleure solution de la question des ateliers. Il est étonnant même qu'on n'y ait pas eu plus tôt recours. Il fallait, dès le début de la Révolution, multiplier les chantiers sur les lignes en construction. A cette époque, la bonne volonté était plus générale dans les ateliers de Paris, les hommes étaient plus entraînés au travail et les esprits moins surexcités. De nombreux ouvriers auraient consenti à aller travailler en province, pourvu que la mesure eût été présentée par un homme ayant la confiance populaire. Si dès le mois de mars, on s'était mis à l'œuvre avec ardeur au ministère des travaux publics pour étudier les nouvelles concessions à accorder, il y aurait eu des lignes à tracer et à construire, bien avant que les premières eussent été achevées.

Cette impulsion donnée aux travaux des chemins de fer n'eût pas tardé à procurer une nouvelle vigueur aux affaires générales du pays, car, en ces matières, il y a une solidarité économique indéniable et les ondulations transmettent d'un bout à l'autre de la sphère de l'activité humaine, la vigoureuse impulsion donnée à l'un des points du système général. La productivité réelle du travail des ouvriers ainsi embauchés, eût permis de leur donner un salaire qu'ils auraient réellement gagné, et qui aurait été très supérieur à celui qu'ils recevaient aux ateliers nationaux. Enfin, l'ouvrier consommant davantage grâce à cette augmentation de ses ressources, aurait par le fait même créé de nouveaux débouchés à l'industrie.

A tous les points de vue, la reprise active des travaux des chemins de fer aurait produit les meilleurs fruits. Il est extrêmement regrettable que, par incurie ou mauvaise volonté, on ait renoncé à y avoir recours.

CHAPITRE VI

LES COLONIES AGRICOLES EN ALGÉRIE

A la suite de l'échec des ateliers nationaux et de la dure répression qu'on avait du employer pour vaincre les révoltes, qui avaient signalé les derniers jours de leur existence, on avait pensé utiliser une partie de la main-d'œuvre inoccupée, à la colonisation de notre nouvelle conquête africaine, l'Algérie. Plusieurs propositions en ce sens avaient été précédemment déposées, par Pierre Leroux, notamment. Une tentative fut décidée.

La répulsion que les masses populaires avaient montrée, quelques semaines auparavant, pour aller en province, pouvait faire redouter l'accueil qui était réservé à ce projet d'expatriation. Il n'en fut rien ; bien au contraire, dès les premiers jours de l'ouverture des registres d'inscription il se manifesta chez beaucoup un très grand empressement à partir. Ce fait prouve clairement que seules une intimidation, une agitation factice avaient empêché les départs en province au printemps précédent.

Le projet présenté à l'assemblée comportait l'envoi de 12.000 colons (1). Outre leur transport et leur entretien jusqu'au lieu de destination, le gouvernement s'engageait à procurer à chacun une maison d'habitation, une terre cultivable variant de 4 à 12 hectares (suivant le nombre de personnes de la famille, la situation et le degré de

1. Voir *Moniteur* du 15 septembre 1848, p. 2458.

fertilité des terres), enfin des instruments de cultures, des graines, des semences, etc. ; il devait aussi pourvoir à leur nourriture pendant un temps qui ne pouvait excéder trois années. Trente-six mille ouvriers se firent inscrire aussitôt (1).

Ce fut au milieu d'un immense enthousiasme, d'un véritable délire, que les premiers contingents partirent le 8 octobre. Malheureusement les nouvelles excellentes qui parvinrent au début ne continuèrent pas d'arriver aussi bonnes qu'on l'aurait désiré. Il fallait constater une fois de plus qu'on s'était trompé. Parti d'un principe qui, assurément, était bon en lui-même, l'application en avait été si précipitamment organisée, si aveuglément conduite qu'on avait abouti aux plus fâcheuses conséquences.

Au bout de quelques semaines, quelques mois à peine, 6 familles renonçaient aux concessions qui leur avaient été faites à Constantine et revenaient en France à leurs frais. A Oran, au mois d'avril 1849, 126 colons sur 3.144 étaient également partis. Dans la subdivision de Mostaganem il y en avait 138 sur 1.831 ; en outre les autorités avaient été obligées d'opérer un certain nombre d'expulsions (2). Au 30 juin 1849, sur un personnel de 14.774 personnes, 1.110 étaient parties soit de leur plein gré, soit par des mesures d'expulsion (3).

Les colons se plaignaient vivement de l'insuffisance de la nourriture et de sa mauvaise qualité, du manque

1. *Moniteur*, 8 et 9 octobre 1848.

2. Vanlaer, L'assistance par le travail agricole en Algérie. *Correspondant*, 10 septembre 1892, p. 849.

3. Rapport fait à M. le ministre de la Guerre par la Commission d'inspection des colonies agricoles de l'Algérie, Paris, 1849, in-4°. Imp. nat., p. 75. — Toutefois les colons évincés par l'autorité étaient peu nombreux car dans l'interpellation du 4 juillet 1850 sur la situation des colonies agricoles, le général d'Hautpoul déclarait qu'il n'y avait eu que 257 renvois sur 12.000 colons, *Moniteur*, 25 juillet 1850, p. 2292.

complet d'installation, de la dureté et de la partialité des directeurs (c'étaient des officiers du corps d'occupation), de la promiscuité de voisinages dangereux matériellement et moralement dans les cabanes provisoires où on les avait entassés. Toutefois ces plaintes, ces désillusions ne produisirent pas, dès le début, beaucoup d'effet sur le peuple de Paris, car au mois de mai il y avait encore 16.720 demandes de concessions, concernant 52.687 personnes.

Le gouvernement, pour faire partir de nouveaux colons, avait besoin d'importants crédits. Il demanda 5 millions à l'Assemblée. Celle-ci, très sagement, déclara qu'elle n'accorderait la somme nécessaire que sous la condition qu'un rapport sur la situation de la colonie lui serait communiqué, avant que les fonds accordés ne fussent employés (1).

Une commission, nommée par le ministre de la guerre, fut chargée de faire une enquête sur place, pour renseigner exactement le gouvernement au sujet des griefs qui avaient été apportés à la tribune de la Chambre. La commission devait examiner « d'une part les dispositions d'esprit des colons, leurs habitudes, leur règle de conduite ; de l'autre l'état d'avancement de leurs travaux, de leur culture, de leur installation, étudier leurs besoins, recueillir leurs griefs, s'assurer de ce qui avait été fait, et de ce qui restait à faire ; suivre enfin le mouvement, apprécier la marche d'une entreprise pleine à la fois de difficulté et de grandeur, en signaler les points louables et les côtés défectueux » (2).

La commission malgré l'étendue de sa tâche, et la délicatesse de sa mission, malgré les difficultés naturelles qu'elle avait à surmonter pour visiter, dans la saison

1. *Moniteur* du 5 juillet 1850, p. 2289.
2. Louis Reybaud. Rapport fait à M. le ministre de la Guerre par la Commission d'inspection des colonies agricoles de l'Algérie, Paris, Imp. nat., 1849.

la plus chaude, les quatre-vingt villages organisés pour les colons et disséminés dans toute l'étendue du territoire de notre colonie, parvint à fournir assez rapidement un rapport fort remarquable.

La hauteur des vues qui y sont émises, ne nuit pas à la précision, à la minutie des détails ; les sentiments qui inspiraient ses membres n'aveuglaient ni leur sens pratique incontestable, ni leur grande impartialité. Ce travail fait le plus grand honneur à toute la commission, et principalement à son rapporteur M. Louis Reybaud.

Nous examinerons d'abord ce qui concerne la personnalité du colon, et nous verrons ensuite comment étaient organisées les colonies agricoles : nous pourrons alors nous rendre compte du fonctionnement et de la valeur de ces colonies.

I. — *Les colons*

Un des défauts les plus graves qui avaient causé l'avortement des ateliers nationaux, était le mauvais recrutement du personnel : les ouvriers étaient trop nombreux pour le travail à faire et généralement inaptes à la besogne à laquelle on les destinait. Cette expérience, si probante cependant, ne put suffire à éclairer les esprits, et ce fut le même vice fondamental qui devait amener la perte des colonies agricole de l'Algérie.

Les premiers contingents partirent (8 octobre) un peu plus de quinze jours après le vote de la loi qui autorisait cette tentative de colonisation. Cette précipitation qui devait avoir de si fâcheuses conséquences était due, sans doute, à la pression de l'opinion publique dont l'enthousiasme était extrême (1), mais elle était surtout

1. Vanlaer. Le chômage de l'ouvrier, L'assistance par le travail agricole en Algérie, *Correspondant*, 10 septembre 1892, p. 849.

la conséquence de l'état d'esprit, tout différent, des membres du gouvernement.

Un représentant du peuple déclarait que c'était par une pensée « toute politique, toute humanitaire » qu'on avait proposé ce système de colonisation. « Il s'agissait, ajoutait-il, de débarrasser la ville de Paris de certains éléments qui pouvaient troubler à cette époque la tranquillité de la population » (1). Cette hâte excessive que mit le gouvernement à expédier quelques milliers de citoyens au delà de la Méditerranée, servait beaucoup mieux ses desseins « politiques » que ses vues « humanitaires ». Comme le faisait très bien remarquer le député Germain, on voulait avant tout débarrasser Paris de « certains éléments ».

Or ceux que l'on considérait comme de mauvais et dangereux ouvriers à Paris, ne devaient pas être de bien fameux travailleurs pour mener la vie rude des colons. Mais sans s'arrêter à ces considérations, sans prévoir qu'à leur lieu de destination les émigrants ne pourraient trouver ni les maisons que l'on n'avait pas eu le temps de construire, ni les subsistances qu'il avait été impossible d'y réunir, le gouvernement, craignant toujours pour Paris et pour lui-même la présence de ces éléments turbulents, continua d'envoyer d'importants contingents en Algérie, où une misère terrible les attendait. La question politique avait passé avant la question humanitaire et l'intérêt de la colonisation ; peu importaient les souffrances du peuple, le gouvernement était sauvé.

Il eut semblé pourtant nécessaire d'envoyer, sinon en totalité du moins en majorité, des gens ayant déjà l'habitude de remuer la terre, et aptes à devenir de bons cultivateurs. Ce furent, au contraire, des Parisiens de

1. *Moniteur*, 10 mai 1849, p. 1797, discours du citoyen Germain.

professions industrielles qui composèrent presque uniquement les premiers convois (1).

Au 30 juillet, il n'y avait encore que 493 anciens cultivateurs sur 4.327 colons (2).

A partir de ce moment on essaya de remédier à cette situation déplorable. On fit appel aux anciens militaires ayant servi en Algérie ; habitués à la discipline, endurcis au climat, connaissant la culture du pays, ils pouvaient, par conséquent devenir d'excellents colons. Il y eut bientôt 622 immigrés de cette catégorie. Et on finit par n'envoyer plus guère en Algérie que des anciens cultivateurs ou des militaires retraités ; mais on ne put jamais réparer complètement la faute initiale, car il existait de ce fait un poids mort qui empêchait l'essor et la prospérité de la colonie.

En effet, parmi les ouvriers parisiens arrivés en premier lieu, il se trouvait des politiciens de quartier, des orateurs de réunions publiques qui ne pouvaient et ne voulaient pas rompre de sitôt avec leurs anciennes habitudes d'agitateurs professionnels. On « rencontrait, disait-on à la tribune de la Chambre, de ces hommes qui se croient nés pour le commandement, et qui essaient de faire porter aux autres le poids de leur paresse et de leur orgueil » (3). Ces réformateurs ardents, ces orateurs virulents étaient ceux qui montraient le moins d'énergie à mettre en valeur leur exploitation ; ils étaient inconstants et mous dans leur travail.

1. Voir les discours des citoyens Tourret et Fay, *Moniteur*, 16 mai 1849, p. 1796.

2. Rapport Reybaud, *loc. cit.*, p. 69. Le rapporteur ne cesse de protester contre l'envoi « d'artisans appartenant à des professions qui exigent plus d'habileté que de forces et pour lesquels il s'agissait d'une métamorphose complète », au point de vue de l'acclimatement, de l'endurance physique, de l'apprentissage, des habitudes intellectuelles, etc., *ibid.*, p. 3.

3. *Loc cit.*, Conf. p. 6, Discours du général Baraguay-d'Hilliers, *Moniteur*, 16 mars 1848, p. 1796.

A côté de ces agitateurs professionnels, il y avait les simples paresseux qui ont toujours de bonnes excuses ; travailler de leurs mains à la terre eût été au-dessous d'eux, et ils ne voulaient pas déchoir. Le gouvernement leur proposait-il de les embaucher pour la construction des maisons? « On ne veut pas manier le pic du terrassier, nous rapporte M. Reybaud, ou porter l'oiseau du maçon.... d'où il suit que l'argent manque au logis et que la misère y monte à vue d'œil » (1),

Etaients-ils bien nombreux? La phrase suivante du ministre de la guerre le laisserait croire. « On a trouvé *chez la plupart* une volonté absolue de ne rien faire, une insubordination complète et des habitudes vicieuses » (2). Le général d'Hautpoul noircissait peut être un peu le tableau pour les besoins de sa cause, car il répondait à une interpellation au sujet des mesures d'éviction qu'avait dû prendre le gouvernement de l'Algérie contre un certain nombre de sujets trop paresseux, trop démoralisés, trop remuants.

M. Louis Reybaud est d'une tout autre opinion à ce sujet, car il considère que « c'est l'insignifiante exception et non la règle ».

Lequel des deux a raison? Il est fort à croire qu'au début les paresseux devaient être fort nombreux. Les conditions dans lesquelles avait vécu la population parisienne, pendant l'année 1848, étaient de nature à détruire chez tous le goût et l'amour du travail. Les théories en vogue, les circonstances du moment, les habitudes prises, tout conspirait à dégouter d'un travail âpre et persévérant. Mais une fois les travailleurs arrachés à ce milieu néfaste, leur caractère pouvait se modifier profondément. L'exemple de ceux de leurs voisins qui se mettaient à l'ouvrage, et en étaient abondament

1. *Loc. cit.*, p. 15.
2. *Moniteur*, 5 juillet 1850, p. 2292.

récompensés par la fécondité naturelle du sol, devait être pour eux un précieux encouragement à laisser de côté leurs anciennes habitudes. Ils avaient d'ailleurs un champ immense ouvert à leur activité, et c'était à eux seuls qu'en devait revenir le bénéfice.

D'ailleurs les agitateurs disparurent progressivement, soit que, personne ne voulant les écouter, ils prissent le parti d'aller porter ailleurs les flots de leur éloquence, soit que, convaincus par l'expérience, ils eussent considéré que les actes valaient mieux que les paroles, l'effort et le travail plus que la phraséologie et la révolte.

Un autre phénomène bien curieux fut celui de l'évolution des doctrines sociales, dans l'esprit des nouveaux arrivés. Les ouvriers à leur départ de Paris étaient tous quelque peu « Louis Blancistes » ou socialistes plus ou moins avancés ; or, une fois installés sur leur concession, la plupart devinrent individualistes jusqu'à l'excès. « De toutes les provinces, dit le rapport, de tous les villages, il s'est élevé un concert de voix pour repousser et pour maudire, tout ce qui, de près ou de loin, ressemblait à de la communauté. Le travail en commun, la récolte en commun inspiraient des répugnances dont on ne saurait exprimer l'énergie. Pas une bouche qui ne demandât la distribution des lots, les divisions, les tâches, le partage des produits » (1). Et à l'appui de cette affirmation le rapporteur nous montre des terres laissées en friches, des récoltes abandonnées sur leur tige par l'horreur des colons pour un travail et une répartition communautaire. Et, chose bizarre, c'étaient les membres d'une assemblée réactionnaire qui étaient obligés de vanter à ces anciens socialistes, le bienfait de l'association, de la solidarité, et d'enrayer ce que cet individualisme pouvait avoir d'excessif.

1. *Loc. cit.*, p. 6 et suiv.

Les plus paresseux, de leur côté, devaient aussi diminuer peu à peu ; car, sans travail, s'ils ne mouraient pas de faim, le gouvernement leur assurant pendant un temps donné leur nourriture, ils devaient du moins toujours rester dans une profonde misère, et dans ces conditions ils ne cherchaient qu'à rentrer en France. Au surplus, quand ils ne mettaient pas leur concession en valeur c'était l'autorité elle-même qui se chargeait de les faire partir.

Tels étaient les divers caractères des hommes qu'on avait envoyés coloniser l'Algérie, tels étaient leurs goûts, telles étaient leurs tendances ; avec de semblables ouvriers il eût fallu des circonstances particulièrement favorables pour que l'entreprise réussît à souhait. Au contraire, on se heurta à de grosses difficultés, des fautes impardonnables furent commises ; c'était plus qu'il n'en fallait pour compromettre cette œuvre qui aurait pu donner des résultats si féconds pour le bonheur du peuple et l'avancement de la civilisation.

II. — *Organisation des colonies agricoles*

Dans l'organisation des colonies, comme dans le recrutement des colons, la précipitation et l'imprévoyance se firent sentir d'une manière désastreuse.

Le choix de l'emplacement des nouveaux villages qui devait être une des questions les plus importantes et les plus délicates à résoudre, fut souvent déterminée de la façon la plus arbitraire et la moins pratique. Dans certains endroits on s'était occupé plus de la situation pittoresque, que de la position la plus commode pour les habitants ; quelques villages manquaient d'eau, n'ayant à proximité ni puits, ni rivière, d'autres avaient de l'eau tellement mauvaise qu'on ne pouvait la boire sans danger (notamment dans la province d'Oran). Quelques villages avaient été fondées dans des plaines peu ou point fertiles, qui n'étaient pas susceptibles de nourrir les habitants qu'on y expédiait. « Ici c'est le manque de bois, voit-on encore dans le rapport, là c'est l'éloignement des grandes voies de communication qui vouent ces établissements à une existence précaire. Il en est où le terrain de mauvaise qualité ne rétribuera jamais autrement que d'une manière avare les efforts les plus persistants. Il en est d'autres où la lande est couverte de bruyères (1) si enracinées que les frais de défrichement y équivalent à ce que coûterait dans plusieurs de nos provinces un fonds de bonne qualité et en plein rapport » (2).

Voilà pour l'emplacement des concessions et des villages, voyons maintenant l'accueil que trouvèrent les colons arrivant de France. Rien n'était prêt pour les recevoir. On improvisa des campements avec des tentes; on construisit en hâte des baraques et quelles baraques? Quelques hâtives constructions en planches mal jointes, bientôt détériorées par les intempéries, laissant pénétrer la chaleur et le froid, aussi bien que le vent et la pluie, telles étaient les habitations dont devaient se contenter, pendant de longs mois, les nouveaux arrivants. « Mal défendus contre les intempéries les colons l'étaient plus mal encore les uns contre les autres. Dans ces baraques sonores où les cloisons n'atteignaient pas le faîte, les ménages se voyaient condamnés par la contiguïté à une sorte de vie en commun qui ne tournait au profit ni de la concorde, ni des mœurs ».

Si on avait fait choix pour expatrier les ouvriers du moment le plus opportun au point de vue politique, on

1. Certains territoires étaient couverts de palmiers nains dont les racines entremêlées étaient très difficiles à arracher; pour les rendre cultivables, il fallait compter sur une dépense de 50 à 200 journées de travail.

2. *Loc. cit.*, p. 4.

ne s'était nullement placé au point de vue du résultat moral et économique qu'il aurait fallu atteindre. Il était trop tard, en effet, pour commencer les labours et les ensemencements ; non seulement, c'était du temps dépensé en pure perte, mais, comme le faisait très bien remarquer le rapporteur, on perdait beaucoup en sacrifiant les avantages du premier élan.

Beaucoup auraient bientôt pris l'habitude du travail si, profitant de l'enthousiasme du début, ils avaient pu se mettre à l'œuvre dès le jour de leur arrivée ; ils s'énervèrent et s'amolirent dans un désœuvrement non moins pernicieux que celui des ateliers nationaux de Paris.

L'incapacité, l'insouciance n'étaient pas les seuls reproches que l'on adressait à l'administration : on l'accusait encore de partialité. Pourquoi, par exemple, dans quelques provinces construisait-on des théâtres, lorsque dans d'autres régions des centaines, des milliers de personnes n'avaient pas de maisons pour se mettre à l'abri des intempéries ? Pourquoi dans certaines localités refusait-on aux colons en haillons de leur faire des avances de vêtements, de chaussures ou d'autres objets indispensables, quand ailleurs on leur en accordait pour une valeur de 75 francs ? Pourquoi toutes ces inégalités ? La précipitation, avec laquelle on opéra, peut seule expliquer les abus que nous venons de signaler (1), et atténuer, dans une bien faible mesure, la responsabilité des agents du gouvernement.

1. Que de critiques encore ne pourrait-on pas relever ? Incapacité de prétendus moniteurs de culture qui n'en savaient pas plus que les colons qu'ils avaient à former, — mauvaise qualité des outils livrés aux ouvriers, une quantité de pelles ou de charrues se brisaient ou se faussaient, — insuffisance et mauvaise qualité de la nourriture, insuffisance des infirmeries et des hôpitaux comme nombre de lits, matériel, personnel et médicaments. Il y eut une morbidité considérable due en grande partie à l'insalubrité de plusieurs des nouvelles concessions. Dans la province de Constantine, par exemple, il y eut

A toutes ces difficultés vint s'ajouter l'hostilité des colons à l'égard des nouveaux arrivants ; car ils étaient jaloux des secours de toute sorte que l'État attribuait à ces colonisateurs improvisés, et qu'on leur avait si parcimonieusement accordés. Ils comparaient les efforts faits par eux et les difficultés qu'ils avaient vaincues, à l'incapacité et à la paresse des ouvriers parisiens. Ils réclamaient en vain, depuis longtemps, des travaux publics qui auraient certainement donné une grande prospérité à la colonie, on les leur avait toujours refusés en prétextant l'insuffisance des ressources ; — et pourtant le maximum de ce qu'ils demandaient eût été loin de coûter aussi cher que l'entreprise aléatoire, qui avait été si hâtivement conçue et si déplorablement organisée.

La commission d'enquête réclamait, par l'organe de son rapporteur, qu'on mît fin à tous les abus qu'elle signalait, et elle proposait un certain nombre de mesures destinées à améliorer sensiblement l'état des colonies. A son avis, il ne fallait plus envoyer de célibataires qui étaient toujours les moins travailleurs et les plus dévergondés, ni des ouvriers d'art difficiles à transformer en bons agriculteurs. Elle insistait particulièrement sur l'importance du choix des directeurs. Il faut se rappeler, en effet, que ces directeurs, officiers délégués spécialement pour cette mission, possédaient, sans contrôle, tous les pouvoirs judiciaires, politiques et administratifs les plus étendus, de telle sorte que s'ils pouvaient faire beaucoup de bien, ils pouvaient être aussi quelquefois portés à abuser de l'autorité absolue qui leur était confiée. Des cas de ce genre s'étaient assez souvent produits ; le ministre de la guerre le reconnais-

dans les infirmeries et les hôpitaux 2.000 fiévreux, sur 4.500 âmes, sans compter les personnes qui furent soignées à domicile. Au village de Robertville, 450 personnes sur 460 étaient malades. La liste de ces doléances serait longue encore si on la voulait faire complète.

sait lui-même. Par contre, divers exemples, cités dans le rapport, démontrent combien un chef juste et intelligent pouvait se faire apprécier de ses subordonnés, et assurer aux nouvelles colonies, malgré les difficultés de toute sorte, une prospérité de jour en jour grandissante (1).

Enfin la commission semblait attacher une certaine importance à une allocation de dix centimes par jour qui avait été accordée aux colons, dès le début, mais qui avait été supprimée dans la suite. M. Reybaud montre dans quel état pitoyable de malpropreté se trouvaient les colons : leurs vêtements étaient en guenilles, faute de pouvoir acheter du savon, du fil et des aiguilles. En effet l'Etat accordait bien le vivre et le couvert, mais s'il ne donnait pas autre chose, les familles se trouvaient par là même réduites à une mauvaise tenue et à une saleté dégradante et démoralisante, qui concourait encore à décourager les colons et à rabaisser leur caractère et leur dignité.

III. — *Résultats obtenus*

Les résultats matériels et moraux des colonies agricoles n'étaient pas bien brillants, mais ils s'amélioraient peu à peu.

Au 30 juin on avait défriché, pour 32 villages comptant 4.502 familles, 3.966 hectares de terre soit :

94 hectares par village;
88 ares 09 cent. par famille.

La plus grande partie de ces défrichements avaient été exécutés par les Arabes et le génie.

1. « Le succès d'une colonie, disait le rapporteur, dépend du choix du directeur... C'est une question de conduite et de procédés ». Rapport, *loc. cit.*, p. 9.

Les dépenses étaient déjà très considérables.

On avait dépensé	8.685.911 fr. 90
Il restait à dépenser	14.922.282 fr. 48
Soit au total.	23.608.194 fr. 38

ce qui donne une moyenne de :

502.052 fr. 25 par village ;
5.242 fr. 90 par famille ;
1.731 fr. 96 par personne (1).

La dépense moyenne de 1.731 fr. 96 par personne se décomposait ainsi :

Transport du colon.	89 75
Travaux pour le colon	699 49
Travaux d'utilité publique.	193 03
Rations de vivres.	461 13
Instruments aratoires.	54 92
Bestiaux.	96 75
Semences.	17 68
Objets de toilette, literie et ustensiles de ménage.	11 79
Dépenses hospitalières	34 63
» d'administration.	54 76
» accidentelles	18 03
	1.731 96

Ces dépenses étaient encore bien insuffisantes au dire de la commission d'enquête ; aussi proposait-elle qu'on assurât le fonctionnement normal des colonies existantes, avant de songer à créer d'autres centres. Toutefois ceux-ci ne devraient jamais être composés que de colons sérieusement choisis, qui ne seraient pas expédiés avant que les concessions nouvelles ne soient prêtes à recevoir leurs bénéficiaires.

1. Il y avait 13.628 personnes.

Les colonies dans ces conditions pouvaient devenir prospères. La commission estimait que, si les moins forts et les moins habiles devaient s'éliminer progressivement (ils ne comptaient guère que pour un tiers dans l'effectif total) et d'autres (un autre tiers) s'ils persistaient dans leurs efforts, pouvaient compter sur un succès assuré ; la réussite n'était qu'assez problématique pour le dernier tiers.

La situation était donc loin d'être désespérée. Déjà les quelques améliorations qu'on avait introduites dans l'organisation et le personnel avaient porté leurs fruits. C'est ainsi que le sélectionnement des colons, si tardif qu'il fût, commençait à donner des résultats appréciables. Le ministre de la guerre le constatait à la tribune de la Chambre : « Depuis qu'une grande partie de ces colons (les paresseux et les ivrognes incorrigibles) sont revenus en France, disait-il, et depuis qu'ils ont été remplacés par de véritables colons, par des hommes quittant la charrue, quittant leur village, présentés par les maires de leur commune, offrant toutes les qualités désirables, par des hommes réellement qui veulent être colons, qui prennent au sérieux le changement de pays et de condition ; eh bien ! depuis cette époque les colonies vont beaucoup mieux ; plus d'incidents, aujourd'hui tout est rentré dans l'ordre et le calme » (1).

On est pourtant loin d'être d'accord sur la valeur du résultat final de cette tentative de colonisation. M. Vanlaer donne à son étude sur la question, la conclusion suivante : « quoi qu'il en soit des causes, dit-il, il y a un fait qui n'est pas douteux ; c'est que l'application par l'Etat du principe de l'assistance par le travail n'eut pas de meilleur résultat, si elle eut moins de conséquences funestes, sur le sol de l'Algérie que dans les chantiers de la capitale ».

1. Discours du général d'Hautpoul, ministre de la guerre. *Moniteur*, 5 juill. 1850, p. 2292.

Nous ne partageons pas cette manière de voir, car, si nous n'avons pas essayé de dissimuler les fautes ni d'atténuer les responsabilités, nous devons pourtant constater que plus de 6.000 personnes nécessiteuses (1) ont été sorties de la misère, et qu'elles ont contribué, pour une part importante, au développement économique de notre nouvelle colonie. C'est là un résultat fort appréciable que l'on ne peut, sans injustice, passer sous silence, et une preuve nouvelle de ce qu'on peut attendre de l'assistance par le travail, quand l'action bienfaisante de son principe n'est pas entravée par des combinaisons politiques ou par des fautes impardonnables.

1. Ce chiffre est pourtant le plus bas de tous ceux qu'on a cités, il semble inspiré par les appréciations les plus pessimistes. Nous sommes persuadés qu'il y eut au moins 9 à 10.000 individus qui furent sauvés et arrivèrent à un assez haut degré de bien-être et de prospérité, grâce aux nouvelles colonies. Il y eut en tout, au 30 juin, 14.774 arrivées sans compter les naissances (314), et 1.110 départs, sans compter les décès (477). L'élimination des plus mauvais éléments était fortement avancée. Il y avait, à cette époque, 13.501 colons, dont au moins 2.108 (les derniers arrivés) selectionnés. On peut estimer à 4 ou 5.000 le nombre des personnes auxquelles cette tentative d'assistance par la colonisation ne réussit pas.

CHAPITRE VII

DIVERSES AUTRES FORMES DE L'ASSISTANCE PAR LE TRAVAIL EN 1848

A côté des ateliers nationaux et des colonies agricoles algériennes existaient d'autres institutions ayant aussi pour but de soulager, par le travail, les nombreuses misères de cette période critique. Elles se distinguaient fort nettement des ateliers nationaux, soit qu'elles ne fussent destinées qu'à une catégorie spéciale de travailleurs, soit qu'elles fussent organisées par de simples particuliers.

I. — *Les associations ouvrières de production*

Les associations ouvrières, fondées sur le plan indiqué par Louis Blanc, ne sont pas, à proprement parler des œuvres d'assistance. Elles rentrent pourtant d'une certaine manière dans le cadre de cette étude, car elles étaient « *toujours ouvertes au travailleur qui se présente,* en demandant du travail et en acceptant les conditions fraternelles de la maison » (1). Elles concouraient ainsi à secourir les pauvres valides par le travail. Toutefois leur fonctionnement étant exclusivement basé sur un plan d'organisation générale du travail, nous ne pou-

1. Exposé général fait par Louis Blanc, à la Commission du gouvernement pour les travailleurs. *Moniteur* du 27 avril 1848.

vons entreprendre même de l'analyser, à plus forte raison de l'apprécier en théorie et en pratique. Nous nous bornerons à le mentionner comme un des moyens dont pouvaient profiter les ouvriers sans travail pour sortir de leur misère. Le principal atelier était celui des tailleurs : on y confectionnait des tuniques et des pantalons commandés par le gouvernement pour la troupe. Il était installé dans la prison de Clichy, mise gratuitement à sa disposition, et comprenait jusqu'à 1.500 ouvriers gagnant uniformément deux francs par jour.

L'Etat avait fait aussi de fortes commandes à deux ateliers de moindre importance fondés sur le même modèle, celui des selliers (1) et celui des ouvriers fileurs. Enfin un autre atelier avait été organisé par les passementiers. Mais toutes ces institutions ne tardèrent pas à disparaître, quand l'Etat cessa de leur fournir des commandes et des subsides (2).

II. — *Les chantiers de travail des gardes municipaux*

Des chantiers de travail, qui, ceux-là, n'étaient inspirés par aucune conception idéologique, furent ouverts à *Beaumont* (Oise), pour venir en aide à toute une catégorie de citoyens des plus intéressants (3). Les gardes municipaux sans emploi depuis la Révolution de février et complètement dénués de ressources, avaient essayé de se faire admettre dans les ateliers nationaux pour y gagner leur vie en travaillant. Mais bientôt, reconnus par les ouvriers, ils avaient été tellement malmenés, qu'ils avaient été obligés de renoncer à s'y présenter.

1. Il était installé dans la Caserne de l'Allée des Veuves aux Champs-Elysées.

2. *Moniteur* du 2 mai. Rapport Bauchart, *loc. cit.*, p. 45.

3. Voir Garnier-Pagès, *Histoire de la Révolution de 1848*, p. 154.

Ils retombèrent dès lors dans la plus noire misère. Le gouvernement se préoccupa de leur situation si digne d'intérêt : il put les faire embaucher dans les environs de Paris, à Beaumont, où ils travaillèrent à l'extraction du minerai de fer. Un salaire modique leur était versé par l'Etat qui se le faisait rembourser par les propriétaires de la mine. Leur conduite et leur ardeur au travail furent, paraît-il, exemplaires, et contrastaient singulièrement avec celles du personnel des ateliers nationaux de Paris.

III. — *Ateliers de secours pour les femmes*

On créa encore des ateliers pour les femmes. Même dans des périodes de prospérité économique la situation de la femme obligée de travailler est très précaire ; elle était bien pire encore à ce moment, où toute l'activité économique du pays était suspendue. Aussi les femmes réclamaient-elles, comme les hommes, du travail et du pain. « Le gouvernement résolut de leur trouver de l'occupation, nous raconte M. Garnier-Pagès, et chargea de ce soin M. A. Duclerc, frère du sous-secrétaire d'Etat aux finances. Quelques jours après des locaux étaient choisis dans les douze arrondissements de Paris, des commandes considérables de calicot étaient exécutées, et les femmes pouvaient se mettre à confectionner des chemises pour les soldats. Pendant les trois ou quatre premiers mois qu'ils fonctionnèrent, ces ateliers reçurent trente ou quarante mille femmes, ainsi préservées de la plus affreuse misère et des terribles conséquences qu'elle entraîne pour la femme. On donna aussi du travail à domicile à beaucoup d'entre elles sans qu'on ait eu à s'en repentir. Quand on procéda à la liquidation et que toutes les dépenses furent payées, *on remboursa presque intégralement au Trésor toutes les sommes qu'il avait avancées* » (1).

Le succès extraordinaire de ces ateliers, le bien qu'ils firent, le peu d'argent qu'ils coûtèrent est assurément digne de remarque : le fait est si rare dans les annales de l'assistance qu'il mérite d'être retenu. Il prouve que lorsque de pareilles entreprises sont dirigées par des personnes intelligentes, pratiques et dévouées, lorsqu'on éloigne toute idée de réclame politique ou de perturbation sociale, il est possible d'obtenir d'excellents résultats tant au point de vue des personnes assistées qu'au point de vue des finances de l'œuvre. Nous retrouverons d'ailleurs quelques rares exemples du même genre, qui se sont présentés, en France, depuis cette époque.

1. Garnier-Pagès, *loc. cit.*, p. 55, conf. Larousse (*Ateliers nationaux*).

CHAPITRE VIII

CONCLUSION

Les services rendus par les ateliers publics de secours

Nous venons de parcourir tout un cycle sur lequel nous devons jeter un coup d'œil d'ensemble avant de le quitter. Car si l'assistance par le travail a reconquis, surtout de nos jours, une place importante dans notre régime de l'assistance, elle s'y est introduite sous une forme toute différente.

La tentative malheureuse des ateliers nationaux a porté un coup funeste à tous les systèmes de secours du même genre ; elle a clôturé une phase de l'histoire de l'assistance par le travail.

Depuis cette époque, un certain nombre de municipalités de province ont parfois entrepris des travaux de secours, mais elles ne l'ont tenté qu'assez timidement ou sur une base très différente. Elles se sont souvent bornées, plutôt à augmenter leurs commandes de travaux qu'à organiser des chantiers sur lesquels tous les chômeurs pussent trouver un emploi. De cette façon, il est délicat de distinguer un travail de secours d'un travail normal, toute la différence résidant dans l'intention qui a présidé à la création de ce chantier.

Beaucoup de villes signalent comme travaux de secours l'enlèvement régulier des neiges en hiver qui n'est en réalité qu'un travail normal de répurgation, ou l'entretien annuel des voies publiques qui ne peut être évité. D'autres, donnent des salaires minimes aux ouvriers qu'elles placent dans leurs ateliers de secours ; mais aussi elles n'emploient guère que des vieillards et des infirmes qui ne rentrent pas dans la catégorie de chômeurs que nous avons étudiée. Quelques villes ont seules créé de véritables chantiers de secours avec des travaux spécialement organisés dans ce but ; mais elles sont très rares.

Il nous est donc permis de laisser au moins momentanément de côté, les tentatives de ce genre. Bornons-nous à résumer, en quelques mots, la partie de l'histoire de l'assistance par le travail que nous avons parcourue jusqu'ici.

On peut distinguer trois phases dans l'histoire des ateliers de secours.

Dans la première, nous trouvons un certain nombre d'essais n'ayant pas un caractère bien défini. La répression du vagabondage et de la mendicité se trouvent trop voisines de l'assistance charitable. Mais la séparation s'accentue de plus en plus à partir de l'édit de 1551, qui organise un travail libre pour les pauvres sans ouvrage, à côté du travail enchaîné pour les coupables. C'est une période de formation.

Les ateliers de charité forment la seconde phase. Le travail y est réellement efficace et bienfaisant ; l'ouvrier n'est pas avili pour l'avoir accepté, car il ne subit aucun contact, aucun rapprochement avec le vagabond ou le mendiant professionnel. Les résultats matériels et moraux sont aussi bons qu'on pouvait le désirer. C'est la phase la plus brillante. Elle contraste singulièrement avec celle qui la suit.

Les ateliers de secours de la première Révolution et les ateliers nationaux de 1848 manifestent une profonde décadence. On méconnaît l'expérience antérieure, on veut faire table rase du passé, aussi, loin de procurer un bien véritable aux malheureux, on n'aboutit qu'à accroître la misère et à augmenter le désordre. Il y eut assurément à la tête de ces organisations des hommes éminents, remplis des meilleures intentions, mais ils furent notoirement au-dessous de leur tâche par suite de leur manque d'esprit pratique, de l'étroitesse de leurs vues, et de leur ignorance du passé. La meilleure volonté du monde ne pouvait suffire pour combler ces lacunes.

On avait affaire, dans les deux tentatives de 1789 et de 1848, à un milieu analogue et des difficultés du même genre se présentaient.

Il y avait à ces deux époques une terrible crise économique et politique ; on voulut procurer du travail au peuple inoccupé des villes pour l'aider à passer sans trop de misère cette période difficile, et pour le calmer en le ramenant progressivement à des occupations pacifiques.

Dans les deux tentatives, on retrouve les mêmes erreurs aboutissant à des résultats analogues. Le sélectionnement du personnel n'est pas fait : les coupables comme les innocents, les paresseux comme les énergiques sont admis aux ateliers sans distinction et sur le même pied. Les fraudes se multiplient sur une très grande échelle. On reçoit plus de monde qu'on n'en peut occuper. La surveillance est insuffisante ou nulle : personne ne travaille sérieusement, et la besogne est mal faite car les chefs sont choisis aveuglément. Il ne faut pas s'étonner de l'échec auquel on aboutit ; il était inévitable.

Si l'une de ces deux expériences mérite tout particulièrement nos critiques, c'est bien assurément celle de 1848. En effet, les hommes qui en dirigèrent l'exécution auraient dû connaître les conséquences néfastes des ateliers de secours, et les causes qui les avaient amenées. Ils ne voulurent pas profiter de l'expérience acquise, et ils commirent un très grand nombre de fautes qu'ils auraient pu facilement éviter.

En outre, les ateliers nationaux furent organisés sur une base hypocrite. On cacha sous des dehors philanthropiques de détestables calculs d'intérêts personnels et de combinaisons politiques. Quels que fussent les bons sentiments que pouvaient avoir certains des membres du gouvernement, une terrible responsabilité n'en pèse pas moins sur eux. Une fois de plus on avait trompé ce malheureux peuple, condamné à être « toujours dupe et toujours victime » (1).

Mais faut-il, de ce que ces deux expériences ont été néfastes, conclure que l'organisation d'ateliers de ce genre est impossible, ou tout au moins dangereuse ? C'est malheureusement ce qu'affirment un grand nombre de nos contemporains trop portés à conclure du particulier au général.

Nous n'hésitons pas à affirmer le contraire.

En cherchant à faire moins à la fois et de moins grandes choses, on arrive souvent à des résultats meilleurs et beaucoup plus importants. Quand on veut fonder une organisation nouvelle, il faut expérimenter le système sur une petite échelle, et c'est seulement lorsqu'il a réussi qu'on peut lancer progressivement son entreprise.

Nous sommes persuadés qu'en agissant ainsi, on peut arriver à d'excellents résultats. D'ailleurs, même en dehors des ateliers de charité, nous avons signalé quelques tentatives ultérieures qui, pour n'avoir pas fait

1. Ed. Laboulaye a fort bien rendu la situation quand il a écrit : « Rien n'est plus aisé que d'égarer ceux qui souffrent en leur pro« mettant des réformes chimériques; mais quand on a ameuté contre « un gouvernement ou contre une société la faim, la haine et l'envie, « quelle plaie a-t-on guérie, quelle misère a-t-on soulagée ? C'est par « de nouvelles souffrances que le peuple expie ses erreurs *toujours* « *dupe et toujours victime* ».

beaucoup parler d'elles, n'en ont pas moins fait un très grand bien. C'est ainsi que nous avons montré comment avaient fonctionné en 1848 les ateliers de filatures et les ateliers organisés, à Beaumont, pour les gardes municipaux, dont tout le monde n'avait eu qu'à se louer. Même la tentative, si instructive, des travaux de colonisation en Algérie, a produit de très heureux résultats du jour où l'on s'est laissé guider par l'expérience des faits.

Le système n'est donc pas mauvais en lui-même, et si quelques expériences ont été désastreuses, nous savons du moins à quelles circonstances et à quelles fautes ce résultat est dû. Il ne tient qu'à nous de les éviter à l'avenir, car nous voulons espérer que les ateliers de secours n'ont pas pour toujours disparu de nos institutions d'assistance publique.

CINQUIÈME PARTIE

Les dépôts de mendicité

I. — *Leur but primitif*

Le vagabondage et la mendicité qui s'étaient si fortement accrus pendant les dernières années de l'ancien régime et pendant la tourmente révolutionnaire, étaient restés depuis, bien que d'une façon moins dangereuse, à l'état endémique. Le génie organisateur de Napoléon ne pouvait laisser subsister un pareil désordre. Il s'efforça de le faire disparaître.

Quoique retenu par la guerre au delà des Pyrénées, Napoléon se préoccupait tout spécialement de cette grave question. Dans une lettre à M. Crétet, ministre de l'Intérieur (2 sept. 1807), il écrivait que « la mendicité est un objet de première importance », et il se plaignait qu'on ne lui ait pas encore envoyé les rapports sur cette question qu'il avait demandés. Et il trace lui-même les grandes lignes du plan à suivre. « Tout mendiant « sera arrêté. *Mais l'arrêter pour* LE METTRE EN PRISON « SERAIT BARBARE OU ABSURDE ; il ne faut l'arrêter que pour « lui apprendre à gagner sa vie par le travail. Il faut « donc une ou plusieurs maisons de charité par département. »

Napoléon semblait donc indiquer l'organisation d'un

système d'assistance spéciale, applicable postérieurement *à un fait de mendicité* dûment constaté, mais aussi prévenant *le délit de mendicité a habitude ou de vagabondage*. Cette assistance devait être obligatoire et elle était destinée à donner l'habitude du travail à ceux qui l'avaient perdue. Si la lettre à M. Crétet emploie le terme d' « *arrêter* » le mendiant, il ne peut être compris que dans le sens littéral du mot. L'arrestation dans le sens pénal n'aurait pas sa raison d'être, ce fait de mendicité n'étant passible ni d'amende, ni de prison et ne pouvant par là-même constituer un délit. D'après M. de Gérando, les dépôts de mendicité étaient, dans l'intention de Napoléon, « de vrais lazarets institués « pour une infirmité spéciale qui flotte entre l'idio- « tisme et le vice, qui expose à des suites graves » (1).

Quelques interprètes autorisés atténuaient même singulièrement le terme d' « *arrestation* » employé par Napoléon. M. Regnault, dans la discussion du Code pénal au Conseil d'Etat, faisait la déclaration suivante : « les dépôts de mendicité sont des maisons de secours « et des asiles où les mendiants peuvent et doivent se « retirer d'eux-mêmes, et où ils ne sont pas en déten- « tion » (2). M. Crétet va plus loin encore : il proclame que ces dépôts sont des *établissements paternels* où la bienfaisance doit « tempérer la contrainte par la douceur et maintenir la discipline par l'affection ».

II. — *Leur création*

La pratique ne répondit guère à la théorie ; elle devait même s'en écarter de plus en plus (3).

1. *De la Bienfaisance publique à Paris*, t. III, p. 600.
2. Séance du 19 août 1807.
3. M. Ducuron-Tucot (*De la répression de la mendicité*. Toulouse 1899), parlant de l'origine des dépôts de mendicité, après avoir

Un projet de décret avait été envoyé de Paris à Napoléon, et semblait répondre aux intentions qu'il avait d'abord manifestées. Il faut croire qu'il ne lui convint pas, car il dicta lui-même un nouveau décret au duc de Bassano, et il le promulgua le 5 juillet 1808. En voici les articles fondamentaux :

Art. 1er. — La mendicité sera défendue dans tout le territoire de l'Empire.

Art. 2. — Les mendiants de chaque département seront arrêtés et traduits dans le dépôt de mendicité dudit département, aussitôt que ledit dépôt sera établi et que les formalités ci-après auront été remplies.

Art. 3 — Dans les quinze jours qui suivront l'établissement et l'organisation de chaque dépôt de mendicité, le préfet du département fera connaître par un avis que ledit dépôt étant ouvert et organisé, tous les individus mendiants n'ayant aucun moyen de subsistance sont tenus de s'y rendre.

Art. 4. — A dater de la troisième publication, tout individu qui sera trouvé mendiant dans ledit département sera arrêté... Il sera aussitôt traduit au dépôt de mendicité.

Deux catégories de mendiants étaient donc reçus aux dépôts de mendicité. Aux termes de l'article 3, ceux qui n'avaient aucun moyen d'existence étaient tenus de se rendre au dépôt dès son ouverture, et, par conséquent, y entraient volontairement, ou, plus exactement, sans

constaté que les pauvres « n'y étaient pas enfermés à titre de correction, mais seulement retenus pendant le temps jugé nécessaire pour leur apprendre à gagner leur vie par le travail », et que « le dépôt de mendicité était destiné moins à réprimer qu'à prévenir » (p. 30), reconnaît que cette institution dévia peu de temps après de la voie qu'on lui avait assignée. Les dépôts de mendicité, dit-il (p. 36), n'eurent plus qu'une sorte de caractère mixte entre la prison et l'hospice.

arrestation préalable. D'autre part, l'article 4 prescrivait d'arrêter tous les individus pris en flagrant délit de mendicité, à partir de la troisième publication annonçant l'ouverture du dépôt. De gré ou de force, toutes les personnes sans ressources, ouvriers sans travail, mendiants ou vagabonds devaient donc entrer au dépôt de mendicité.

La clientèle des dépôts se trouvait être ainsi très disparate. Cette promiscuité des bons et des mauvais éléments ne pouvait être que nuisible aux premiers sans avoir chance d'être utile aux seconds, car la maladie se propage infailliblement dans un milieu vicié, et non la santé. Un pareil contact ne pouvait qu'éloigner les malheureux qui avaient encore gardé quelque sentiment de dignité personnelle ; aussi ne faut-il pas s'étonner que leur nombre ait diminué de plus en plus. Une nouvelle législation vint accentuer cette fâcheuse situation.

III. — *La législation nouvelle sur le vagabondage et la mendicité*

Le Code pénal, promulgué le 22 février 1810, modifiait sensiblement le décret de 1808. L'opinion de Napoléon sur la mendicité avait changé. Il ne trouvait plus qu'arrêter un mendiant « pour le mettre en prison serait barbare et absurde », car dans l'article 274 du Code pénal, qui est toujours en vigueur, il décidait que « toute « personne qui aura été trouvée mendiant dans un « lieu pour lequel il existe un établissement public « organisé afin d'obvier à la mendicité, sera punie de « 3 mois à 6 mois d'emprisonnement et sera, après l'ex- « piration de sa peine, conduite au dépôt de men- « dicité ».

Dans les localités non pourvues d'un dépôt, la mendicité ne constituait un délit que lorsqu'elle était exercée par des individus valides et mendiants d'habitude ; dans ce cas, les délinquants encouraient une condamnation de 1 à 3 mois d'emprisonnement ; cette peine était de 6 mois à 2 ans s'ils étaient arrêtés hors du canton de leur résidence (art. 275, Code pénal).

Les dépôts de mendicité virent alors affluer chez eux des individus ayant fait des séjours plus ou moins prolongés dans les prisons de l'Etat. Ils cessèrent d'être des institutions d'assistance pour devenir des instruments de répression. A ce dernier point de vue quelques-uns d'entre eux purent rendre des services (1), que nous n'avons pas d'ailleurs à apprécier ici, mais ce fut l'exception (2). Bientôt les mendiants et les vagabonds valides eux-mêmes n'y purent trouver place, car ceux qui étaient hors d'état de travailler, ne pouvant en sortir, avaient fini par les encombrer à eux seuls.

La durée de séjour qui, primitivement, avait été fixée à une année au moins, fut réduite à quelques mois et même à quelques semaines pour les gens valides, et une circulaire de 1812 supprima la faculté d'entrer volontairement au dépôt.

1. Le Vicomte de Villeneuve Bargemont qui a appartenu à la haute administration à la fin de l'Empire et sous la Restauration a écrit à ce sujet : « Plusieurs de ces dépôts, organisés avec sagesse et discernement, auraient réalisé les espérances que leur création avait fait concevoir. La mendicité avait complètement disparu dans la contrée où ils étaient placés, sans occasionner aucuns frais aux départements et aux communes. Le travail des mendiants avait donné des produits suffisants pour indemniser les dépenses d'entretien ». *Economie politique chrétienne*, Paris, 1834, t. II, p. 483.

2. « Les invalides et les vieillards débordèrent sur la partie réservée aux valides. on accueillit dans les dépôts des aliénés, des gâteux, des épileptiques, des filles publiques malades, toutes les catégories pour lesquelles aucun édifice public n'était alors prévu. Ces établissements furent détournés de leur destination première, on cessa d'y travailler ; l'encombrement par les incurables enleva bientôt toute disponibilité de places nouvelles. Les mendiants reparurent sur les chemins, sûrs de ne plus être conduits dans les dépôts. Y eussent-ils été conduits, ils savaient bien qu'ils y seraient entretenus sans travailler ». Louis Rivière, *Mendiants et vagabonds*, p. 37.

IV. — *Décadence des dépôts de mendicité*

Au début, les dépôts de mendicité s'étaient multipliés rapidement ; en quatre ans 59 dépôts avaient été créés, et leur population pouvait atteindre 22.000 personnes (1).

Mais les graves complications extérieures, l'invasion du territoire, absorbèrent plus tard toutes les préoccupations du gouvernement. En 1814, il ne restait plus que 37 dépôts, et la chute de l'Empire acheva de déprécier son système d'assistance qui était déjà, d'ailleurs, l'objet de vives critiques. Faut-il attribuer à une réaction naturelle contre les institutions du régime impérial (2), ou aux inconvénients intrinsèques de ces établissements le revirement d'opinion qui se produisit sous la Restauration ? La question peut paraître douteuse ; mais il est certain que le gouvernement de Juillet fut nettement opposé aux dépôts de mendicité. M. Lainé, ministre de l'Intérieur, écrivait dans une circulaire aux préfets (17 mars 1817) : « il est important « de vous occuper des propositions que vous serez « bientôt dans le cas de faire au Conseil général de « votre département relativement au dépôt de men- « dicité, ou de préparer les mesures propres à donner « à cet établissement la meilleure destination. Il ne « s'agit plus d'examiner si la mendicité peut être sup- « primée au moyen des dépôts, mais de pourvoir à la « dépense de celui qui existe, *si la conservation en est* « *jugée nécessaire*, ou de motiver toute proposition dont « l'objet serait de lui faire subir des modifications ou « même d'en prononcer la suppression ». Les Conseils

1. Louis Rivière, *loc. cit.*, p. 30.
2. Voir Dalloz, *Répertoire, Vagabondage et mendicité*, et de Gérando *loc. cit.*

généraux profitèrent de la latitude qui leur était laissée pour diminuer les charges qui leur incombaient, et un grand nombre supprimèrent leur dépôt de mendicité (1). En 1830 il n'en restait plus que 10, et 6 en 1837 (2).

Depuis, leur nombre a subi de nombreuses variations :

Il y en avait :	21 en 1853	contenant	4.773	personnes.
	36 en 1871	—	5.470	—
	45 en 1873	—	8.885	—

Une consultation des Conseils généraux, sur la question de leur maintien, eut lieu en 1873. Trente-neuf seulement répondirent, parmi lesquels vingt-cinq réclamèrent contre la suppression ; mais, suivant le rapporteur, M. Eugène Talon, « les avis favorables aux dépôts émanaient des départements qui n'avaient pas jugé bon « d'en établir chez eux, tandis que les avis hostiles « représentaient des départements qui en étaient pourvus » (3).

V. — *Situation actuelle des dépôts de mendicité*

En 1886, les 30 dépôts de mendicité comptaient 5.389 pensionnaires, savoir : 1.257 reclus (dont 29 0/0 récidivistes et 4.152 hospitalisés). Aujourd'hui il y a 28 dépôts de mendicité desservant 51 départements (4).

La nature de la clientèle de ces dépôts s'est depuis l'origine profondément modifiée. On avait espéré, en accueillant dans les mêmes établissements les valides et

1. Voir *Dictionnaire d'économie politique*, article de M. Chevalier.
2. Toutefois 10 maisons centrales recevaient des pauvres valides.
3. Vanlaer, *loc. cit.*
4. *La charité avant et depuis 1789*, Hubert Valleroux, p. 246.

les infirmes, que le produit du travail des uns permettrait de nourrir les autres. Il n'en fut pas ainsi parce que, en réalité, les infirmes furent trop nombreux et que les valides, peu travailleurs et peu habiles, ne donnèrent qu'un rendement insuffisant, pour couvrir leurs propres frais (1). Le produit du travail des 3.000 individus portés sur les registres comme ayant pris part au travail, s'élève à 18.000 francs, soit 62 fr. 25 par tête, ou 0 fr. 20 par jour (2). « En réalité, comme le dit très bien M. Ch. Dupuy, on a donc affaire non pas à des maisons de travail mais à des maisons de repos ; près de la moitié y consomme sans rien produire ; et ceux qui travaillent produisent moins du tiers de leur consommation » (3). Le nombre des infirmes égale souvent, notamment à Nanterre, le nombre des valides. « L'asile départemental devient ainsi le refuge de toutes les misères et de « toutes les infirmités ; des infirmités repoussantes, « hideuses, devant lesquelles se referment nécessairement les portes des autres établissements charitables, « dont la plupart ne sont pas organisés en prévision « d'affections de cette nature, ou ne peuvent les conserver en raison de leur durée. Les épileptiques, les « idiots, les ivrognes, les malheureux atteints de carie « des os vivent des années sans espoir de guérison et « on n'en veut nulle part. Il y a aussi de pauvres vieux « aveugles n'ayant plus personne au monde et qu'on « ramasse sur les chemins » (4).

Ces reproches, on les formulait dès 1815 (circulaire du 6 mai), et M. de Gerando, en 1839, les indiquait avec

1. *Manuel des Prisons et des Depôts de mendicité*, Péchart, Paris, 1812, p. 30 et Hubert-Valleroux, *loc. cit.*

2. Vanlaer, Le chômage de l'ouvrier, *Correspondant*, 10 sept., 10 oct. et 25 mars 1892, 10 janv. 1893.

3. Rapport au Conseil supérieur de l'assistance publique, 1880.

4. De Crisenoy, *Les asiles d'incurables et les dépôts de mendicité*, Revue d'administration, 1888, t. III, p. 5.

une grande netteté : « *les dépôts de mendicité*, disait-il, « *s'éloigneront d'autant plus de leur destination qu'on* « *attendrait d'eux plus qu'ils ne doivent faire* ». Et il remarque fort justement par ailleurs (1) qu' « on s'est « plaint de ce que les infortunés, réduits par une néces- « sité réelle et impérieuse à implorer la pitié publique, « se trouvent, dans les dépôts, confondus avec des êtres « vils, que les habitudes de fainéantise ont seules con- « duits à mendier ; le système commun à ces deux clas- « ses d'individus se trouve ainsi trop dur pour les uns « ou trop doux pour les autres. Lorsque ce régime « incline à la douceur, et telle doit être la tendance, on « s'afflige de voir que le séjour dans le dépôt de mendi- « cité paraît à beaucoup de gens une existence plus « tranquille et plus commode qu'une vie indépendante... « qu'un grand nombre d'indigents mendient précisé- « ment pour se faire arrêter, certains alors de n'avoir « plus à prendre soin d'eux-mêmes ».

Aujourd'hui encore M. Monod, directeur de l'Assistance publique, dont le témoignage ne saurait être suspecté, reconnaît que ces mêmes défauts continuent de subsister : « un individu qui sort du dépôt, disait-il, est « rejeté dans la société aussi pauvre et souvent moins « bon qu'il n'y était entré » (2).

A toutes les époques, on n'a donc cessé de s'élever contre les inconvénients des dépôts de mendicité. Quelques auteurs croient pourtant leur existence utile et ils montrent que, lorsque leur direction a été confiée à des gens capables, ils ont pu donner d'excellents résultats (3). Nous ne doutons pas que, profondément modifiés, ils ne puissent avoir une certaine utilité, soit qu'on

1. *Loc. cit.*, t. III, p. 60.
2. Monod, *Rapport au Conseil supérieur d'assistance publique*, 1888.
3. Voir notamment Dalloz, *loc. cit.* et surtout l'ouvrage de M. de Magnitot intitulé *de l'assistance et de l'existence de la mendicité*.

les transforme en établissements d'assistance pour les incurables, soit qu'on en fasse des maisons de travail et de répression contre la mendicité professionnelle. Mais les changements à introduire seraient si considérables, tant au point de vue du recrutement que des méthodes à employer, que ce ne serait plus, à proprement parler, « une transformation » des dépôts de mendicité : il nous paraît impossible que ces établissements puissent réussir tant qu'ils conserveront ce caractère mixte d'hospice et de maison pénitencière.

Quoi qu'il en soit, nous pouvons constater que l'assistance aux valides sans travail n'existe plus aujourd'hui, dans les dépôts de mendicité. Cette situation est tout à fait contraire aux intentions des promoteurs de l'institution, et à la conception première de l'Empereur, telle qu'elle ressort de la lettre de M. Crétet et telle qu'elle a été interprétée par M. Regnault au Conseil d'Etat. Elle aurait été sans doute la meilleure, elle a été malheureusement de plus en plus abandonnée.

SIXIÈME PARTIE

L'assistance par le travail en France, de nos jours

CHAPITRE PRÉLIMINAIRE

CARACTÈRE GÉNÉRAL ET ORIGINE DE L'ASSISTANCE PAR LE TRAVAIL DE NOS JOURS

Les retentissants échecs des ateliers de secours et des ateliers nationaux avaient fait un tort considérable à la cause de l'assistance par le travail. Aussi quand on revint à cette idée si féconde, on dut la reprendre sous une tout autre forme.

Lorsqu'on feuillette les comptes rendus des œuvres modernes d'assistance par le travail, on est frappé de voir combien on y revient souvent à la question des ateliers nationaux ; mais c'est toujours pour les critiquer avec véhémence et protester hautement qu'on ne veut rien leur emprunter.

L'idée mère de toutes ces institutions est pourtant la même : donner du travail à ceux qui en manquent. Turgot, La Rochefoucault-Liancourt, Louis Blanc ou les inspirateurs de nos œuvres modernes sont tous d'accord sur les dangers matériels et moraux que font courir à la société comme à l'individu, le chômage, la misère et la mendicité ; ils sont unanimes à reconnaître que le travail est le seul remède approprié à ces crises, le seul qui respecte le caractère et la dignité de l'ouvrier ; tous enfin se sont employés activement à la propagation des secours en travail. Mais, partis d'un même principe, ils ont emprunté des chemins différents pour aboutir à des résultats très divers.

Jusque vers le milieu du XIXe siècle, l'Etat, les provinces ou les villes, sauf de très rares exceptions, avaient seuls pratiqué l'assistance par le travail. Depuis cette époque, au contraire, l'initiative individuelle, réveillée de son engourdissement, s'est mise à la tête de ce mouvement fécond, en faisant naître une magnifique efflorescence d'œuvres que nous allons avoir à étudier tout particulièrement.

Les œuvres d'assistance par le travail ont toutes, en principe, un lien de parenté très étroit. Si elles ne remplacent pas, comme on l'a dit, l'aumône par le salaire, toutes, du moins, font intervenir dans les secours donnés aux assistés deux éléments l'aumône et le salaire, et elles font coopérer deux agents, le bienfaiteur et l'indigent lui-même.

De grandes distinctions toutefois se font jour sous cette formule générale. Quelques œuvres cherchent à fournir un travail d'attente à tous ceux qui se présentent; d'autres se proposent de faire un sélectionnement plus complet, de refuser les mauvais et de ne prendre que les bons, pour les diriger dans la voie qui peut leur être le plus profitable, après avoir amélioré leur valeur professionnelle et morale. Ces œuvres, se sont surtout développées pendant ces vingt-cinq dernières années ; mais, pour en trouver l'origine, il faut remonter jusqu'au commencement de ce siècle.

La première maison de ce genre fut ouverte à Bordeaux en 1827. Deux ans plus tard, une œuvre similaire, mais mieux organisée, était créée à Paris, rue de Lourcine.

La *maison de refuge de la rue de Lourcine* était, d'après la définition du baron de Gérando, « un établissement d'épreuves, de préparation, de passage, d'attente ; une station, une sorte de portique placé à l'entrée des divers genres d'établissements qui reçoivent, assistent, ou occupent les pauvres d'une manière constante pour en faire la séparation et le classement, et les diriger en conséquence » (1).

Le sélectionnement des pauvres était, en effet, un des caractères essentiels de la nouvelle institution, et il constituait sa principale originalité. La nécessité d'appliquer à chacun le remède qui lui convient est malheureusement un des principes trop souvent méconnus dans l'organisation des œuvres d'assistance. Un médecin pourrait aussi bien ordonner à tous ses malades le même remède, quelles que fussent leurs maladies respectives, qu'une œuvre de bienfaisance donner à tous ceux qui viennent à elle un même genre de secours. La misère est véritablement un cas de pathologie sociale et le bienfaiteur doit, comme le médecin, rechercher tout d'abord avec soin la nature essentielle du mal qu'il veut guérir, afin de pouvoir appliquer ensuite une médication appropriée. La misère est produite par des causes très multiples, très dissemblables, et tel mode d'assistance qui peut être très efficace dans certaines circonstances, peut être souverainement déprimant et funeste dans d'autres cas.

C'est pour appliquer ces principes qu'il existait, dans la maison de la rue de Lourcine trois catégories d'as-

1. De Gérando, *loc. cit.*, t. III. Des ateliers de travail libre. Maisons de travail en France, p. 548.

sistés, par lesquelles passaient successivement, quand on le jugeait utile, ceux qui y étaient reçus.

Le pauvre qui se présentait pour être admis était d'abord interrogé sur sa profession, ses antécédents, ainsi que sur tous les points pouvant éclairer le directeur de l'établissement à son égard. En même temps une enquête complétait et contrôlait les renseignements ainsi obtenus, tant au point de vue de la capacité professionnelle que de la moralité.

Après cet examen préliminaire, on mettait l'assisté au travail pour apprécier sa capacité et sa bonne volonté : c'était la vérification par l'expérience des renseignements fournis par l'enquête.

Après avoir passé par ces deux échelons successifs, le pauvre était admis au secours : alors, suivant les cas, ou bien on le gardait jusqu'à ce qu'il pût entrer dans un hospice pour vieillards ou infirmes, ou bien on le dirigeait sur un dépôt de mendicité, ou bien enfin, le plus fréquemment, on le gardait pendant quelque temps au refuge.

Le régime de la maison comprenait un externat et un internat. Dans le premier cas, l'ouvrier recevait des aliments dont le prix était imputé sur son salaire. Dans le second cas, on lui donnait en outre le logement et le vêtement. La durée du séjour variait en principe entre quinze jours et six mois : cependant il y avait des exceptions, quelques hospitalisés ne restaient que peu de jours, d'autres étaient gardés beaucoup plus longtemps, car la durée moyenne des séjours était de six mois.

Pendant le temps qu'il passait dans la maison de refuge, l'indigent était employé à un travail soigneusement choisi, et qui n'était pas exempt de difficulté de façon à lui donner une capacité professionnelle. En effet, la plupart des pauvres admis au refuge étaient de simples journaliers, n'ayant aucun métier nettement déterminé, se bornant à offrir leur seule force musculaire sur le marché du travail, se proposant pour toutes les besognes sans être particulièrement aptes à aucune. On s'efforçait de leur inculquer, en même temps que l'habitude, le goût du travail ; on leur préparait aussi un petit pécule qui pouvait leur être fort utile à la sortie de la maison hospitalière. Bref, quand on les rendait à la vie ordinaire, les assistés étaient pourvus de quelques ressources en même temps que de nouvelles et saines habitudes.

Des travaux d'espèces très différentes avaient été organisés pour qu'on pût mettre chaque individu au genre d'occupation qu'il était le plus apte à remplir. Suivant leurs capacités, leur âge, leur sexe, les hospitalisés étaient occupés à quelques-uns des travaux suivants : terrassements, confection de vêtements, reliure, préparation de gélatine, etc. Pour assurer une direction régulière, énergique et compétente, on mit les travailleurs à la disposition de fabricants qui devaient leur donner un salaire proportionnel à la tâche accomplie. De ce salaire un tiers était immédiatement versé à l'ouvrier, un tiers était mis en réserve pour le jour de la sortie, un tiers était gardé par l'établissement pour compenser les frais de son hospitalisation. Ce prélèvement était loin d'être suffisant pour couvrir le montant de la dépense qui s'élevait à 67 centimes par jour et par tête pour les femmes, et à 68 centimes pour les hommes (1), alors que le produit moyen du travail n'était que de 45 centimes.

1. Voici le détail :

Dépréciation de la literie. .	0.03
— du linge. .	0.10
Nourriture	0.43
Blanchissage	0.06
	0.62
Habillement : hommes	0.06
femmes.	0.05

D'importantes souscriptions avaient été réunies au moment de la fondation de l'œuvre ; mais quand elles furent épuisées (il y avait eu pour 587.000 fr. de frais de premier établissement et 306,000 de dépenses d'entretien) il fallut avoir recours aux subventions des pouvoirs publics. Le Conseil général de la Seine vota des fonds pour acheter du matériel, et 50.000 fr. pour l'entretien annuel. Mais précisément à ce moment, l'institution disparut et les fonds restèrent sans emploi (1).

Pendant la durée de son existence, de novembre 1829 à juillet 1831, le refuge avait hospitalisé 814 hommes et 487 femmes, soit 1.361 personnes (2).

Bien que les circonstances n'aient pas permis à la maison de la rue de Lourcine de continuer à fonctionner, le principe de l'assistance moderne par le travail n'en était pas moins posé ; les bases étaient établies et les grandes lignes dessinées. Néanmoins de nombreuses années se passèrent avant que d'autres créations de ce genre ne fussent tentées ; il fallut de cruelles circonstances pour qu'on y recourût et pour qu'un nouvel établissement d'assistance par le travail fût fondé.

C'était pendant la famine qui sévit, en 1871, à Paris, au moment du siège. Les mairies distribuaient régulièrement des secours aux indigents. Nombreux et pressés, les femmes et les enfants, en files interminables, attendaient longuement leur tour pour recevoir l'aumône qui les empêchait de mourir de faim. Pendant ce temps, les hommes aux bataillons de marche ou de mobiles, « constamment répandus dans la banlieue et dans les

1. De Gérando, *ibid.*, p. 549 et suiv. Voir aussi Vanlaer, Le chômage de l'ouvrier, *Correspondant*, 25 nov. 1892.

2. Une œuvre du même genre avait été aussi fondée à Strasbourg, mais elle était plutôt destinée aux personnes déjà âgées et ne pouvant fournir qu'un travail peu important.

« fortifications, mouraient autant du froid de la saison « que du feu de l'ennemi. Pour préserver ces hommes, « il était tout naturel de faire gagner à ces femmes « l'argent qu'on leur donnait gratuitement en leur fai- « sant confectionner des gilets et des ceintures de fla- « nelle » (1). C'est en ces termes qu'expliqua la naissance d'une nouvelle maison d'assistance par le travail, son fondateur, un commerçant du VIIIe arrondissement, aujourd'hui connu de tous, M. Mamoz.

Une pareille combinaison n'était pas faite, toutefois, pour plaire à tout le monde, car bien des gens, heureux de recevoir gratuitement un secours, ne voulaient pas faire le moindre effort pour le mériter. La moitié des personnes assistées cessèrent aussitôt de se présenter ; les autres se firent inscrire pour obtenir du travail et il n'y eut que la moitié de celles-ci à en accepter effectivement. Cette façon de procéder procura une économie sensible qui permit d'accroître d'autant les sommes destinées aux secours ; de leur côté les malheureux soldats y gagnèrent d'obtenir plus rapidement de quoi se couvrir.

Les mécontentes manifestèrent avec fracas leur indignation contre ce nouveau système. Elles envahirent bruyamment l'atelier, démolirent le matériel, blessèrent le concierge (2) ; mais ces démonstrations n'empêchèrent pas l'œuvre de continuer à subsister. Même après le siège les femmes assistées demandèrent avec tant d'insistance la continuation de l'œuvre, que M. Mamoz entreprit de la faire vivre par le seul secours de la charité privée, et c'est aujourd'hui la société si intéressante du faubourg Saint-Honoré.

1. Vanlaer, Le chômage de l'ouvrier, *Correspondant*, 25 nov. 1892.
2. Louis Rivière, L'Assistance par le travail dans la ville de Paris, *Réforme sociale*, 1894, t. II, p. 588.

Depuis cette époque, l'assistance par le travail a pris une extension considérable, dans tous les pays civilisés sous les formes les plus diverses, les plus ingénieuses.

On peut toutefois distinguer parmi les œuvres d'assistance par le travail, trois groupes distincts :

Premier groupe : les œuvres qui donnent du travail *à domicile*.

Deuxième groupe : celles qui font travailler dans leurs ateliers, avec le régime d'*externat*.

Troisième groupe : celles qui font travailler dans leurs ateliers, avec le régime d'*internat* (1).

1. Sans vouloir donner de prime abord aucune préférence à l'un de ces trois genres d'œuvres qui conviennent chacun à des catégories particulières de pauvres, nous pouvons du moins faire la constatation suivante. L'influence du bienfaiteur se fait sentir d'une façon croissante de la première à la troisième catégorie, tandis que celui qui reçoit, aliène de plus en plus sa liberté, pour se plier à une discipline plus rigoureuse.

CHAPITRE PREMIER

L'ASSISTANCE PAR LE TRAVAIL A DOMICILE

I. — *La fondation Mamoz*

L'œuvre la plus importante de ce groupe, est assurément celle de M. Mamoz, dont nous venons de retracer l'origine. Examinons-en, maintenant, le fonctionnement actuel.

L'œuvre du faubourg Saint-Honoré, sans exclure les femmes isolées, a pour but principal de fournir aux mères de famille, honnêtes, pauvres et chargées d'enfants, du travail de couture à faire chez elles. Si le travail est donné à domicile, c'est que le rôle essentiel de la femme, est en effet de garder le foyer, de veiller à son entretien et à sa bonne tenue. La misère en survenant, loin de suppprimer son rôle, en augmente au contraire les charges, et met à contribution toutes les qualités de la ménagère, dont la tâche est plus lourde que jamais.

La femme est toujours utile dans son intérieur, mais dans les périodes de crise, elle y devient indispensable. Si elle s'en éloignait au moment du danger, comment ne serait-il pas détruit ?

Les œuvres d'assistance par le travail à domicile ont admirablement compris cette nécessité impérieuse, et elles ont pris des mesures non seulement pour ne pas éloigner la femme de sa maison, mais encore pour l'y retenir.

De sérieuses difficultés semblaient pourtant mettre obstacle à ce genre de secours. Il était facile à des personnes relativement aisées de s'adresser à l'œuvre pour obtenir du travail, dans le seul but d'augmenter leurs ressources, en dissimulant leur situation véritable sous les apparences factices de la misère. Par ailleurs, on pouvait craindre que parmi les personnes auxquelles on confiait de l'ouvrage, il n'y en eût quelques-unes peu scrupuleuses qui fussent tentées de s'approprier ou de vendre les marchandises dont elles se trouvaient dépositaires.

C'est pour remédier à ces deux dangers que M. Mamoz institua, en 1875, un service de renseignements parfaitement organisé, grâce auquel on peut être rapidement fixé sur la véracité des déclarations d'une quémandeuse et sur son honorabilité.

Ce service de renseignements est particulièrement délicat. Il est facile, quand on n'a pas l'habitude de ce genre d'investigations, d'être trompé par les témoignages intéressés ou complaisants du concierge et des fournisseurs, par des renseignements erronés ou inspirés soit par la malveillance soit par la sympathie excessive des voisins. Aussi faut-il avoir recours à un personnel très exercé. Le nombre des rapports de cette nature s'est élevé, en 1903, à 18.024 (1): ils ont donné lieu à 15.517 enquêtes, dont 5.561 concernaient des individus nouveaux, et 9.956 avaient été consacrées à des quémandeurs déjà connus, sur lesquels on a pris de nouveaux renseignements pour rectifier ou compléter ceux que l'œuvre possédait déjà. On voit par là combien la clientèle des œuvres charitables se renouvelle relativement peu.

1. Le prix des renseignements a été abaissé, en 1903 de 1 franc à 0 fr. 50. De 1871 à 1904, il a été donné aux membres de l'œuvre 388.940 renseignements.

Le travail que l'on donne le plus généralement à faire dans cette œuvre est la couture. Il est certainement le meilleur à bien des points de vue. En premier lieu, c'est le travail *technique* le plus ordinairement, souvent le seul connu des femmes. Les autres occupations que l'on pourrait procurer, comme le triage des grains de café, l'éventaillage des corsets, la confection des sacs en papier, ne sont pas techniques puisqu'elles n'exigent aucune formation antérieure et ne peuvent, par conséquent, donner lieu qu'à une rétribution tout à fait dérisoire.

Le travail à l'aiguille a un autre avantage : l'ouvrage qu'il produit est d'un *écoulement relativement facile et rémunérateur*. Le marché en est beaucoup plus large que pour les autres objets dont nous parlions. On peut espérer se défaire plus facilement de la marchandise, ou l'utiliser, si on ne peut la vendre. Le travail de couture, *bien dirigé*, doit rembourser, sinon l'intégralité, du moins une grande partie du salaire payé (1).

Naturellement le travail est aux pièces. Voici, à titre d'exemples, quelques-uns des prix de façon qui sont payés aux femmes travaillant pour l'œuvre.

Tablier	0 fr. 20.
Tablier d'enfant.	0 fr. 30 à 0 fr. 60 suivant l'âge.
Sarrau.	0 fr. 10 en plus.
Chemise de femme	0 fr. 60.
Chemise d'homme.	1 fr.
Torchons	0 fr. 90 la douzaine.

Bien que le salaire soit, en principe, proportionné au travail produit, certains bienfaiteurs chargent l'œuvre de donner un « sursalaire » à de pauvres vieilles femmes

1. Quand ces travaux ne sont pas faits avec assez de soin, il arrive parfois qu'on ne peut même pas retrouver le prix de la matière première.

qui ne peuvent avancer autant que les jeunes. On donne aussi des secours en argent pour payer le loyer ou atténuer des dettes criardes chez le boulanger. Les secours en numéraire se sont élevés à 28.000 francs en 1902, et à près de 26.000 francs en 1903 (1).

L'œuvre de M. Mamoz n'admet pas seulement des femmes; elle a été entraînée à ouvrir ses portes aux hommes sans travail. Elle les occupe surtout à des travaux d'écriture. Le mille d'adresses leur est payé 3 francs; pour la copie des manuscrits les salaires sont très variables, ils sont en moyenne de 0 fr. 50 les cent lignes. C'est évidemment le travail le plus avantageux que l'œuvre puisse offrir à ses assistés. Malheureusement des travaux de ce genre ne se rencontrent pas très fréquemment, car, en 1903, le gain moyen, pour les travaux d'écriture, n'était que de 2 fr. 05 par jour. Et cependant nous verrons par la suite qu'il n'y a guère d'œuvres qui assurent à leurs assistés une rémunération aussi élevée.

Les travaux d'écriture sont faits au siège même de l'œuvre qui y trouve un avantage très réel (2). Le secrétaire le constate dans les termes suivants : « Nous pouvons mieux faire connaissance avec nos assistés, les suivre, nous rendre compte de ce qu'ils valent, du degré d'intérêt qu'ils méritent d'inspirer. Ceux qui sont peu recommandables sont congédiés... les autres sont gardés aussi longtemps qu'on peut les occuper. Il se fait ainsi une sélection, et, s'il se présente quelque travail délicat, nous savons à qui on peut le confier ». Cette opinion émanant du représentant d'une œuvre qui s'occupe surtout d'assistance par le travail à domicile

1. A la Société d'assistance par le travail des VIIIe et XVIIe arrondissements, au contraire, il n'est accordé que pour 600 francs de secours en numéraire à l'ouvroir, alors que les salaires payés à cette branche de l'œuvre s'élèvent à près de 9.000 francs (exercice 1903).

2. L'œuvre arrive à secourir ainsi un assez grand nombre d'employés, auxquels elle peut souvent trouver des places.

est intéressante à retenir, et tend à prouver que le travail à l'atelier doit, autant que possible, être la règle générale dans les œuvres d'assistance, et le travail à domicile l'exception.

On a secouru de 1896 à 1903, 38.538 familles, auxquelles il a été distribué 255.326 fr. de secours, dont 111.232 fr. en salaires pour travaux de couture et d'écriture, et 144.094 fr. en dons pécuniaires ; les aumônes accordées sont donc très sensiblement supérieurs aux salaires payés (1).

Les ventes des marchandises se sont élevées à 656.972 fr. D'ailleurs, l'œuvre fort bien dirigée n'a plus à se plaindre, comme elle le faisait autrefois, de l'insuffisance des débouchés ; pendant l'année 1903, le nombre des pièces confectionnées a été de 17.278, et celui des pièces vendues de 18.404. Toutes les œuvres similaires ne se trouvent malheureusement pas dans une situation aussi favorable.

II. — *Œuvres diverses*

C'est ainsi qu'à l'ouvroir du Ve arrondissement, fondé par Mme de Pressensé, rue du Val-de-Grâce, on s'est plaint à plusieurs reprises de la difficulté que l'on rencontre à écouler les produits. Cette œuvre occupe en hiver de 45 à 50 femmes par jour ; elle leur donne des salaires relativement élevés. La façon d'une douzaine de torchons est payée de 1 fr. à 1 fr. 10, celle d'un tablier de 0 fr. 50 à 0 fr. 60, celle d'une taie d'oreiller 0 fr. 50. Chaque femme touche en moyenne de 6 à 20 fr. par semaine suivant l'importance et la qualité du travail fourni. Pendant l'exercice 1901-1902 l'œuvre a payé pour près de 16.000 francs de salaires.

1. De 1871 à 1904 inclus, on a distribué 1.734.040 francs de secours et 289.572 francs de salaires.

Mlle Chaptal, qui a fondé dans le faubourg de Plaisance toute une série d'œuvres très intéressantes, a créé une assistance par le travail à domicile pour les mères de famille. Afin d'éviter les embarras de la vente du linge, elle se contente de servir d'intermédiaire entre quelques grandes maisons et les femmes dont elle s'occupe ; mais à la différence des entrepreneurs, bien loin de faire un prélèvement sur le prix de façon qu'elle reçoit, elle les majore avant de le transmettre aux assistées. Il n'y a que la confection des vêtements de pauvre pour lesquels elle se charge de trouver directement un débouché. Prochainement cette œuvre va essayer de faire exécuter des fleurs artificielles très simples, sous la surveillance et la direction d'une ouvrière du métier, et on espère retirer de ce nouveau travail un meilleur rendement que de la couture.

Enfin Mlle Chaptal s'est préoccupée du sort de ses malheureuses patronnées qui ne savent pas suffisamment travailler pour coudre du linge d'une manière présentable. Elle leur fait apprendre à faire, avec du fil de fer, des agrafes pour bouteilles d'eau gazeuse. Cela ne coûte au début que 0 fr. 25 à l'œuvre, et ces femmes peuvent ensuite arriver à gagner 1 fr. 50 ou 2 fr. par jour sans quitter leur foyer (1).

Une œuvre de travail à domicile a été annexée, en 1892, à l'œuvre, de l'Hospitalité du travail sur laquelle nous aurons à revenir longuement. Le salaire y est d'environ 1 fr. 40 pour un travail de 7 ou 8 heures, on a

(1) Les œuvres d'assistance, dont s'occupe Mlle Chaptal, sont tout particulièrement intéressantes, et sont dirigées avec une intelligence et une activité très remarquables (Dispensaire, secours d'allaitement, maisons hygiéniques, etc.), mais l'assistance par le travail n'étant qu'une des branches accessoires de ces institutions, il ne nous est pas possible de nous y étendre plus longuement, quel que soit l'intérêt que présente ce groupe d'œuvres.

assisté de la sorte 804 mères de famille en 1900, 768 en 1901, et 534 en 1902 (1).

Le magasin central des hôpitaux de Paris fait travailler à domicile près de 1.000 à 1.200 femmes qu'il assiste ainsi. Elles confectionnent des vêtements pour les pensionnaires des établissements hospitaliers, ainsi que les vêtements et le linge destinés aux enfants assistés. Les salaires payés aux femmes assistées s'élève de plus et plus :

Années	Salaires payés
—	—
1876. . .	137.000 francs
1886. . .	165.000 —
1896. . .	296.000 —
1901. . .	404.000 —
1903. . .	505.000 —

Ce service a été fondé en 1867, il remplace partiellement l'atelier de filature pour les indigents formé à cette époque (2).

La société d'assistance par le travail des VIIIe et XVIIe arrondissements possède elle aussi un ouvroir assez important. En 1903, l'œuvre a secouru 159 femmes qui ont confectionné 38.911 pièces de lingerie, pour un salaire de 8.635 fr. L'écoulement des objets confectionnés ne présente pas de difficultés grâce à une vente de charité qui a lieu périodiquement. Certaines de ces

1. L'œuvre possède deux magasins de vente permanente, l'un à Auteuil, 4, rue Théophile-Gautier ; l'autre, 53, rue des Saints-Pères.

2. Dans cet atelier, les femmes au sujet desquelles le commissaire de police avait donné des renseignements favorables recevaient 3 kilos de filasse qu'elles étaient chargées de filer. Ce travail leur rapportait en moyenne 0 fr. 30 à 0 fr. 75 par jour.

ventes ont eu tant de succès que presque toutes les marchandises ont été vendues le premier jour, et qu'il fallut « les jours suivants, se borner presque à inscrire des commandes. Ces commandes, l'ouvroir met le plus grand zèle à les livrer ; il aurait bien voulu pouvoir échelonner les livraisons sur les premiers mois de l'année, pour fournir plus longtemps du travail aux assistées, mais l'impatience des acheteuses lui force un peu la main » (1).

Que d'œuvres voudraient pouvoir adresser de tels reproches à leur clientèle !

L'ouvroir de l'Union d'assistance du XVIe arrondissement fonctionne également dans de très bonnes conditions. Pendant l'exercice 1902-1903, il a été distribué 15.445 fr. 75 de salaires à 295 ouvrières. Chaque assistée a donc touché en moyenne 51 fr. de l'œuvre pendant le cours de cette année. Le développement des affaires de l'ouvroir est si considérable (2) qu'il a fallu organiser deux ou trois ventes pendant le cours d'un seul exercice, pour ne pas laisser s'accumuler un trop gros stock à écouler en une seule fois.

Les salaires y sont assez élevés sans que la prospérité de l'œuvre en ait été atteinte (3). La façon d'une douzaine de serviettes est payée de 1 fr. à 1 fr. 50, celle d'une douzaine de torchons de 1 fr. à 1 fr. 10.

1. Compte rendu annuel du Dr Paul Bezançon pour l'exercice 1903, p. 10.

2. Vente des produits de l'œuvre pendant les derniers exercices :

1898-1899.	37.494
1899-1900.	54.450 40
1900-1901.	70.005 90
1901-1902.	83.557 60
1902-1903.	93.428 80

3. Comptes profits et pertes de l'ouvroir pendant l'exercice 1902-1903 :

A Marseille, où il existe aussi une œuvre d'assistance par le travail à domicile, les salaires sont sensiblement plus bas : on paye 0 fr. 75 pour une douzaine de serviettes et 0 fr. 60 pour une douzaine de torchons (1).

Cette branche de l'œuvre marseillaise ne semble pas pouvoir se développer beaucoup, car le chiffre des salaires payés depuis la fondation est resté, à peu de chose près, stationnaire ; il aurait même plutôt une tendance à diminuer ainsi que le nombre des présences.

Années	Présences	Salaires
1892	902	1.533 fr. 20
1895 . . .	628	1.180 20
1898 . . .	548	807 »
1900 . . .	724	1.018 60
1903 . . .	622	1.139 15

Les ventes des objets confectionnés sont au contraire très satisfaisantes car elles n'ont cessé de s'accroître depuis 1897, et elles se montaient en 1903 à plus de six

Actif

Vente de linge	93.428 80
Remboursements des salaires.	645 80
Sommes à recouvrer	5.426 65
Marchandises en magasin au 28 février 1903 . .	13.605 55
Total.	113.106 80

Passif

Loyer et frais généraux	4.681 85
Frais de personnel	3.396 20
Achat de tissus.	65.632 45
Salaire des coupeuses.	2.166 45
Salaire des assistées.	15.445 75
Sommes dues pour commandes payées d'avance.	248 55
Marchandises en magasin au 28 février 1902 .	13.720 60
Total.	105.291 85

1. La moyenne payée à chaque femme pendant l'exercice 1903 ne dépasse pas, en moyenne, 1 fr. 83 par présence.

mille francs. D'ailleurs, d'une façon générale, la plupart des œuvres d'assistance par le travail qui, il y a quelques années encore avaient tant de peine à écouler, même à des prix dérisoires, la lingerie confectionnée, sont maintenant organisées de telle sorte qu'elles n'ont plus à se plaindre de la pénurie des débouchés.

Si nous voulons dégager une vue d'ensemble de l'examen du fonctionnement des œuvres d'assistance par le travail à domicile, il nous semble qu'on est amené à constater que ce mode de secours n'est applicable qu'en présence de certaines circonstances, dans lesquelles la mère de famille ne peut et ne doit pas quitter son intérieur. Mais, dans tous les autres cas, il paraît préférable d'avoir recours à une autre méthode d'assistance qui permette de surveiller de plus près le travail de l'assisté, et de pourvoir aux qualités qui lui manquent, tant au point de vue de l'énergie qu'au point de vue de la capacité. Nous en trouverons une application très intéressante dans les œuvres que nous allons avoir à examiner dans les chapitres suivants.

CHAPITRE II

LES ŒUVRES D'ASSISTANCE PAR LE TRAVAIL A RÉGIME D'EXTERNAT

Le régime des œuvres d'assistance par le travail qui admettent le système de l'externat se rapproche beaucoup, en apparence, de la situation normale de l'ouvrier ; on y fait venir l'assisté dans un atelier où il doit travailler un certain nombre d'heures, et il retourne ensuite chez lui en emportant généralement son salaire. Pour apprécier les mérites ou les dangers que peut présenter cette assistance, il faut bien distinguer les cas qui peuvent se rencontrer.

Femmes. — Toutes celles qui ne sont pas mères de famille, et dont la présence n'est pas indispensable chez elles, peuvent être plus utilement occupées dans un atelier collectif qu'à leur foyer. D'une part, on peut mieux apprécier ainsi leur valeur respective afin de procurer ensuite à chacune d'elles l'emploi qui peut le mieux lui convenir. D'autre part, leur habileté en couture, est généralement très insuffisante, et a besoin d'être perfectionnée pour éviter les malfaçons, préjudiciables à l'œuvre, et pour leur procurer dans l'avenir un gagne-pain profitable.

Il peut sembler parfois préférable aux directeurs d'œuvres d'employer les femmes à un autre travail que celui de la couture. C'est ainsi qu'à Lyon, M. le professeur Berthélemy a fait confectionner des couronnes mortuaires en perles ; mais on ne pouvait laisser faire à domicile un travail de ce genre, qui nécessite une direction expérimentée, autrement la matière première eût été entièrement gâchée et le temps consacré au travail perdu. Mais, une fois le travail terminé, l'ouvrière rentre chez elle et elle s'y trouve à temps pour préparer aux membres de sa famille le repas du soir. Rien d'essentiel n'est ainsi dérangé dans l'économie domestique.

Hommes. — Le travail à domicile est assez rarement employé pour les hommes ; il n'a guère d'autre raison d'être que l'économie pour l'œuvre d'un local et d'une surveillance continuelle.

En principe, on peut dire que le travail à l'atelier est préférable pour les hommes au travail à domicile. La présence permanente de l'homme au foyer est loin d'être aussi utile que celle de la femme. Le travail qu'on pourrait lui procurer chez lui est d'ailleurs difficile à trouver et rarement rémunérateur. L'ouvrier a l'habitude d'aller à un atelier, à des heures régulières, et d'y être soumis à une surveillance et à une discipline ; il est bon de la lui conserver.

Ce système présente encore d'autres avantages profitables non seulement aux hommes, mais aussi aux femmes qui sont admises dans les ateliers. Il supprime, sinon la nécessité, du moins l'urgence de l'enquête, indispensable avant d'accorder un travail à faire à domicile. Pour confier des matériaux à un ouvrier qui les emporte chez lui, il faut avoir l'assurance qu'ils ne seront pas dérobés ; dans le travail de l'atelier ce risque n'existe pas, la surveillance générale suffit pour empêcher le détournement. L'utilité de l'enquête subsiste cependant ; mais on peut accorder de suite un secours au pauvre sans attendre la fin des investigations : le fait qu'il accepte un travail est déjà une présomption en sa faveur.

Tout le monde y gagne l'œuvre et le pauvre. Dans

l'atelier on peut juger des dispositions de l'assisté ; c'est une enquête préalable qui sert à contrôler les renseignements que l'on peut obtenir dans la suite. L'enquête, n'étant plus aussi urgente que dans le cas précédent, peut être menée avec plus de soins ; on peut obtenir des renseignements plus nombreux, plus précis, plus exacts. Cette tâche laborieuse, et parfois très délicate devient écrasante à certaines époques où les demandes de secours sont plus nombreuses ; elle risque d'être insuffisamment bien remplie si elle est faite en hâte avant d'admettre l'indigent au travail.

Si l'œuvre gagne par la façon dont l'enquête est faite, le pauvre, de son côté, profite de la rapidité avec laquelle il est secouru. Beaucoup de malheureux, surtout les plus intéressants, ne se résignent à avoir recours à l'assistance que lorsqu'ils sont à bout : il faut que la misère les ait fait déjà cruellement souffrir pour qu'ils se décident à tendre la main. N'est-il pas barbare d'être obligé de refuser un secours, de prolonger des souffrances à cause des délais nécessaires pour faire une enquête ? Dans des cas d'aussi atroce misère, il faut agir promptement, non seulement pour arrêter la cruelle souffrance physique, mais aussi pour prévenir les conséquences funestes du découragement.

Bien que le travail à l'atelier présente ces avantages incontestables, il ne faut pas pour cela en conclure qu'il soit le seul bon. Chaque système présente des avantages et des inconvénients, qui se balancent d'une façon toute différente suivant qu'il s'agit de tel ou tel cas particulier ; et si l'atelier peut, à certains égards, donner de bons résultats, il n'est pas sans présenter parfois bien de très réels dangers.

La population qui fréquente les œuvres d'assistance par le travail, bien qu'elle soit déjà le résultat d'un sélectionnement général, est loin d'avoir les qualités désirables. Grâce à des subterfuges connus par eux, certains mendiants professionnels parviennent à entrer dans ces ateliers, et à y rester fort longtemps sans rien faire. La science des œuvres charitables a fait des progrès, mais l'art de les voler en a fait aussi.

En dehors d'un certain milieu foncièrement perverti, il existe une foule d'individus dont la légèreté de conduite, la mollesse de caractère ont été les causes de leur déchéance. Ce sont des êtres faibles et leur misère, loin de les porter à réagir contre leurs penchants, les anémie au moral et au physique. Ils sont prêts à recevoir les plus mauvaises empreintes. Le milieu de la misère est hélas si abaissant, si démoralisant, que ces malheureux ne tardent pas, si on ne les préserve de ce voisinage dangereux, à imiter les exemples et à suivre les conseils des « praticiens ».

C'est le danger qui peut exister dans les ateliers d'assistance ; les pires pervertissent les meilleurs. Dans le travail à domicile, au contraire, aucune influence délétère ne peut s'exercer. Le foyer est encore dans ce cas-là, le gardien de la moralité.

Ce danger n'est pas inévitable, mais elles sont rares les œuvres qui ont su s'en préserver. Le rapporteur de la commission chargée de faire une enquête sur les colonies agricoles en Algérie en 1849, proclamait l'importance capitale du choix du directeur pour le succès de ces colonies. Nous en dirons autant pour les ateliers d'assistance par le travail actuels : tant vaut l'homme, tant vaut l'œuvre.

I. — *Société d'assistance des VIIIe et XVIIe arrondissements*

La plus ancienne des sociétés d'assistance par le travail à régime d'externat est celle des VIIIe et XVIIe arrondissements, fondée en 1891, sous la présidence de

M. Lalance. Elle a pris une extension considérable; en 1903, elle a procuré dans ses ateliers 45.000 demi-journées (1). La plus grande partie des assistés sont admis sur la présentation de bons délivrés par les sociétaires. Chaque bon donne droit à 3 heures de travail avec un salaire de 0 fr. 75 (2). La journée complète est de 6 heures et est payée 1 fr. 50. Quand un hospitalisé demeure dans la circonscription, il peut être autorisé à rester plus longtemps que les bons délivrés ne le lui permettraient. Cette faveur n'est accordée qu'après enquête. Les assistés font des margotins, des copies, des adresses, les femmes de la couture, des étiquettes pour bagages, des mises sous bandes ou enveloppes.

Ces différentes besognes ne sont pas très rémunératrices, car, malgré la médiocrité de ce salaire de 0 fr. 25 par heure, les dépenses sont très supérieures au produit du travail. La recette moyenne produite par une demi-journée de travail n'est que de 1 fr. 25, alors que la dépense atteint 2 fr. 42; la différence est comblée par les cotisations, les dons et des subventions importantes.

La bienfaisance est, dans cet établissement plus extensive qu'intensive; on multiplie le nombre des personnes secourues, plus qu'on ne cherche à concentrer les secours sur la même personne en vue de la sauver aussi complètement que possible.

Grâce à ce système, l'œuvre du XVIIe arrondissement parvint, dès le début de son fonctionnement, à faire une chasse très efficace à la mendicité professionnelle dans le quartier. Les mendiants craignant de recevoir un bon de travail à la place d'une aumône, et d'être en outre soumis à une enquête approfondie, se décidèrent à aller porter ailleurs leurs exploits.

1. Il n'y en avait que 23.800 en 1894.
2. Des soupes sont distribuées gratuitement chaque jour aux assistés et à leurs enfants.

II. — *Union d'assistance du XVIe arrondissement*

Une autre société du même genre existe dans un quartier voisin, sous le nom d'*Union d'assistance du XVIe arrondissement*. L'atelier, organisé dans un local spacieux, bien aéré, largement éclairé, a une physionomie propre et gaie. Cette qualité a une influence beaucoup plus grande qu'on ne pourrait le croire sur le caractère et le moral des gens qui y séjournent.

Les assistés sont occupés à la confection de margotins résinés. Les salaires sont payés à raison de 0 fr. 25 l'heure; cependant certains ouvriers travaillent à la tâche, les ligotteurs touchent 0 fr. 01 par ligot, et les fendeurs 0 fr. 25 par boîte de bois fendu (1). Il semble, en effet, très préférable toutes les fois que la chose est possible, de faire travailler les assistés à la tâche car l'effort qu'ils sont ainsi amenés à faire pour augmenter leur gain, contribue à réveiller en eux des habitudes d'énergie et de régularité que trop souvent le chômage leur avait fait perdre.

La durée moyenne du séjour des assistés à l'œuvre varie de 12 à 15 jours.

Pendant l'exercice 1903-1904, leur travail a produit 44.000 fr. et les dépenses de l'atelier ont atteint 62.000 francs. Chaque assisté a donc rapporté, en moyenne, 43 fr. 31, et a coûté 63 fr. 05 : il ne reste, en définitive, à la charge de l'œuvre que 19 fr. 74. C'est un des meilleurs résultats auxquels on ait pu arriver.

Cet œuvre est d'ailleurs une des plus importantes de Paris. Pendant le dernier exercice, la vente des objets fabriqués par ses assistés a produit plus de 148.000 fr.,

1. La boîte contient à peu près la quantité de bois nécessaire pour la confection de 25 ligots.

et les salaires qu'elle leur a donnés se sont montés à 49.000 fr.

Grâce à une allocation du Ministère de l'Intérieur, il a été possible d'organiser, à côté de l'atelier, une cantine qui fonctionne pendant la mauvaise saison. En dehors de la soupe que des dons spéciaux permettent de fournir gratuitement, les ouvriers peuvent s'y procurer des repas assez substantiels pour un prix très minime. Dans le cours d'une seule année il a été distribué 10.741 soupes. Il a été fourni, en outre, 7.727 portions de viande ou de légumes à 0 fr. 15 et 0 fr. 10, 6.557 rations de pain et 9.190 rations de vin à 0 fr. 10.

L'Union d'assistance du XVIe arrondissement ne s'est pas bornée à imiter, en les perfectionnant, les moyens employés par les œuvres d'assistance par le travail qui avaient été fondées avant elles ; elle a pris aussi une initiative d'un très grand intérêt pratique. Chaque année, depuis plusieurs exercices, elle convoque à son assemblée générale ordinaire, non seulement ses sociétaires, mais aussi un certain nombre de personnalités ayant spécialement étudié ou pratiqué différents modes d'assistance par le travail. A la suite de la lecture du rapport sur la marche de la société, on discute des questions d'intérêt général, on examine l'orientation à donner aux œuvres de même nature pour éviter telle difficulté déterminée, ou pour mieux atteindre le but qui leur est propre. C'est ainsi qu'à la séance du 4 mai 1902, on a étudié la question suivante :

« Etant admis que d'une façon générale, et sauf exception, les chefs d'industrie se refusent à embaucher des ouvriers âgés de plus de quarante-cinq ans, à quelle combinaison convient-il de recourir pour assurer l'existence d'un ouvrier valide et de sa famille, lorsqu'il a dépassé l'âge sus-indiqué ? »

A la suite de l'exposé de cette grave question on a été amené à examiner l'organisation de l'assistance par le travail agricole en Allemagne et en Hollande, ainsi que les institutions si intéressantes que l'Armée du Salut a fondées à Londres.

L'année suivante, M. Louis Rivière revint sur une question analogue, en expliquant de quelle façon on pouvait pratiquer l'assistance par le travail de la terre au moyen des colonies agricoles et des jardins ouvriers.

Ces réunions sont devenues de véritables petits congrès, où les idées se précisent, et où de bienfaisantes méthodes d'action s'élaborent. Il serait désirable que dans beaucoup de villes cet exemple soit suivi.

III. — *Œuvre des ouvroirs-ateliers*

Un groupe de dames charitables a fondé l'*œuvre des ouvroirs-ateliers pour les ouvrières sans travail* (1) qui s'adresse « surtout aux mères de familles sans travail ou chargées d'enfants trop jeunes, et qui ont leur foyer ». Aussi les mères peuvent-elles amener leurs enfants avec elles, pourvu qu'ils n'aient pas plus de deux ans. On travaille à la couture, à la confection de chemises de femmes ou de taies d'oreiller. Le travail est payé à raison de 0 fr. 20 par heure ; il dure 6 heures par jour. Le rendement assez minime de ce travail, car il ne procure pas à l'œuvre plus de 0 fr. 40 par personne et par jour (2), serait sensiblement plus élevé si l'œuvre n'avait pris l'heureuse initiative de faire travailler ses assistées pendant deux journées par semaine pour leurs

1. L'œuvre possède deux ateliers : 120 *bis*, rue Saint-Charles et 39, rue Doudeauville.

2. Pendant l'exercice 1903, les 378 ouvrières occupées ont reçu 10.673 fr. 20 de salaires, ce qui représente 53.366 heures de travail. Les objets vendus ont produit 3.491 fr. 65, sans défalquer le prix de la matière première, ce qui représente 0 fr. 40 par journée de 6 heures de travail. La situation de l'œuvre s'est améliorée puisqu'en 1899, le rendement n'atteignait pas 0 fr. 28.

travaux personnels. Une journée est consacrée à l'entretien et au raccommodage de leurs vêtements, et une autre journée à la confection d'effets (principalement de chemises et d'articles de layettes) qui leur sont ensuite distribués gratuitement.

Enfin, il faut tenir compte, que parfois l'œuvre des ouvroirs-ateliers fait travailler pour d'autres œuvres telles que des dispensaires et des crèches auxquelles on ne demande aucune rémunération. Dans ces conditions il n'est guère possible d'apprécier le rendement du travail effectué dans cette œuvre, mais il est juste de rendre hommage au zèle et au désintéressement des personnes qui la dirigent.

IV. — *Assistance par le travail de Marseille*

Parmi les œuvres de province, il faut citer en première ligne *l'Assistance par le travail de Marseille*. Elle a été fondée en 1891, sous la présidence de M. Eugène Rostand, l'économiste bien connu, dans des conditions particulières qui méritent d'être relatées.

« A la suite de l'hiver rigoureux de 1890-91, la caisse d'épargne de Marseille qui, par la grâce d'un décret présidentiel, jouit de la rare faveur (bien précieuse pour les pauvres marseillais) de disposer au profit des œuvres d'assistance d'une part de sa fortune personnelle, promit une subvention de 4.000 fr. à l'institution existante ou nouvelle qui organiserait dans le mois une œuvre d'assistance par le travail. Quelques semaines plus tard, M. Eugène Rostand, président de la caisse d'épargne, qui avait été l'inspirateur de cette décision, organisait une réunion publique dans laquelle il exposait — avec cette éloquence persuasive que tous ceux qui ont eu le plaisir de l'entendre lui reconnaissent — l'utilité de l'œuvre prônée et les moyens pratiques de la réaliser.

A l'unanimité les statuts furent approuvés et la société fondée » (1).

L'œuvre a pris, en quelques années, des proportions considérables, comme on pourra s'en convaincre d'après les résultats suivants :

ANNÉES	Nombre de bons travaillés	Nombre de présences
1891.	49.954	24.011
1893.	47.307	20.004
1895.	60.490	21.861
1900.	50.788	18.800
1902.	71.528	24.833
1903.	54.811	21.071

Les 21.071 présences de 1903 se rapportent à 1.416 personnes secourues. Les ressources de l'œuvre se sont montées, pendant le cours de cette année, à près de 80.000 francs (exactement 79.095 fr. 81). Les dons, subventions et remboursements de bons travaillés y sont compris pour 23.000 francs, et les produits du travail pour 40.000 francs environ.

Examinons maintenant le fonctionnement de cette œuvre importante. Comme dans beaucoup d'institutions du même genre, l'admission a lieu sur la présentation de bons délivrés par les sociétaires, et représentant chacun une heure de travail. En principe, le pauvre ne reste que deux jours ; mais pendant ce temps une enquête est faite et, si elle donne des résultats favorables, il peut rester quinze jours ; une prolongation est même facilement accordée à ceux qui méritent cette faveur. Pendant l'année 1903, la durée moyenne de séjour à l'œuvre a été de près de quinze jours.

Le travail est payé à raison de 0 fr. 25 l'heure, et ne

1. Vanlaer, Le chômage de l'ouvrier, *Correspondant*, 10 janvier 1903, p. 140.

doit durer que quatre heures par jour au maximum. Tout le reste du temps est destiné, en principe, à la recherche du travail. Pour que l'ouvrier ne puisse pas tromper les directeurs de l'œuvre à cet égard, on a établi un système de contrôle donnant le plus de garanties possibles. On délivre à chaque assisté une feuille qui doit être visée par tous les patrons chez lesquels il se présente, et sur laquelle ces patrons constatent qu'ils ne peuvent lui accorder de travail. Si on a la preuve qu'un ouvrier refuse de travailler il est immédiatement exclu.

Les principaux travaux exécutés à l'atelier sont les suivants : sciage de bois, confection de margotins, écritures pour les hommes, et travaux de couture pour les femmes. Le rendement du travail dans l'atelier le plus important, qui est celui de la fabrication des margotins, est établi chaque année d'une façon précise par l'œuvre elle-même. Pour chaque heure de travail, qui est payée 0 fr. 25, l'assisté a produit un travail d'une valeur réelle de 0 fr. 186, en 1903 (sans tenir compte des frais généraux); le rendement avait été le suivant pendant les exercices précédents :

1891. . .	0 fr. 098	1900. . .	0 fr. 227
1895. . .	0 140	1901. . .	0 230
1898. . .	0 214	1902. . .	0 172

Pour les travaux d'écriture, les salaires des assistés sont à peu près couverts par la valeur du travail fourni.

Cette œuvre a pour caractéristique d'être très extensive : elle cherche à porter secours au plus grand nombre possible d'individus, sans s'attarder outre mesure à avoir sur chacun une influence vraiment efficace et bienfaisante. Le salaire maximum de 1 franc par jour est peu élevé, mais aussi le nombre d'heures libres laissées à la disposition de l'ouvrier sans travail est-il peut-être plus important qu'il n'est nécessaire pour lui en faciliter la recherche. Il importe, en effet, de remarquer que la plupart des assistés ne peuvent même pas travailler les quatre heures consécutives au chantier. La moyenne des bons qu'ils ont présentés, c'est-à-dire des heures qu'ils ont travaillé a été de 2,70 en 1900, de 2,88 en 1902 et de 2,50 en 1903, c'est-à-dire que pendant ce dernier exercice le salaire moyen reçu par jour n'aurait été que de 0 fr. 60. Ce faible gain est insuffisant pour fournir à l'ouvrier le strict nécessaire, et il se trouve obligé de se procurer d'une manière ou d'une autre, par la mendicité peut-être, le supplément qui lui est indispensable. Le but cherché ne nous paraît donc pas atteint. Le chômeur se trouve encore exposé à tous les dangers auxquels on voulait le soustraire.

Il est vrai que la tâche de l'assistance par le travail est écrasante à Marseille, où fourmille une multitude de pauvres hères de toutes les races et de toutes les professions, déchet de toutes les sociétés. Mais une œuvre *privée* ne peut et ne doit pas, à notre avis, chercher à les atteindre tous; son but principal doit être de faire un bien réel à ceux qu'elle secourt.

Par contre, l'œuvre de Marseille est arrivée à d'excellents résultats au moyen de deux institutions annexes qu'elle a créées. C'est tout d'abord son office de renseignements qui fait des enquêtes sur tous les cas signalés à son attention (1). La mendicité professionnelle à domicile a, paraît-il, beaucoup diminué à Marseille depuis la fondation de cette branche de l'œuvre. Pourrait-on en dire autant de la mendicité dans la rue ? Il est peut-être plus difficile de l'affirmer, mais il y a là cependant un résultat appréciable.

L'œuvre s'est aussi occupée de plus en plus active-

1. Sur 255 enquêtes effectuées en 1903, il y en a eu :
138 bonnes.
40 douteuses.
16 mauvaises.
61 négatives, c'est-à-dire, sans résultat.

ment du placement et du rapatriement de ses assistés. En 1896, il n'y avait que 62 placements ; en 1900, il y en avait 225, et en 1903, 265. Pendant cette dernière année on a procédé en outre à 112 rapatriements.

A ces deux derniers points de vue l'œuvre de Marseille doit servir d'exemple aux institutions similaires.

V. — *Assistance par le travail de Bordeaux*

Il existe une œuvre similaire à Bordeaux, 29, rue Peyreblanque. — En 1902, elle a reçu 1.746 assistés qui ont consacré 9,276 journées de travail à la fabrication de ligots. Les ouvriers sont admis sur la présentation de bons de travail délivrés par les sociétaires. Ils reçoivent de l'œuvre un bon pour le repas du matin qui est pris à un fourneau économique du quartier. Le salaire est variable suivant le travail fourni. Le salaire moyen, par jour de travail, a été de :

1 fr.	275	en	1896
1	235	—	1897
1	01	—	1898
1	125	—	1899
1	12	—	1900
1	06	—	1901
0	95	—	1902

Cette baisse progressive du salaire moyen correspond à une augmentation du nombre des ouvriers admis à l'atelier, et à une diminution du nombre des journées de travail fournies par chaque assisté. N'est-ce pas là une nouvelle preuve qu'il est préférable de limiter le nombre des admissions pour faire un bien réel et efficace aux pauvres dont on s'occupe ?

VI. — *Assistance par le travail de Rouen*

L'assistance par le travail de Rouen fonctionne dans des conditions analogues. Elle a reçu, en 1903, près de 1.000 hommes qui ont travaillé 14.589 journées; les femmes ont travaillé 2.813 journées.

Cette œuvre a deux particularités qu'il est intéressant de relever : d'une part, le gain des assistés, établi d'après le travail accompli, ne peut en aucun cas dépasser 1 franc (il a été en moyenne de 0 fr. 72 pour les hommes et de 0 fr. 56 pour les femmes en 1903), et la durée du travail ne doit jamais excéder six heures ; les assistés quittent l'œuvre dès qu'ils ont exécuté le travail prescrit.

D'autre part, avec un sentiment de particularisme qui se manifeste de plus en plus en Normandie, les assistés domiciliés à Rouen ont droit à des secours beaucoup plus complets que ceux qui sont étrangers à cette ville. C'est une des seules œuvres de France qui ait posé une restriction de cette nature à sa générosité, et il faut espérer que cet exemple ne sera pas suivi, car la misère établit entre les hommes une égalité qui doit effacer les diversités d'origine sociale ou territoriale.

VII. — *Union d'assistance par le travail du VIe arrondissement*

Entre les œuvres qui n'abritent les ouvriers que le temps du travail (régime d'externat), et celles qui les gardent presque constamment sous leur toit (régime d'internat), se trouve une catégorie mixte.

Voici les particularités qui la caractérisent. Ce genre d'assistance par le travail met à la disposition de ses hôtes, à un prix très réduit, des bons de couchage, grâce auxquels ils peuvent se procurer pour la nuit un abri à bon marché, dans un local relativement propre et pas trop mal fréquenté. La liberté de l'individu reste donc entière, il peut prendre le bon ou ne pas le prendre, et, s'il l'accepte, il lui est loisible de n'en pas faire usage, ou même de le vendre, comme cela arrive quelquefois. La préservation physique et morale qu'on veut lui assurer est purement négative; elle consiste à lui donner la possibilité de ne pas aller dans les plus mauvais endroits. C'est un embryon d'action morale, mais si faible encore qu'il n'a qu'une bien médiocre influence. Il suffit cependant, à notre avis, pour mériter à ces œuvres une place spéciale à côté de celles qui se bornent à donner un travail et une rémunération au chômeur, sans s'occuper de ce qu'il pourra devenir le soir même.

Un des établissements les plus connus de cette catégorie est l'*Union d'assistance par le travail du VIe arrondissement*, fondée au marché Saint-Germain, et actuellement 75, Boulevard du Montparnasse, à Paris (1). Pour y être admis, il est nécessaire de se présenter muni d'une carte délivrée soit par un sociétaire, soit par diverses administrations ou associations charitables, telles que le petit Parquet, la Préfecture de police, la Préfecture de la Seine, le Bureau de bienfaisance, les Commissariats de police de l'arrondissement, l'hôpital de la Charité, etc. (2).

La durée de séjour est normalement de quinze jours, mais il arrive très fréquemment que cette durée est prolongée. La meilleure preuve est que ce maximum se trouve dépassé par la durée moyenne de séjour des hos-

1. Cette œuvre sortira peut-être bientôt de cette catégorie, car elle étudie actuellement le moyen d'assurer le coucher de ses assistés dans le local même de l'œuvre. Une pareille évolution serait fort intéressante.

2. Cette exigence est loin d'être absolue, car, pendant l'exercice 1903, sur 421 assistés, 118 ont été admis sans avoir présenté de bons.

pitalisés, qui a été de seize jours et demi en 1903. On ne maintient cette règle que pour permettre au directeur d'écarter plus facilement les sujets dont on ne peut rien tirer de bon.

Les assistés sont surtout occupés à la fabrication des margotins, mais ils travaillent aussi à la confection d'étiquettes, et, lorsque l'occasion s'en présente, on les envoie faire des corvées dans le quartier. La durée normale du travail est de dix heures; malgré cela le rendement ne dépasse pas 0 fr. 23 par jour (1), alors que chaque assisté coûte à l'œuvre, en moyenne, 2 fr. 47, non compris les achats de matière première. L'écart est vraiment bien considérable. Grâce au séjour relativement long des hospitalisés, on pourrait attendre un meilleur résultat.

Le travail n'est peut-être pas suffisamment organisé et surveillé. Que l'ouvrier travaille ou qu'il ne fasse rien, qu'il travaille bien ou mal, paraît-il, pourvu qu'il s'arrange de façon à ne pas être pris, ce sera tout un. Les hospitalisés s'encourageraient même à ne rien faire (2); c'est là un état d'esprit déplorable qui ne peut en aucune façon contribuer, comme cela serait nécessaire, à rendre le courage et à fortifier l'énergie.

Le meilleur moyen de réagir contre ces tendances fâcheuses serait de stimuler l'ouvrier en l'intéressant à la productivité de son travail. C'était d'ailleurs le conseil que donnait, dès 1895, un des collaborateurs les plus éminents de l'œuvre, M. Cheysson, et il est très regrettable qu'il n'ait pas été suivi. On ne cherche pas

1. Y compris la valeur de la matière première. Cette statistique a été établie d'après les données de l'exercice 1902, car, pendant l'année suivante, les assistés ont été fréquemment employés à la construction ou à l'aménagement des nouveaux locaux de l'œuvre, et les chiffres de cette année ont perdu par cela même leur signification normale.

2. Nous tenons ces renseignements d'anciens hospitalisés de l'œuvre, et les résultats financiers sont là pour corroborer leurs aveux.

suffisamment à faire participer l'assisté à l'œuvre de son relèvement (1).

« Il serait sans doute possible d'améliorer le rendement de ces ateliers spéciaux, disait-il, en y introduisant les méthodes de rémunération, les primes et sur-salaires, voire même la participation aux bénéfices, qui ont prouvé leur efficacité dans l'industrie. Aujourd'hui le salaire des assistés est, en général, indépendant de leur zèle et du résultat de leur travail (2). C'est là une détestable condition pour stimuler l'ouvrier. Il faut solidariser ses intérêts avec ceux de l'établissement qui l'occupe, et, pour cela, lui donner, sous une des formes déjà consacrées et le mieux adaptées à son genre de travail, une part de son surcroît de productivité. Ce serait le replacer dans les conditions du droit commun, assimiler son atelier de passage à ceux de l'industrie, et rendre à son activité son énergique tension dont il a besoin pour lutter contre les difficultés de la vie » (3).

La rémunération de l'ouvrier, si lourde qu'en soit déjà la charge pour l'œuvre, est pourtant bien modique : elle consiste uniquement dans l'hospitalisation (repas et couchage) (4).

Pour le coucher, l'œuvre a traité à forfait avec des logeurs du quartier, qui fournissent un lit aux assistés sur présentation de leur bon qui a une valeur de 0 fr. 40. On avait essayé d'opérer de la même façon pour la

1. Les recettes de l'œuvre ont été alimentées, en 1902, par des dons, cotisations et subventions diverses, jusqu'à concurrence de 17.377 fr., alors que les objets fabriqués ne produisaient que 1.581 francs.

2. A la maison hospitalière de la rue Fessart, les assistés peuvent toucher en argent l'excédent de leur gain au-dessus de 50 margotins par jour (Rapport de M. Louis Rivière au Congrès international d'Anvers 1894, p. 87).

3. Rapport de l'assemblée générale du 25 février 1895, sous la présidence de J. Simon.

4. Les frais résultant des soins de propreté sont également supportés par l'œuvre : blanchissage, coiffeur et bain une fois par semaine.

nourriture avec des restaurateurs du voisinage, mais par raison d'économie on a préféré s'entendre avec la Société Philantropique, qui ouvre ses établissements aux assistés de l'œuvre.

En dehors de l'hospitalisation, l'ouvrier ne reçoit pas d'autre rémunération. C'est un principe de l'œuvre du VIe arrondissement de ne fournir que des bons, afin de prévenir les tentations : « on a eu peur que, s'il touchait son salaire en argent, l'assisté n'en détournât une fraction pour des besoins moins essentiels, ou même pour des satisfactions malsaines au détriment de la qualité de ses repas et de son gîte » (1).

Cependant, celui qui a un domicile assuré et désire rentrer le soir chez lui, reçoit en argent (0 fr. 80) l'équivalent du repas du soir et du coucher (2). Avec une somme aussi minime, il n'est pas possible à un père de famille de nourrir sa femme et ses enfants, et pourtant il n'a obtenu ce maigre salaire qu'au prix de toute une journée de travail. Si le système de primes, recommandé par M. Cheysson, avait été appliqué, ce malheureux, à force de courage et d'ardeur, serait parvenu à gagner sensiblement davantage.

C'est donc à la catégorie des gens sans foyer que l'œuvre s'applique le plus utilement, quand il s'agit, notamment, de ces jeunes gens qui arrivent de province, avec tant d'illusions sur Paris, et sont tombés dans un milieu de vagabonds et de souteneurs qui cherchent à les pervertir et à les dévoyer. La suppression de l'argent de poche, en empêchant la fréquentation des brasseries de bas étage ou des logements de dernier ordre, peut avoir assurément de très utiles effets.

Un des plus grands mérites de l'Union du VIe arrondissement est d'avoir compris, la première, l'intérêt et la

1. Rapport de M. Cheysson, p. 17.
2. Le repas du matin n'est pas convertible en argent.

nécessité du placement et du rapatriement de ses assistés (1); c'est elle, encore aujourd'hui, qui pratique ce mode de secours de la façon la plus active et la plus efficace. Voici à cet égard les résultats obtenus depuis le 19 mai 1892, date de la fondation de l'œuvre.

Sur 6.124 assistés qui ont été reçus aux ateliers :

	2.171	ont été placés par l'Union ;
	2.146	ont été rapatriés en province ;
	99	ont été hospitalisés.
Total. . .	4.416	

L'œuvre a donc pu reclasser plus de 72 0/0 de pauvres dont elle s'est occupée (2).

Comme on le voit les rapatriements tiennent une place importance dans les préoccupations de l'Union. Et ce ne sont pas des départs *fictifs*, comme cela ne se produit que trop souvent : les billets de chemin de fer ou les bons de secours accordés dans un but de bienveillance et de préservation, sont, en effet, fréquemment vendus au rabais par ceux qui les ont obtenus. L'œuvre prend de grandes précautions pour que de pareils faits ne puissent se produire. Le directeur écrit aux parents de province pour savoir s'ils consentent à reprendre le jeune vagabond. Il fait les démarches nécessaires pour lui reconstituer son dossier de travail s'il en manque, et lui obtenir le duplicata des certificats égarés ; avant de l'embarquer, il cherche aussi à lui procurer une place dans la ville où il se rend. Enfin, quand toutes ces cor-

1. Rapport de M. Louis Feine, p. 20.

2. Si une pareille moyenne a pu être atteinte c'est que l'œuvre ne reçoit pas tous les ouvriers sans travail qui se présentent à elle, même quand ils sont munis de bons. Elle les sélectionne, et n'accepte que ceux qui lui paraissent les meilleurs. Au cours de l'année 1903, sur 1270 pauvres qui se sont présentés avec des bons, 303 seulement « ont été jugés dignes d'admission ou ont accepté les conditions de notre assistance » (Rapport de M. Louis Feine, Exercice 1903, p. 9).

respondances sont échangées et toutes ces mesures prises, il fait accompagner son protégé à la gare jusqu'au départ du train, pour éviter les défaillances fréquentes qui, au dernier moment, en dépit des meilleures promesses, pourraient l'empêcher de s'arracher aux attraits dangereux de la grande ville.

A ce point de vue, l'Union du VIe arrondissement peut servir de modèle ; car le but final de l'assistance par le travail est d'empêcher le déclassement, et de replacer au besoin ce « déraciné » dans son milieu primitif, ou, tout au moins, dans une sphère qui convienne à ses aptitudes et à son tempérament.

Voici quelques exemples de placements faits par l'œuvre, et qui sont des plus instructifs et des plus encourageants. Nous les extrayons d'une brochure que l'œuvre a fait paraître à l'occasion de l'Exposition internationale de 1900 (classe 112).

« J... (Isidore).

« Employé de commerce, 22 ans. Depuis six mois à Paris, sans emploi, venant de Roubaix, où il ne désire pas retourner.

« Se présente le 16 février 1893.

« Sérieux et plein de courage, J... est d'abord placé, à titre provisoire, chez M. H..., pharmacien, Faubourg Saint-Honoré, pour faire les courses.

« Rentré à l'Union le 22 mars, il est placé comme « pointau », dès le 3 avril, à la maison E... B..., fabricant de céruse, rue du Château-des-Rentiers.

« J... est toujours dans la même maison, mais il y a fait de rapides progrès ; il est devenu directeur de l'usine et y habite. Il est maintenant un adhérent de l'Œuvre et, autant qu'il le peut, il embauche les ouvriers sérieux que nous lui recommandons.

« Ch. D..., de Bar-sur-Aube.

« Venu du Midi en pleine détresse, 23 ans.

« Dès 21 ans, se fait remettre l'héritage venant de son père et s'empresse de le manger. Très mal avec sa mère, naturellement. Rien de saillant à lui reprocher et, en somme, n'a fait qu'une faute de jeunesse. — Bonne attitude, excellente allure.

« Nous informons la mère de l'épave reçue ; pas de réponse, puis mauvaise réponse, enfin quelques secours.

« D... est habillé et, revenant à des sentiments meilleurs, est prêt à se mettre au travail. Il est casé au *Petit Parisien* comme inspecteur des dépositaires de la banlieue. La mère continue ses subsides.

« Du *Petit Parisien*, D... passe au *Petit Journal* pour la grande banlieue, et, tout à fait rentré dans les bonnes grâces de sa mère, il se marie avec une demoiselle d'Elbeuf le 1er juillet 1899.

« T. (Georges).

« Parisien, 35 ans, comptable, puis coulissier en déconfiture.

« Se présente le 10 mars 1896. Garçon de valeur, actif, intelligent, est placé par nous au service de la maison Suberbie, qui a des comptoirs et des travaux à Madagascar.

« Part pour l'île le 22 avril 1896 et y reste jusqu'en 1899. Il écrit souvent pour remercier des services rendus.

« Rentré en France, il est actuellement attaché comme secrétaire à l'Exposition de cette colonie au Trocadéro.

« J. B..., 48 ans.

« Un drame dans la vie de cet homme.

« Quitte son intérieur pour d'Algérie venir en France, où il lasse tous ses camarades des Écoles d'arts et métiers.

« A un réel talent comme dessinateur industriel, mais, dévoyé, déprimé, ne trouve pas à se caser.

« Admis à l'Œuvre, il y reste près de deux mois, puis tombe malade et entre à l'hôpital.

« A sa sortie de l'hôpital, M. B .. revient à l'Union et, le 15 juin 1899, il entre comme dessinateur à la maison Michel et Cie, fabricants de compteurs à eau et d'électricité, 16, boulevard de Vaugirard.

« Pour débuter, 7 francs par journée de dix heures.

B. est toujours au service de la maison Michel et Cie, où il gagne maintenant 8 fr. 50 c. »

Ces quelques expériences suffisent pour montrer tout le bien que des œuvres d'assistance par le travail peuvent faire lorsqu'elles savent s'intéresser véritablement aux pauvres qu'elles reçoivent en les éclairant et en les soutenant dans la vie.

VIII. — *Œuvres diverses*

Nous devons signaler quelques autres sociétés fondées sur le même modèle. *La Société d'assistance par le travail du IIe arrondissement*, 5, place des Petits-Pères, créée par M. Blachette, admet, elle aussi, ses assistés sur la présentation de tickets délivrés par des sociétaires ; la rémunération consiste en bons de repas et de logement. Les hommes sont occupés soit à éclater des noix de corozo, soit à défoncer de vieux corsets. Pendant un certain temps on les a employés aussi à nettoyer des fusils scolaires. Ce travail aurait, paraît-il, rapporté jusqu'à 3 francs par jour. Il est inutile de dire que ce n'est pas là une moyenne, car, pendant l'exercice 1902-1903, le nombre des assistés admis aux ateliers s'est élevé à 1156 et la vente des produits du travail dépasse à peine 1.800 francs. Pour être exact, il convient d'ajouter que beaucoup d'assistés sont employés à des corvées au dehors. Mais le résultat n'en est pas pour cela très sensiblement changé ; bien que payé par les clients à raison de 0 fr. 45 l'heure, ce travail n'a pas rapporté 700 fr.

Enfin, en ce qui concerne le placement, la société du IIe arrondissement, comme la plupart des œuvres semblables, a généralement beaucoup de peine à reclasser les individus qu'elle secourt. Sur 929 assistés, elle en a placé 172 pendant l'exercice 1901-1902 (1).

1. Pendant l'exercice suivant, sans qu'aucune modification notable ait été apportée à l'organisation de l'œuvre, le chiffre a subitement

Il existe à *Lyon* une œuvre du même genre. Les assistés sont recrutés parmi les pensionnaires de l'asile de nuit dont ils reçoivent l'hospitalisation comme salaire. Ils doivent fabriquer un minimum de 50 margotins par jour ; mais quand ils ont dépassé ce nombre ils reçoivent, pour le surplus, un salaire en argent. Pendant l'année 1902, 1.381 pensionnaires de l'asile de nuit ont travaillé dans les ateliers, fournissant 14.563 journées. Les indemnités supplémentaires, accordées à ceux qui ont dépassé le minimum de 50 margotins, ont été de 795 francs. Depuis ces dernières années il a été créé un atelier d'externes pour les ouvriers lyonnais ayant un domicile dans cette ville. Ils ne sont ni logés, ni nourris ; ils reçoivent une rémunération proportionnée à leur travail, payables moitié en bons de nourriture destinés à leur famille, jusqu'à la concurrence de 1 franc, et le surplus en argent.

En 1902, 72 ouvriers ont été admis dans ce nouvel atelier ; ils ont travaillé 1.250 journées pour lesquelles il leur a été payé 1.168 fr. 30 en jetons ou bons de nourriture, et 535 fr. en argent.

Le Président de la société remarque que « la moyenne des primes en argent est beaucoup plus forte pour les externes, qui sont des ouvriers plus habiles et fournissent une plus grande somme de travail, elle peut être évaluée de 0 fr. 75 à 0 fr. 80 par jour, tandis que pour les internes elle n'est que de 0 fr. 40 » (1).

Il est donc nécessaire de chercher les meilleurs moyens de donner aux assistés ces qualités d'énergie et

décuplé ; il dépasserait même de moitié, au dire du secrétaire de l'œuvre, le nombre des assistés. (1.156 assistés et 1.687 personnes placées).

1. Discours de M. Gilardin, président de l'Œuvre à l'assemblée générale du 4 avril 1903, p. 16.

d'activité qui sont indispensables au travailleur pour pouvoir vivre d'une façon normale, et s'enraciner dans le milieu qui lui convient (1). C'est à cette tâche que se sont surtout appliquées les œuvres d'assistance à régime d'internat, dont il nous reste maintenant à retracer l'action bienfaisante.

1. Nous ne pouvons entreprendre de parler ici des œuvres qui s'adressent aux demi-valides. Quelques-unes d'entre elles sont pourtant fort intéressantes. La ville de Paris a fondé pour les infirmes, les estropiés et mutilés des maisons de travail dont l'initiative revient à M. Marsoulan. Il en existe une à Montreuil et une autre rue Planchat. Un troisième atelier doit être ouvert dans le quartier Saint-Fargeau et du Père-Lachaise. On procure du travail à 250 infirmes; ce nombre pourra être porté à 320 lorsque le troisième atelier fonctionnera. Les assistés sont occupés à faire des paillassons, des abat-jour, des articles de Paris et de la reliure. Ils gagnent 1 fr. 25 par jour. Une cantine est annexée à l'œuvre, elle leur fournit des aliments à des prix très réduits. Il est question de construire pour eux un vaste immeuble dans lequel ils pourraient trouver des loyers à des conditions abordables pour leurs modiques ressources.

L'association Valentin Haüy (31 avenue de Breteuil, Paris) a créé un certain nombre d'ateliers pour les aveugles. Les uns sont occupés (62, rue Saint-Sauveur) à la confection de sacs et de cornets en papier. En 1903, on a ainsi traité 143.000 kilogrammes de vieux papier. Les aveugles qui sont employés à cet atelier sont ceux dont l'âge ou l'intelligence ne permettent pas d'espérer qu'on pourra leur enseigner un métier plus lucratif. Les autres sont dirigés vers les ateliers de brosserie (88, rue Denfert-Rochereau). L'œuvre donne également du travail à domicile pour les mères de famille aveugles : elles font du crochet, du tricot ou de la couture simple.

CHAPITRE III

LES ŒUVRES D'ASSISTANCE PAR LE TRAVAIL A RÉGIME D'INTERNAT

Les œuvres d'assistance par le travail à régime d'internat donnent au pauvre l'hospitalité complète de la nourriture et du logement. Cependant, toutes ne pratiquent pas ce système de la même façon, et des distinctions s'imposent. Des différences profondes existent en effet entre les *œuvres privées*, et les *établissements publics*. Si elles ne sont pas toujours très visibles de prime abord, elles n'en sont pas moins réelles ; elles sont surtout intérieures, tendancieuses, et leur importance peut être mesurée par la diversité des résultats obtenus.

Parmi les *œuvres privées*, deux établissements se distinguent d'abord par leur ancienneté, par leur réputation universelle, ce sont la Maison hospitalière du pasteur Robin et l'Hospitalité du travail de la sœur Saint-Antoine.

I. — *Maison hospitalière du Pasteur Robin*

La *Maison hospitalière pour les ouvriers sans asile et sans travail* est située, 36 rue Fessart, sur les hauteurs de Belleville, en plein quatier ouvrier, vrai centre de misère. Les locaux et leurs dépendances assez vastes, sont attenants à la maison d'habitation du pasteur

Robin, l'infatigable et vénérable protagoniste de l'assistance par le travail.

Pour être admis, il suffit qu'un homme valide présente une carte d'entrée délivrée par un bienfaiteur de l'œuvre. Ces cartes sont mises gratuitement à la disposition de tous ceux qui en font la demande ; elles sont payées à raison de 1 fr. 50, quand elles ont été utilisées. Une fois entré, l'ouvrier doit travailler toute l'après-midi, la matinée lui étant laissée pour chercher du travail. La durée du travail importe peu d'ailleurs, pourvu que l'assisté ait fourni un minimum de tâche correspondant au coût de sa nourriture. Tout lui est payé en nature : nourriture, couchage, achat de vêtements ou de linge, blanchissage. Pour les pères de famille seulement, le salaire, qui se monte à 1 fr. ou 2 fr. par jour, est payé en argent.

La plupart des assistés sont occupés à la confection de margotins (1), quelques autres sont parfois employés

1. C'est le pasteur Robin qui semble avoir été l'initiateur de la fabrication des margotins dans les ateliers d'assistance. Voici comment il explique lui-même la façon dont cette idée lui est venue :

« Je m'étais souvent demandé comment on pourrait trouver du travail pour les hommes qui n'en ont pas, un travail facile naturellement que tous pourraient faire. Je cherchais bien des combinaisons ; lorsqu'un jour la solution se présenta toute seule à mon esprit. Ou plutôt, j'en suis convaincu, c'était Dieu qui me la suggérait, comme une réponse à mes prières : En passant devant un chantier de bois de démolition, l'idée me vint qu'en faisant débiter ce bois par mes hommes, j'aurais là un travail et un gain assurés qui me permettraient de les occuper et de les nourrir. Le bois et les outils furent achetés, je mis mes ouvriers à l'œuvre, et notre industrie de margotins, bien modeste assurément, nous a permis de pourvoir de travail et de nourrir, savez-vous combien d'hommes ? 15.767 — qui ont fourni 160.681 journées de travail — ont fabriqué 2.363.085 margotins, — dont le travail a produit 182.870 fr. 25 et dont la nourriture s'est élevée à 0 fr. 70 par jour, soit en moyenne 255 fr. 50 par an ; soit, au total, pour les dix-huit années où le travail a été organisé dans la maison une somme de 102.430 fr. dont la différence a servi à les coucher et à leur constituer un pécule. Celui-ci n'a pas été moindre de 17.648 fr., et leur a permis de s'acheter des vêtements, des outils et

au dehors pour faire des courses, des déménagements, des corvées diverses. La durée moyenne de leur séjour varie de 10 à 15 jours.

Les résultats financiers sont particulièrement favorables.

La vente des margotins qui s'élève par an à 15 ou 16.000 fr. en moyenne, laisse une marge de bénéfices bruts de 6.000 à 9.000 fr. qui permet de couvrir la presque intégralité des frais de nourriture. C'est ainsi que pendant l'exercice 1900-1901, la vente des margotins a produit 16.575,50

L'achat des bois, ficelle et résine s'est élevé à 7.416.50

Le bénéfice ressort donc à . . . . . 9.159 fr.

Pendant cette même année les frais de nourriture se sont montés à 9.746 fr. 10 ; les charges qui, de ce chef, incombaient à l'œuvre étaient donc presque négligeables. Les exercices subséquents n'ont pas été, il est vrai aussi brillants, ils n'en restent pas moins encore relativement très satisfaisants.

Voici d'ailleurs ce que l'ouvrier rapporte par jour, en moyenne à l'œuvre depuis plusieurs années, et ce qu'il lui coûte (non compris les frais généraux).

Années	Produit du travail par journée d'hospitalisé	Dépense par journée d'hospitalisé
1894	0,63	0,742
1895	0,80	0,859
1896	0,71	0,887
1897	0,82	0,904
1898-1899	0,679	0,988
1899-1900	0,83	1,07
1900-1901	0,83	1,13
1901-1902	0,85	1,09
1902-1903	0,69	1,12

de pourvoir à leurs premiers besoins lorsqu'ils ont eu trouvé une nouvelle occupation ».

Cet exemple suffit à prouver à quels résultats les œuvres pourraient arriver en prenant les moyens nécessaires; il montre aussi le chemin considérable que beaucoup d'entre elles, même parmi les bonnes, ont à parcourir pour arriver au but. Elles doivent tendre à introduire chez elles ce qui se pratique avec tant de succès chez le pasteur Robin et qui peut se résumer dans ces deux principes : salaire à la tâche, fermeté dans la discipline. L'asile de la rue Fessart n'encourage pas l'oisiveté ; les paresseux n'y ont que faire et la réputation de la maison suffit à les en éloigner, car ils savent que si les hospitalisés sont bien traités, ils sont obligés de donner un effort régulier et soutenu. On pourrait dire des œuvres d'assistance par le travail qu'elles ont la clientèle qu'elles méritent, chacune a sa réputation propre, sa clientèle particulière.

Depuis l'origine de la Société le coût de l'hospitalisation de chaque assisté a été en progressant presque constamment : en 1894, la dépense moyenne par journée n'était que de 0 fr. 74 tandis que, depuis 1900, les moyennes ont oscillé entre 1 fr. 07 et 1 fr. 13 ; mais il importe de remarquer que, d'une façon générale, le rendement du travail de l'ouvrier est sensiblement plus élevé qu'il ne l'était au début de l'œuvre, et il est naturel que le sort des assistés ait été en conséquence amélioré. En outre les assistés achètent avec leur pécule plus de linge et de vêtements qu'ils ne le faisaient autrefois, ce qui augmente d'autant le total des dépenses, tout en étant un symptôme excellent de la mentalité des hôtes du pasteur Robin. D'ailleurs ce qu'il faut retenir avant tout, c'est que même dans une période relativement défavorable comme l'a été l'exercice 1902-1903, la Maison hospitalière est parvenue à secourir intégralement des miséreux en ne demandant pour eux à la charité publique que 0 fr. 42 par homme et par jour (1).

1. Pendant l'exercice 1899-1900, l'écart n'a été que de 0 fr. 24.

Les rapports de la Maison hospitalière sont malheureusement muets en ce qui concerne le placement des assistés (1) on ne parle pas non plus des rapatriements. Il serait pourtant intéressant de savoir ce que deviennent les 8 ou 900 hommes qui y passent annuellement et donnent tant de preuves d'activité et de bon vouloir.

Le pasteur Robin s'occupe cependant beaucoup de ses anciens assistés. Il leur laisse, une fois placés, la faculté de profiter de l'hospitalité de la maison jusqu'à leur première paye, avec laquelle ils remboursent le prix de leur logement et de leur nourriture. Il arrive souvent, en effet, que des ouvriers sont obligés de renoncer à un embauchage faute d'avoir, par avance, les moyens de se nourrir pendant cette première semaine. Voilà un remède excellent, une assistance des plus utiles et des mieux placées.

M. Robin pousse encore plus loin sa sollicitude pour ses anciens assistés. Il leur permet quelquefois de prolonger leur séjour rue Fessart jusqu'à ce qu'ils aient pu mettre de côté l'argent nécessaire pour payer le premier terme d'un loyer (2). Dans ces conditions, l'ouvrier est véritablement tiré d'affaire. Il n'est plus un isolé, un abandonné, un paria ; on le patronne, on le conseille, on le suit, on le réconforte, on lui rend possible la vie de travail et d'honnêteté. Le véritable but de l'assistance serait ainsi atteint.

II. — *L'Hospitalité du travail pour les femmes*

L'œuvre de l'*Hospitalité du travail* de la sœur Saint-Antoine n'est pas moins intéressante que celle du pasteur

1. Nous déplorons que certaines œuvres privées ne publient pas sur cette question si importante du placement, des indications plus complètes, qui empêcheraient les sceptiques de douter de l'efficacité véritable de leur action.

2. Vanlaer, Le chômage de l'ouvrier, *Correspondant*, 25 novembre 1892.

Robin. On devrait plus exactement dire « les œuvres », car trois organisations importantes et distinctes fonctionnent dans un même groupe : l'Hospitalité du travail et l'Œuvre du travail à domicile pour les femmes (1), la Maison de travail pour les hommes. La première de ces trois institutions est de beaucoup la plus ancienne et la plus intéressante. C'est par elle que nous allons commencer.

Maxime Du Camp, parlant, dans son livre de la *Charité privée à Paris*, des œuvres d'assistance pour les femmes, les compare très justement « à ces huttes de refuge construites dans les Alpes en marge des routes encombrées de neige, où le voyageur harrassé peut s'abriter pendant la tourmente, dormir sans redouter l'avalanche et reprendre vigueur avant de tenter de nouveau les hasards du chemin qui va parfois vers le but entrevu et souvent à l'abîme » (2).

C'est bien là en effet, dans le domaine matériel aussi bien que moral, la destination de ces œuvres de bienfaisance. La misère est particulièrement cruelle pour la femme et l'expose à de nombreuses tentations. Si elle y succombe, sa vie entière est vouée à une déchéance presque irrémédiable ; car non seulement l'énergie et la volonté lui font souvent défaut, mais les conditions matérielles d'existence dans laquelle sa faute même passagère l'a placée, sont un sérieux obstacle à son reclassement, à ce qu'on pourrait appeler son rapatriement moral. Aussi comme le disait encore très justement, Maxime Du Camp, « la charité ne connaît aucun des obstacles, aucun des périls, qui encombrent la route où les femmes sont obligées de marcher ; aussi c'est vers elles qu'elle regarde avec prédilection, s'ingéniant à les

1. Pour cette branche de l'Œuvre, voir *suprà* p. 244.
2. Maxime du Camp, *La Charité à Paris*, Paris, 1896, in-8°, p. 316.

sauver de la misère, parce qu'elle sait que la misère mieux encore que l'oisiveté est la mère de tous les vices. La charité redouble d'efforts pour les arracher à la faim, au froid, au dénûment, mais surtout pour les arracher à la dépravation, car à travers les prodiges qui lui sont familiers elle poursuit un idéal de pureté morale auquel il est bien difficile d'élever les épaves humaines qu'elle amasse et qu'elle cherche à nettoyer de leurs péchés » (1).

Cet idéal est le but élevé que poursuit l'Hospitalité du travail et elle le réalise aussi largement que possible. Les débuts de cette œuvre furent pourtant bien modestes. En 1880, on n'offrait aux pauvres malheureuses qui se présentaient qu'un lit pour la nuit. C'était beaucoup si on songe qu'on leur procurait ainsi un repos véritable, un abri sûr contre les intempéries et les tentations de la rue. C'était bien peu, par ailleurs, quand le matin on se voyait forcé de les renvoyer affamées et sans espoir ; elles ne pouvaient même pas avoir la consolante pensée de retrouver le soir cet abri privilégié, car le nombre de places étant tout à fait insuffisant pour la quantité de malheureuses qui sollicitaient leur admission, on devait n'accorder à chacune d'elles qu'une nuit seulement d'hospitalisation. Et cependant plus d'une de ces religieuses hospitalières se privait souvent, et en hiver surtout, de l'humble place qui lui était ménagée dans la soupente, pour la donner à une pauvre abandonnée qu'elle n'avait pas le courage de renvoyer. On avait beau multiplier les couchures au point de vue qu'il n'y eût plus un recoin disponible, au point que, suivant un mot frappant, la maison « en devenait inhospitalière et qu'elle manquait à son nom », il restait encore des malheureuses dehors sous le givre ou la pluie, et celles qui

1. *Ibid.*, p. 320.

étaient à l'intérieur étaient insuffisamment secourues, au grand désespoir des pauvres religieuses.

Bientôt, grâce à leur zèle, grâce à la générosité de quelques personnes charitables, la maison hospitalière put se transformer et étendre ses bienfaits. Il se trouvait à vendre, en ce moment, un local parfaitement disposé pour recevoir la nouvelle institution. Il était situé à l'angle de la rue Félicien David et de l'avenue de Versailles. L'acquisition de cet immeuble et sa consécration à l'œuvre d'hospitalisation était compliquée de nombreuses difficultés provoquées par la menace qui planait, déjà à cette époque, sur les congrégations et sur les œuvres charitables. On chercha à les éviter et voici à quel moyen on eut recours. On créa une société anonyme immobilière ; les actions, émises à 500 fr. en nombre suffisant pour effectuer l'achat en question, furent prises immédiatement par de généreux donateurs, et ce fut sous la forme d'une entreprise de spéculation que les fondateurs créèrent leur œuvre de bienfaisance. Grâce à cette combinaison, l'œuvre eut la possibilité de prendre une extension considérable, sans être jamais inquiétée.

Contrairement à ce qui se fait dans presque toutes les œuvres d'assistance, l'Hospitalité du travail reçoit des assistés sans bons, ni lettres de recommandation, quoique ces dernières soient en fait souvent employées. Dès qu'une place est libre, on reçoit la première personne qui se présente. La réputation de la maison sert à sélectionner utilement les postulantes. Les femmes paresseuses ou débauchées savent comment on doit se conduire à l'Hospitalité du travail, et si elles ne sont pas décidées à se soumettre à la règle qu'elles savent inflexible, elles ne se présentent pas. Cette règle, qui n'est d'ailleurs guère sévère, est facilement observée par celles qui n'ont pas perdu l'habitude du travail et de la vie régulière : elle semble plus dure à celles qui se sont relâchées dans le désœuvrement et le désordre ; mais grâce à l'excellent esprit de la maison, elles sont bientôt entraînées par les bons exemples de leurs voisines, et elles ne cherchent pas à se soustraire à cette salutaire influence.

Un ou deux grands principes sont placés à la base du système d'assistance, et tout concourt à l'efficacité de leur action. On peut les résumer de la façon suivante : la femme doit avoir pleinement conscience de sa dignité, elle doit apprendre à se respecter elle-même et à respecter les autres ; elle doit avoir aussi conscience de l'utilité et de la dignité du travail. La situation avilissante où conduit la misère, entraîne souvent avec elle la mauvaise tenue, le relâchement, la perte de l'amour-propre et de la dignité personnelle. Quand cette notion de la dignité disparaît, le pauvre ne tarde pas à abandonner toute lutte et à se dégrader. C'est ce qu'on a parfaitement compris à l'œuvre de l'avenue de Versailles et dans les petites choses comme dans les grandes, par l'organisation matérielle, comme par la direction morale, on travaille activement au relèvement des malheureuses qui reçoivent l'hospitalisation. Pour y parvenir aucune mesure, si insignifiante qu'elle puisse paraître au premier abord, n'est omise.

Lorsqu'on a visité beaucoup d'œuvres d'assistance, comme nous avons été amenés à le faire, on peut apprécier l'importance de ces détails matériels et leur sérieuse efficacité au point de vue moral. Toute personne est sensible aux influences extérieures : l'humeur varie suivant qu'on se trouve dans une pièce gaie, illuminée par les rayons du soleil, ou qu'on est enfermé dans une chambre sombre et mal tenue. Si ces éléments de salubrité purement physique, comme la lumière, l'air, la propreté agissent sur des personnes vivant dans des conditions normales et par conséquent dans un état d'esprit bien équilibré, leur influence est encore plus profonde sur des individus anémiés et déprimés par la misère. Plus un être est faible, plus il subit l'influence des agents extérieurs ; ici, ce sont de pauvres créatures doublement faibles puisqu'elles sont misérables et qu'elles sont femmes.

La sœur Saint-Antoine a donc tenu à mettre ses protégées dans les meilleures conditions sous ce rapport. Les dortoirs sont non seulement d'une propreté méticuleuse, mais encore d'un aspect qui réconforte et qui réjouit dès la première vue. Les ateliers également ne laissent rien à désirer au point de vue de la tenue et de la clarté.

Pour constater sur les hospitalisées l'influence de cette vie saine et ordonnée, il suffit de parcourir les ateliers de l'œuvre, et si on compare les assistées qui s'y trouvent à celles que l'on voit dans la plupart des maisons similaires, on est immédiatement frappé de leur physionomie, et de leur allure particulière. Le regard a je ne sais quoi de plus franc, de plus assuré, on se tient plus droit, on marche plus vite, les mouvements sont empreints de vigueur et d'aisance. Ce sont des détails, mais ils sont d'autant plus symptomatiques qu'on ne les retrouve dans aucune des œuvres où ce système d'action morale n'est pas observé.

L'emploi du temps pendant la journée est strictement réglé à l'avance. Après le lever, les femmes font leur lit et leur toilette : on veille attentivement à ce que ce soit fait avec beaucoup de soin (1). Elles descendent ensuite dans les ateliers où elles travaillent 10 heures, y compris le temps des repas. Elles sont occupées à blanchir, à confectionner du linge, ou à quelqu'*autre travail pouvant servir à leur placement ultérieur*. Par cette sage

1. Cependant l'œuvre ne possède pas de bains-douches.

mesure non seulement l'ouvrière ne se perd pas la main pendant son hospitalisation, mais elle se perfectionne; elle trouvera plus facilement à être employée et sera moins exposée en sortant de la maison à retomber dans la misère d'où on l'a tirée. Il serait désirable que ces principes soient plus généralement appliqués dans les ateliers d'assistance.

Le travail n'est pas fait à la tâche, mais on exige qu'il soit bien exécuté, et qu'il n'y ait pas de temps perdu. Les divers ateliers sont placés sous la surveillance de femmes connaissant le métier; elles forment les débutantes, et travaillent toujours elles-mêmes avec les ouvrières qu'elles dirigent pour leur donner l'exemple.

Le produit du travail d'une assistée est de 1 franc par jour, chiffre que nous ne retrouvons nulle part ailleurs. Le salaire est de 1 fr. 50 payé en argent. Le logement et le blanchissage sont fournis gratuitement. Avec ce salaire de 1 fr. 50, l'ouvrière doit payer ses repas. La nourriture est préparée à l'établissement et est offerte à des prix extrêmement minimes. Chaque hospitalisée compose elle-même son menu d'après la carte, comme bon lui semble, en proportion de ses ressources.

Depuis la fondation en 1880 jusqu'au 1er mai 1903, l'Hospitalité du travail a reçu 70.240 femmes. En 1902-1903, 3.629 femmes ont travaillé 50.806 journées et ont touché 76.219 francs de salaire. Le séjour d'hospitalisation est, au maximum, de 40 jours.

Toutes les semaines, on laisse aux femmes une demi-journée pour chercher du travail. De son côté la sœur Saint-Antoine s'occupe activement de leur en procurer. A leur sortie il y a 78 femmes sur 100 qui sont placées (1). Ces résultats sont tout à fait satisfaisants. Les

1. N'ayant pu nous procurer, malgré nos démarches reitérées, tous les renseignements que nous aurions voulu sur cette œuvre, quelques-uns des chiffres que nous publions remontent à une date un peu

difficultés sont en effet beaucoup plus grandes pour le placement des femmes que pour celui des hommes. Comment peut-on parvenir à conserver de pareils avantages?

L'unique cause de ce succès consiste dans la perspicacité et la loyauté de la sœur Saint-Antoine. Grâce à sa clairvoyance, à une connaissance approfondie des misères qui amènent à elle chaque jour tant d'infortunées, elle porte sur la nouvelle venue un jugement rapide. Si le cas lui paraît douteux, dans la crainte de mettre une brebis galeuse dans son troupeau, elle n'admet la postulante que dans des conditions spéciales. Elle la fait coucher dans des maisons du voisinage dont elle connaît la bonne tenue, et elle la laisse seulement travailler avec les autres pendant la journée. Peu de temps lui suffit pour être fixée sur la valeur de la personne suspecte, et alors elle la reçoit définitivement ou elle la congédie. Ce cas est assez rare. Le plus souvent la sœur Saint-Antoine, a bientôt discerné, après quelques discrètes questions, à qui elle a affaire. Elle parvient ainsi à garder son troupeau intact. Non pas qu'elle base son appréciation sur les nombreuses misères morales plus ou moins graves du passé; elle considère uniquement les dispositions présentes et les garanties qu'elles peuvent offrir pour l'avenir. Elle compte sur l'influence du milieu pour la régénération, et, en effet, le milieu agit merveilleusement pourvu que certaines dispositions personnelles et irréductibles n'y mettent pas un obstacle absolu.

Si la supérieure a su discerner dès le moment de l'admission ce qu'on pouvait espérer de la femme qui se présentait à elle, à plus forte raison doit-elle être complètement fixée sur son compte, quand elle l'a gardée

ancienne, et nous ne pouvons en garantir l'absolue exactitude à l'heure actuelle.

en observation sous ses yeux pendant plusieurs semaines : cela facilite pour elle le placement de l'assistée et lui permet de donner sur chacune les renseignements les plus éclairés. La sœur Saint-Antoine les donne en effet avec une entière franchise, disant exactement ce qu'elle pense, le mal comme le bien; mais elle n'exprime son opinion que sur le caractère ou la capacité de la personne, car elle garde la plus entière discrétion sur tous les antécédents qu'elle connaît. Son appréciation est généralement si juste, elle la donne si loyalement, elle inspire une confiance si absolue, que beaucoup de maîtresses de maison viennent demander des domestiques à l'Hospitalité du travail plutôt que d'avoir recours aux bureaux de placement.

Cette sincérité scrupuleuse a permis de maintenir la moyenne des placements à un niveau relativement élevé. Ce fait est exceptionnel, car beaucoup d'autres œuvres, grâce à la sympathie du public, étaient parvenues dans leurs débuts à assurer quelques placements à leurs assistées, mais le nombre de ces placements se maintient difficilement. Une trop grande indulgence dans les renseignements amenait fatalement des déceptions, éloignait la confiance et nuisait plus aux assistées qu'elle ne leur était favorable. Chez la sœur Saint-Antoine au contraire les placements se font toujours aussi facilement parce qu'ils se font toujours avec la même sincérité.

La loyauté et l'exactitude des renseignements fournis n'empêchent pas cependant la discrétion qu'impose la situation de beaucoup de ces pauvres déclassées. A cet égard la supérieure a pris des mesures d'une parfaite délicatesse. Afin que personne ne puisse être scandalisé ou froissé, pendant l'hospitalisation ou après la sortie, « quel que soit l'âge, quel que soit l'état civil d'une femme, dès qu'elle est admise dans la maison on ne l'appelle plus que « madame », et jamais on ne prononce son nom de famille. C'est madame Louise, ou madame

Antoinette, eût-elle seize ans, fût-elle grand'mère. En outre, on a remarqué que les filles-mères ont une propension invincible à parler de leur enfant, à en raconter les gentillesses, ou à se plaindre des sacrifices qu'il impose. Par une délicatesse féminine que je trouve exquise, la supérieure remet à ces malheureuses une bague de cuivre qui simule l'alliance, cet emblème visible du mariage que la femme du peuple ne quitte jamais, et qui, pour elle, constate son droit au respect. Supercherie ingénieuse qui n'a rien de frivole, car elle arrête les suppositions injurieuses et les propos désobligeants... L'honneur est sauf et le cœur maternel pourra s'épancher sans péril » (1).

La suppression du nom de famille a encore une utilité précieuse pour plusieurs des hospitalisées, plus à plaindre encore que les autres. En effet dans cet asile viennent souvent se cacher de pauvres femmes, épaves vivantes d'une société bien différente de celle dont elles sont réduites à subir la promiscuité : c'est une descendante d'une vieille famille de France, une autre a joui dans son enfance de tout le luxe d'une grosse fortune que le chef de famille, banquier ou industriel bien connu, a vu disparaître dans une crise ; une autre porte un nom illustre dans l'armée, dans les lettres, dans les arts. Toutes ces pauvres victimes de l'inconstance du sort et des vanités du monde viennent, souvent, hélas ! après combien de tempêtes, chercher un refuge à l'avenue de Versailles ; elles y trouvent un asile honnête et calme, et où elles peuvent abriter leur misère sous le voile discret de l'anonyme.

Au moment de la sortie de l'Hospitalité du travail de délicates précautions sont prises pour éviter à la femme qui reprend sa liberté de nouvelles défaillances, qui la ramèneraient à la terrible situation d'où on l'a

1. Maxime du Camp, *La Charité à Paris*, Paris, 1896, p. 320.

si laborieusement et charitablement tirée. On ne lui dit pas avant qu'elle ait franchi le seuil de l'établissement, la maison dans laquelle on l'a placée et où elle doit entrer.

C'est dans la rue seulement qu'on lui donne un billet contenant le nom et l'adresse de la famille chez laquelle elle va trouver un nouveau gîte, un travail honnête et rémunéré. Les motifs de cette mesure prudente sont sages et fondés. En sortant de l'Hospitalité du travail l'assistée doit rompre avec son passé. Elle commence une vie nouvelle ; il importe que ses anciennes attaches, ses relations compromettantes d'autrefois ne l'y suivent pas et n'entravent pas l'œuvre de sa rénovation morale. Si elle revient d'elle-même à ce passé fatal ce sera par un acte volontaire et réfléchi, mais on aura tout fait pour l'en séparer et pour l'armer contre les tentations auxquelles elle avait succombé.

Telle est cette œuvre admirable de l'Hospitalité du travail. Elle fait du bien à un grand nombre de malheureuses femmes et le bien qu'elle fait à chacune est immense. Elle relève celles qui sont tombées, elle préserve les faibles, elle aide et dirige celles qui n'ont été vaincues que par le malheur ; à toutes elle donne un abri honnête et sain, des secours réconfortants et un appui salutaire ; elle les recueille dans la plus profonde détresse, et après les avoir régénérées elle les rend à la société plus fortes, plus utiles, capables d'occuper une situation honorable et stable (1).

1. Nous croyons intéressant de reproduire une délibération du Conseil municipal de Paris concernant cette œuvre, et les appréciations d'un rapporteur, très hostile pourtant à toute idée religieuse, qui l'avait visitée. Un pareil témoignage de la part d'un adversaire est assurément à enregistrer.

« *M. Cattiaux* : ... Cette œuvre est religieuse et votre commission vous propose le rejet de la demande.

« Il vous semblera peut-être étrange que moi qui, en principe, refuse toute allocation à une œuvre où l'idée religieuse trouve sa place,

III. — *Maison de travail pour hommes*

A côté de l'Hospitalité du travail pour les femmes, fonctionne depuis 1892 une *Maison de travail* pour les hommes (33, rue Félicien David et 54, avenue de Versailles). Cette œuvre a été fondée sur l'initiative de l'Office central des institutions charitables, et grâce à un don du comte de Laubespin. La Maison du travail pour les hommes mérite autant d'éloges que l'Hospitalité du travail pour les femmes. L'excellente disposition des locaux, leur clarté, leur bonne aération, la propreté et l'ordre parfait qui y règnent font bien vite reconnaître que la même main organise et dirige les deux établissements. Le système d'admission et d'hospitalisation est à peu près le même, sauf que les hommes couchent en dehors du local de l'œuvre. Des conventions spéciales ont été faites avec des logeurs du voisinage, et moyennant la faible rétribution de 0 fr. 35, ils ont un gîte convenable. Les assistés doivent prendre le repas du matin à l'œuvre, mais ils peuvent prendre celui du soir en dehors. Ils doivent payer eux-mêmes le

je vienne parler de l'œuvre de l'hospitalité. J'ai visité hier l'établissement, j'y ai vu venir des femmes qui reçoivent gîte et nourriture et peuvent rester jusqu'à ce qu'on ait pu les placer. J'y ai vu aussi une grande tolérance religieuse; je me plais à reconnaître l'utilité de cette œuvre, et je n'ai qu'un regret, c'est que nous n'ayons pas encore créé nous-mêmes de semblables établissements qui seraient laïques; plus on en fera, mieux cela vaudra . . . .

« J'ai constaté que l'œuvre est excellente. Je le dis. Qu'elle vienne de droite ou de gauche, une œuvre bonne est toujours bonne et je en puis pas ne pas la trouver bonne . . . .

« *M. le Directeur des travaux publics*: Le grand avantage de cette œuvre c'est qu'elle place les jeunes filles et leur évite ainsi de tomber dans la mauvaise voie. Elle est donc très méritante et je déclare que, pour ma part, j'en suis jaloux ».

(*Bulletin municipal officiel*, 1883, p. 1838, observation au sujet de l'œuvre de l'Hospitalité du travail).

logement et la nourriture avec le salaire qu'ils reçoivent.

Ce qui distingue cette œuvre de toutes celles qui s'en rapprochent, c'est la façon dont le travail est choisi et dirigé. Dans la plupart des ateliers d'assistance, on se contente, faute de mieux, des occupations les plus vulgaires, les plus ennuyeuses, les moins rémunératrices, comme la confection des légendaires petits fagots. A la maison du quai de Versailles, on veut que l'assisté sorte meilleur ouvrier qu'il n'est entré : on s'est donc appliqué à choisir un travail simple assurément, mais susceptible de développer l'intelligence et de donner une certaine aptitude technique à celui qui s'y consacre. Dans ce but on a choisi la menuiserie qui peut, par les genres variés qu'elle comporte, offrir des emplois en rapport avec toutes les capacités : meubles de cuisine, d'appartement, d'écurie, confection de caisses d'emballage, vernissage de meubles, articles de cave, de jardin, etc. On emploie les hommes qui montrent le moins d'intelligence et d'énergie à faire des courses, ou à carder des matelas. Ceux dont on peut espérer quelque chose de mieux sont mis sous la direction d'anciens assistés ou de chefs d'atelier, à confectionner des caisses, à ajuster des pieds de table qui sortent tout préparés de la scierie mécanique que de plus habiles dirigent. C'est l'essai d'application de l'axiome : « *The right man in the right place* ». On veut obtenir avant tout que l'ouvrier ait un travail intéressant et qu'il y donne tous ses soins. « Nous ne voulons pas de travail mal fait » dit la sœur St-Antoine, et en effet, il n'y a presque pas de travail mal fait.

L'application soutenue est le meilleur facteur d'un bon état d'esprit tel qu'il *doit* régner dans ces ateliers. Malheureusement il est fort rare qu'on le rencontre, précisément à cause du peu d'intérêt que les assistés apportent aux menues besognes qu'on leur impose.

Quand le corps seul est occupé par un travail machinal auquel l'intelligence n'a aucune part, les pensées fermentent dans le cerveau désœuvré, les caractères s'aigrissent, les esprits s'échauffent. Dans une agglomération d'hommes, ces mauvaises dispositions deviennent contagieuses, une surexcitation malsaine les pousse à rivaliser de perversité, chacun mettant un sot orgueil à se montrer pire que les autres. Les ferments de haine, de rancune, de révolte s'accumulent et l'œuvre moralisatrice devient impossible. La Maison de travail a su éviter ce redoutable écueil. Aussi ses assistés ont une physionomie particulière qui diffère essentiellement de celle des pensionnaires des autres œuvres; ce sont des visages d'ouvriers et non de mendiants.

Le produit moyen du travail est sensiblement supérieur à celui des autres maisons d'assistance, quoiqu'il ne soit que de 0 fr. 80 à 0 fr. 90. Ces chiffres sont déjà un peu anciens; peut-être la situation s'est-elle améliorée. Malheureusement l'œuvre ne publie pas de compte rendu annuel faisant connaître sa situation financière et les progrès réalisés. C'est une importante et regrettable lacune. Elle a permis à des critiques, assurément sans fondement, de s'accréditer dans certains milieux, sans qu'on puisse opposer à ces accusations des documents officiels et péremptoires.

Voici toutefois quelques renseignements publiés jusqu'ici et qui ne sont pas malheureusement aussi complets qu'on pourrait le désirer. La moyenne des présences par jour est de 70 hommes. Chaque hospitalisé reste environ 17 jours. Le salaire payé, en argent, est de 2 fr. par jour. Les ouvriers qui dirigent le travail sont payés suivant le tarif général de la profession à laquelle ils appartiennent. La durée du séjour ne peut dépasser 20 jours. Le nombre des assistés, après avoir suivi depuis la fondation une progression marquée, a diminué pendant ces dernières années :

En 1892-93	il a été reçu	1.007	hommes
1894-95	»	1.106	»
1897-98	»	1.350	»
1899-1900	»	1.631	»
1901-1902	»	1.413	»
1902-1903	»	1.273	»

Le nombre des journées de travail a décru dans la même proportion de 22.228 en 1899-1900, il est tombé à 17.474 en 1902-1903.

Le taux des placements pour les pensionnaires de l'œuvre est assez satisfaisant, car il se maintient aux environs de 40 0/0. Si l'on tient compte de ce que l'œuvre, depuis sa fondation, a secouru 14.564 hommes, on peut s'imaginer l'importance des services qu'elle a rendus à un si grand nombre de travailleurs dans la misère.

Les trois branches de l'œuvre ont assisté 5.439 personnes pendant l'année 1902-1903. D'ailleurs depuis plusieurs années ce chiffre se maintient à peu près le même, la moyenne restant entre 5.000 et 6.000 personnes. On peut se demander quelle somme est nécessaire pour faire vivre un ensemble d'œuvres aussi important. Il n'est pas possible de répondre d'une façon précise à cette question; toutefois, d'une note que l'on a bien voulu nous communiquer on peut déduire que la Maison de travail pour les hommes et l'œuvre du travail à domicile pour les femmes « n'ont pu être créées et n'ont pu fonctionner que parce qu'elles étaient juxtaposées à la première (l'Hospitalité du travail) et bénéficiaient de ses services généraux. Isolées, elles eussent exigé des sacrifices trop importants pour que l'on ait pu se risquer à les entreprendre.

« Il résulte de l'examen des livres réglementaires de la Maison de travail tenus suivant les méthodes du

Tribunal de commerce qu'un complément de ressources fourni par la charité privée lui est nécessaire annuellement pour suffire à ses besoins. Ce chiffre n'est pas descendu au-dessous de 25.000 fr. et il lui est plutôt supérieur ».

Ce chiffre n'est vraiment pas exagéré quand on considère le nombre des malheureux tirés de la misère ou sortis d'embarras.

Mais pour établir une institution aussi importante il a fallu d'importants capitaux; M. de Pulligny nous indique les principaux versements qui ont permis cette fondation, en dehors des souscriptions ordinaires qui varient de 10 fr. à 300 fr.

Allocation sur les fonds du pari mutuel. .	30.000 fr.
Versement des bienfaiteurs	385.000 fr.
Produit d'une souscription du *Figaro* . . .	35.000 fr.
	450.000 fr.

Si l'œuvre fait un bien considérable on voit aussi qu'elle a pu trouver les sommes qui lui étaient nécessaires pour vivre et pour prospérer. Ce résultat prouve combien le courant de sympathie pour la misère est puissant à Paris, combien il est généreux et fécond, quand il rencontre une œuvre réellement bienfaisante sachant faire profiter amplement les déshérités des ressources inépuisables de la charité.

IV. — *Maison de travail pour jeunes gens, de la rue de l'Ancienne Comédie*

A côté des œuvres qui s'occupent spécialement soit des femmes, soit des hommes il y en a d'autres qui s'adressent spécialement aux enfants et aux jeunes gens. Elles sont aussi intéressantes et sont peut-être plus touchantes encore, car elles disputent à la misère physique et morale et aux pires corruptions, de pauvres petits êtres faibles encore. Une des œuvres les plus connues dans cette catégorie est celle de M. Rollet, la *Maison de travail pour jeunes gens* qui est situé à Paris, 13, rue de l'Ancienne Comédie (1).

Ouverte en 1894, elle a déjà répandu ses bienfaits sur un grand nombre d'enfants. Voici comment elle est organisée. Tout garçon, de 12 à 18 ans, qui se présente en se disant sans asile ni travail, est admis, même sans papiers d'identité. On lui accorde une hospitalité complète, comprenant la nourriture et le coucher, et même un petit salaire suivant les notes qu'a méritées l'enfant pour son travail et sa conduite pendant la journée. La note *très bien* donne droit à un bon de cinquante centimes à prendre en vêtements, chaussures, etc., et à vingt centimes en monnaie, la note *bien* donne droit à un bon de cinquante centimes et à dix centimes en monnaie, la note *assez bien* donne droit à un bon de vingt-cinq centimes. En procédant ainsi, la *Maison* habille

1. Nous n'avons pas la pensée de faire entrer dans le cadre de cette étude les œuvres qui, s'adressant aux enfants et jeunes gens, n'ont, en général, aucun caractère économique. Cependant, nous devons faire une exception pour l'établissement de M. Rollet, car il nous a été démontré, par les statistiques de l'œuvre, que presque tous les assistés sont âgés de 16 à 18 ans et peuvent, par conséquent, être classés dans la catégorie des ouvriers. Dans ces conditions, l'œuvre de M. Rollet doit être considérée comme faisant partie des sociétés d'assistance par le travail. Voici quelle était la répartition des enfants par âge, en 1900 :

Enfants	Agés de moins de 13 ans. .	188
	— 13 à 14 ans . . .	120
	— 14 à 15 ans . . .	127
	— 15 à 16 ans . . .	204
	— 16 à 17 ans . . .	228
	— 17 à 18 ans . . .	199
	— plus de 18 ans . .	79
	Nombre des jeunes gens	1.145

Encore faut-il tenir compte de ce que le placement des jeunes enfants se fait beaucoup plus rapidement que celui des jeunes gens, en sorte qu'ils séjournent peu à l'œuvre.

proprement et assez vite les jeunes garçons vraiment dignes d'intérêt.

Les enfants âgés de moins de 13 ans sont conduits à l'école ; les autres sont occupés, pendant huit heures par jour environ, à faire des étiquettes pour les compagnies de chemin de fer, à des écritures, à des courses, etc.. Beaucoup d'entre eux ne sont pas originaires de Paris, mais sont venus s'y échouer à la suite de quelque aventure ou dans l'espoir presque toujours déçu d'un travail plus rémunérateur.

C'est ainsi que, pendant l'année 1900, on a reçu 1.145 enfants dont 499 seulement étaient originaires de Paris ; 611 venaient des départements et 35 de l'étranger.

Un très grand nombre de ces pauvres jeunes gens n'ont pas leur père et leur mère ; il est probable que sans cela ils ne seraient pas tombés si bas. Pendant cette même année 1900, 324 avaient leur père et leur mère, les 821 autres étaient orphelins, enfants naturels ou enfants de parents divorcés. Une maison comme celle dont nous parlons est précieuse pour recueillir ces pauvres petits, abandonnés pour la plupart aux tourments de la faim et aux tentations de la rue. M. Rollet nous explique d'ailleurs, d'une façon saisissante, la manière dont les enfants lui arrivent ; bien que ce passage soit un peu long, il nous a paru intéressant de le reproduire pour mieux faire comprendre le rôle que remplit cette œuvre.

« Les garçons venus d'eux-mêmes sont ceux qui, se trouvant sans ressources, ont vu la maison de travail en passant, ou bien en ont entendu parler par des camarades. C'est que, si notre œuvre n'est pas assez connue des âmes charitables, elle l'est beaucoup dans la clientèle particulière où se recrutent ses jeunes pensionnaires. Si une personne généreuse, voulant assurer le sort d'un gamin qui vient quémander auprès d'elle ou bien ouvrir la portière de sa voiture, l'engage à se rendre à la maison de travail de la rue de l'Ancienne-Comédie, il y a bien des chances pour que le jeune mendiant réponde, avec une petite moue : « Ah ! oui, chez Rollet ; j'y ai déjà été... » Elle peut alors se dire, en toute sécurité, qu'elle a affaire à un mendiant professionnel, et non à un garçon désireux de se relever.

« Les enfants que leurs parents amènent ou envoient, appartiennent, en général, à des familles qui se trouvent dans une complète indigence et n'ont, pour ainsi dire, plus de pain à leur donner ; parfois même le père ou la mère est à l'asile de nuit avec l'enfant. Dans certains cas, il est vrai, les parents amènent le gamin parce qu'ils se reconnaissent incapables de le surveiller, parce qu'ils estiment qu'il a besoin de changer de milieu. Les jeunes sujets de cette dernière catégorie comptent naturellement parmi nos plus difficiles.

« Les personnes charitables, que leur situation met à même de voir beaucoup de misères, par exemple les membres des conférences de Saint-Vincent de Paul, les dames de charité des hôpitaux, rencontrent fréquemment des enfants sans appui et sans soutien, ou d'autres qui appartiennent à des familles tout à fait misérables, ou sont en butte à l'animosité d'un beau-père, d'une belle-mère, etc. Quand il y a possibilité, ces personnes ne manquent pas de nous adresser les petits malheureux en question, et cela fait encore pour notre œuvre une clientèle assez importante.

« Les enfants envoyés par d'autres œuvres comprennent deux catégories, l'une, la moins nombreuse, se compose de pupilles appartenant à des œuvres qui n'ont pas d'asile temporaire à Paris. Ainsi, le Comité de défense des enfants traduits en justice du Havre, quand il envoie des pupilles dans l'Est ou en Charente, nous prie de les hospitaliser lors de leur passage à Paris ; nous sommes fort heureux de pouvoir obliger ces œuvres, sœurs de la nôtre, qui, hâtons-nous de le dire, se font un devoir de nous rembourser les dépenses que nous occasionnent leurs pupilles. D'autres garçons nous sont envoyés par des œuvres auxquelles ils se sont présentés, ou ont été présentés, et qui n'ont pu les recevoir, parce qu'ils ne rentraient pas dans les conditions de leur programme. Ainsi le *Sauvetage de l'Enfance* nous recommande les enfants maltraités, qui sont trop âgés pour être admis parmi ses pupilles. La *Société de protection des engagés volontaires* nous adresse les garçons de 18 ans qui ont sollicité sa protection, mais ont été refusés à l'engagement, pour faiblesse de constitution ; les œuvres d'assistance par le travail pour adultes nous envoient les mineurs de 18 ans qui s'adressent à elles, etc., etc.

« La Préfecture de Police nous fait amener presque journellement des enfants, principalement des adolescents de 16 à 18 ans, qui, se trouvant en état de vagabondage, sont tombés entre les mains de la police. Les uns se sont constitués prisonniers parce qu'ils mouraient de faim et ne voulaient ni mendier ni voler; d'autres ont été arrêtés dormant sur un banc, sous un pont. Les chefs de la Préfecture, dans un esprit d'humanité, ne veulent pas faire exercer, contre ces jeunes garçons, des poursuites judiciaires, qui ne pourraient aboutir qu'à des condamnations à quelques jours de prison, suivies de remises dans la rue, et préfèrent nous les faire conduire.

« Les gamins qui nous sont remis par des juges d'instruction sont des mineurs, presque toujours des mineurs de 16 ans, soumis à une instruction judiciaire pour des délits commis par eux, et que les magistrats, sans vouloir les remettre à leurs familles, désirent faire bénéficier d'une ordonnance de non-lieu, soit parce que les faits ne sont pas suffisamment établis, soit, bien plus fréquemment, parce que le jeune âge du petit inculpé leur semble appeler l'indulgence. Enfin, les enfants envoyés par les Cours et les Tribunaux sont des mineurs de 16 ans qui, poursuivis pour des crimes ou délits de droit commun, sont renvoyés des fins de la poursuite pour avoir agi sans discernement, et confiés au Patronage de l'Enfance, par application des articles 4 et 5 de la loi du 19 avril 1898. Les magistrats sont toujours prêts à appliquer cette mesure à de jeunes prévenus qu'il ne semble pas nécessaire d'envoyer dans une maison de correction, et dont la famille n'offre pas de garanties suffisantes, et s'adressent au Patronage un peu de tous les coins de la France (Narbonne, Chambéry, Valenciennes, etc.).

« On voit combien le champ d'action de notre œuvre est vaste » (1), écrit en terminant M. Rollet, qui dirige cette œuvre avec un dévouement et une générosité incomparables. Il est si vaste même qu'il est bien difficile de tirer d'éléments si disparates tout le bien que l'on voudrait. Bon nombre il est vrai ne pouvant se faire à la discipline pourtant fort douce (peut-être trop douce) de l'œuvre, s'éliminent d'eux-mêmes et quittent l'œuvre à la première occasion. En 1900, sur 748 jeunes gens sortis de l'œuvre il y eut 119 qui partirent spontanément et à ceux-là il faut ajouter 54 autres qui furent renvoyés de la Maison de Travail. Presque tous quittent l'œuvre le jour même de leur entrée ; ils se rendent compte bien vite que ce n'est pas là ce qu'il leur faut : sur 56 jeunes gens qui ont quitté l'œuvre pendant les dix premiers mois de 1904, 46 s'en allèrent le jour même de leur entrée.

Parmi ces jeunes vagabonds il y en a d'ailleurs qui,

1. *L'Enfant*, Revue mensuelle illustrée consacrée à la protection de l'enfance, n° du 20 mars 1904, p. 522. — C'est à la collection de cette intéressante revue que nous avons emprunté beaucoup de renseignements que nous reproduisons sur le fonctionnement de la Maison de travail.

sans être absolument mauvais, ne peuvent s'assujettir à aucun emploi sédentaire; il leur faut le changement, le grand air, la liberté. Aussitôt qu'on cherche à les amener à la vie régulière, si douce qu'elle soit, aussitôt qu'ils sentent le plus léger frein, ils s'échappent. L'aumônier de la maison nous a un cas cité de ce genre très caractéristique.

Un enfant de 14 ans, très bien doué, intelligent, d'une nature honnête et confiante s'était particulièrement fait aimer de ses directeurs. On n'hésita pas à le placer comme domestique chez un homme de mérite et de générosité peu commune qui, séduit lui-même par les aimables dispositions de l'enfant, s'y attacha sincèrement. Un beau matin l'enfant disparut. Le maître vint annoncer à l'aumônier cette fuite inattendue et tous deux inquiets et désolés passèrent la journée entière sans nouvelles. A 9 heures du soir, l'abbé voit entrer le petit fugitif dans sa chambre. « D'où viens-tu petit ? — De me promener. — Pourquoi es-tu parti ? — Parce que je ne pouvais pas rester enfermé. Je suis allé du côté de Versailles et puis, cet après-midi, j'ai pensé que je ne vous avais pas dit au revoir; alors je suis revenu sur mes pas ». Voilà une reconnaissance bien touchante et qui montre combien le cœur parle encore chez ces pauvres petits errants. On lui pardonna doucement, il reprit sa place; mais la nature nomade l'emporta encore sur les bonnes résolutions. Il partit de nouveau, se fit arrêter sur la grande route et, peu après, commença à goûter du régime de la prison. Dieu sait combien il y reviendra de fois le pauvre petit chemineau !

D'ailleurs, ce sont souvent ces enfants de nature indépendante et indomptable qui viennent demander asile à la Maison de travail. Ils ont fui leur famille et meurent de faim. Que faire d'eux ? S'ils sont réclamés par leurs parents, la police vient les chercher; mais le plus souvent, personne ne les réclame. En outre, s'ils sont d'un trop mauvais exemple pour les autres, on est obligé de les mettre dehors et on ne prévoit que trop ce qu'ils sont appelés à devenir. Il est même arrivé à quelques-uns de nos jeunes vauriens de cambrioler la maison même de leur bienfaiteur, M. Rollet, qui est pourtant à leur égard d'une générosité, d'une bonté sans égales, d'aucuns disent excessives.

Tous heureusement ne sont pas pervertis. Il en est même dont la nature foncièrement bonne et franche résiste aux contagions malsaines. Quelle douce et noble tâche de ranimer ce cœur d'enfant, d'y retrouver et d'y faire éclore les germes de bons sentiments déposés dans l'âme de toute créature humaine, de les cultiver, de les voir grandir et se répandre au dehors ! Cette régénération est possible, elle est fréquente, elle est l'œuvre de l'amour. Ces pauvres petits, que personne n'a aimés, qui n'ont jamais senti le contact bienfaisant d'une tendresse, s'épanouissent et se transforment sous l'influence d'une affection ; les mauvais penchants s'apaisent, la moralité renaît, l'âme s'éveille et grandit par l'exercice de ses facultés les plus élevées.

C'est pourquoi l'action morale doit avoir une part prépondérante surtout dans les œuvres qui concernent les jeunes gens ; grâce à elle on peut arriver à des résultats qu'il serait absolument impossible d'obtenir autrement. Nous ajouterons même, cette action doit être religieuse, car, selon nous, c'est la seule qui puisse être absolument efficace. L'âme de l'enfant, quand elle n'est pas faussée, est essentiellement religieuse ; elle a besoin d'idéal et d'amour. La religion seule peut soigner ses plaies, fortifier sa volonté et donner aux nobles facultés de son âme les éléments vitaux qui sont nécessaires (1).

1. L'œuvre n'est cependant pas confessionnelle. Elle a comme pré-

Pendant tout le temps du séjour de l'enfant à l'œuvre, on le suit, on l'étudie pour voir ce dont il est capable et ce qu'on peut attendre de lui. Quand la direction s'est formé une opinion à son égard, elle cherche à le placer, tâche difficile et délicate même pour les adultes et plus encore pour les adolescents. On envoie le plus grand nombre possible en province, à la campagne ; on s'efforce de les diriger vers l'agriculture.

M. Rollet a pris en faveur de ceux de ses jeunes gens qui sont placés à Paris une mesure très généreuse. Il les autorise à venir, pendant les premiers temps de leur apprentissage, manger et coucher à la maison. On leur retient pour cela quelques sous sur leur salaire. Ce prélèvement est proportionné au salaire gagné et non au service rendu. On leur facilite ainsi l'accès des métiers à apprentissage qui, s'ils ne fournissent pas immédiatement un salaire suffisant, sont les seuls qui puissent assurer une situation suffisamment rémunératrice dans l'avenir. C'est leur rendre un immense service que de leur permettre d'acquérir des moyens d'existence qui peuvent les préserver de tant de misères et de tant de dangers. Malheureusement la charge serait trop lourde si on voulait l'accomplir jusqu'au bout, et on est obligé de n'accorder cette faveur qu'à un petit nombre.

La durée du séjour à l'œuvre ne se prolonge jamais beaucoup. Sur 314 enfants qui ont été placés par l'œuvre pendant les 10 premiers mois de 1904.

13 ont trouvé une place le jour même de leur arrivée
21 — au bout de 1 jour
26 — — 2 jours
10 — — 3 —
25 — — 4 —

sidents d'honneur le cardinal Richard, le grand rabbin Zadoc-Kahn et le pasteur Vernes.

105	ont trouvé une place	au bout de 5 à 10 jours	
41	—	— 11 à 15	—
20	—	— 16 à 20	—
18	—	— 21 à 25	—
15	—	— 26 à 30	—
11	—	plus de 30 jours	
314			

M. Rollet cherche surtout à placer ces jeunes gens à la campagne. Pendant le mois de décembre 1903, par exemple, il en a placé six à Paris et 45 dans les départements. Il a des correspondants en province qui s'efforcent de trouver des situations pour ses petits protégés. Ainsi un assez grand nombre de jeunes gens de 14 à 15 ans sont envoyés en Charente. On a voulu faire un recensement pour savoir ce qu'étaient devenus ceux qui avaient été placés dans cette région. On est arrivé à constater que « sur 95 garçons ayant pendant quatre ans, fait un séjour plus ou moins long dans ce groupe, 61 ont eu une conduite bonne ou très bonne ; 24 une conduite passable ou médiocre ; 10 se sont évadés ou ont dû être renvoyés pour inconduite. Au moment où la statistique a été faite, 44 étaient encore dans le pays, 13 étaient partis au régiment, dont 8 par engagement volontaire ; 28 avaient quitté la Charente après y être restés un certain temps, soit pour entrer dans leurs familles, soit pour exercer un métier industriel » (1).

Ce résultat est assurément très encourageant et démontre combien il est possible d'obtenir de ces enfants malgré les obstacles de toutes sortes auxquels on peut se heurter.

Les difficultés financières sont particulièrement gra-

1. *L'Enfant*, 20 février 1904. Pendant l'année 1900, sur 748 enfants sortis de la maison de travail 177 avaient été placés à Paris, 365 en province, 2 s'étaient engagés dans l'armée, 31 avaient été rapatriés, 54 renvoyés et 119 étaient partis d'eux-mêmes.

ves et elles empêchent de laisser à l'œuvre toute l'extension qu'elle avait pu atteindre à un moment donné. On se voit souvent obligé de refuser un enfant parce que les ressources sont insuffisantes, et c'est ce qui désespère ce bon M. Rollet (1).

Peut-être pourrait-on obtenir des enfants un travail plus soutenu et plus rémunérateur, nous n'ignorons pas combien cette question est délicate, mais il semble pourtant que ces jeunes gens devraient rapporter à l'œuvre qui les hospitalise un peu plus que le dixième de ce qu'ils coûtent. En 1903 le travail des enfants n'a produit que 3.431 fr. 90, alors qu'ils ont coûté à l'œuvre 36.272 fr. 35 Si on avait consacré les efforts de ces

1 Le budget de l'œuvre, pour 1903, s'équilibre de la manière suivante :

Recettes

Cotisations	8.103	
Subventions	400	
Dons, loteries, et vente de charité	8.682	35
Pension	5.318	20
Travaux des enfants	3 431	90
Remboursement des voyages	533	05
Bons de travail	11	50
Ventes diverses	35	30
Avances faites par des amis de l'œuvre	10.000	
	36.816	20

Dépenses

Pensions	8.313	95
Secours	744	40
Loyer et frais généraux	9.026	25
Nourriture	8.539	85
Gratifications	459	65
Travail des enfants	2.070	65
Vêtements	704	85
Chauffage, éclairage, blanchissage	2.385	05
Voyages	2.755	60
Frais scolaires	142	05
Santé	230	05
	36.272	35

jeunes gens à leur faire apprendre un métier technique, on pourrait s'expliquer qu'il y eût beaucoup de malfaçons, et encore comprendrait-on difficilement que dans un atelier bien dirigé le produit fût aussi minime. Mais pour un travail aussi facile que celui qu'on leur demande, si faible que soit le salaire, le produit devrait être plus appréciable. C'est une insuffisance de sévérité envers ces enfants paresseux, légers et indisciplinés pour la plupart, qui semble produire ce fâcheux résultat.

Si nous n'avons pas voulu épargner quelques critiques à cette œuvre si intéressante à tant d'égards, c'est précisément à cause de l'admiration que nous avons pour la généreuse pensée qui a présidé à sa fondation, et nous voudrions que, la réalisant pleinement, elle arrivât à sauver complètement un plus grand nombre de ces pauvres petits. Peut-être serait-il préférable de réduire encore le nombre des admissions. Il faudrait éviter à ces enfants une promiscuité d'autant plus dangereuse qu'elle est constante. S'il y a du bien a faire, même parmi les plus mauvais, qu'on le tente aussi, mais qu'on ne les mélange pas avec ceux qui ne sont pas encore complètement tombés (1). Une catégorisation sérieuse est plus

1. Qu'on nous permette de citer un fait entre autres qui montre quelle clientèle est parfois amenée à recevoir la Maison de travail :

« A Robinson, à Joinville, et même à Bruxelles où, en quelques jours ils dépensèrent 900 francs, ils passaient pour des fils de famille s'amusant sans compter. L'aîné avait dix-huit ans, et les autres seize, quinze et quatorze. On prévoyait qu'ils ne tarderaient pas à être pourvus d'un conseil judiciaire.

« C'est un peu mieux qui les attendait, c'est-à-dire la police correctionnelle, où ils ont comparu hier.

« Car en fait de rentes, ils n'avaient que le produit de leurs vols. Ces quatre jeunes viveurs étaient tout bonnement des Apaches. Leur coup favori consistait à dépêcher l'un d'eux chez de vieilles dames vivant seules. Celui qui était chargé du coup se présentait le plus poliment du monde et demandait à la bonne si Madame recevrait. La jeunesse et l'air de candeur du visiteur n'éveillant aucune méfiance, la bonne ne manquait jamais de le laisser seul dans l'antichambre, pour aller chercher la réponse de Madame, et le visiteur

nécessaire parmi les enfants que partout ailleurs : elle n'est pas suffisamment faite chez M. Rollet. L'œuvre gagnerait, croyons-nous à restreindre son action ou à se dédoubler.

V. — *Conclusion*

Telles sont les trois œuvres les plus importantes et les plus caractéristiques de l'assistance par le travail avec régime d'internat : la Maison hospitalière du pasteur Robin, l'Hospitalité du travail de la sœur Saint-Antoine et la Maison de M. Rollet.

Ce régime de semi-claustration de l'indigent doit-il être préféré aux autres systèmes ? C'est ce qu'il convient d'examiner maintenant. La solution ne saurait être absolue, il faut distinguer suivant les cas. Si pour une mère de famille, le travail à domicile est très généralement préférable, si pour un homme marié, ayant un foyer, le travail à régime d'externat est, en principe, le meilleur, pour toutes les autres catégories de mendiants, le travail à régime d'internat nous paraît devoir être adopté de préférence.

L'organisation doit varier dans une large mesure suivant les circonstances. C'est ainsi que la discipline et la surveillance doivent être exercées d'une façon toute différente suivant qu'il s'agit d'hommes, de femmes ou d'enfants. Mais sous des formes diverses une règle

en profitait pour emporter le plus qu'il pouvait. Dans dix-huit maisons le coup réussit. Il rapportait à la bande plus de trois mille francs.

« Après plaidoiries de Mes Alcide Delmont et Mossi, les deux plus jeunes ont été acquittés comme ayant agi sans discernement et confiés à la Société de protection de l'enfance abandonnée, dont Me Rollet est le secrétaire. Les deux autres ont bénéficié du sursis, avec six et huit mois de prison ». (Chronique des Tribunaux, *Echo de Paris*, 24 août 1904).

persiste, celle de l'hospitalisation complète organisée par l'œuvre elle-même. C'est ce principe qui, approprié quant à son application à chaque catégorie, nous semble excellent pour la majorité des miséreux qui se trouvent dans nos grandes villes.

L'ambiance dans laquelle végète le pauvre le voue forcément à l'abattement, à l'affaiblissement. Pour le fortifier il faut d'abord le soustraire à cette influence délétère, puis l'aider à reconstituer les forces de son corps, les facultés de son intelligence, et enfin lui donner autant que possible une formation professionnelle.

Pour arriver à ce résultat le régime d'internat nous semble incontestablement supérieur à celui de l'externat. Grâce à lui, on peut connaître l'*état d'âme* de chacun, discerner le remède approprié à la crise qu'il traverse, appliquer selon les différents cas un traitement rationnel.

Pour qu'un remède produise les heureux résultats qu'on en peut attendre, il faut tout à la fois l'administrer avec discernement et régularité, et éviter que des imprudences ne viennent détruire son efficacité naturelle. Il en est de même pour la cure morale qui nous occupe. Quel bienfait ces êtres débilités peuvent-ils ressentir d'un traitement fortifiant si chaque jour ils vont perdre dans la fréquentation des cabarets et dans les bouges que sont les logements de nuit, la dose de force et d'énergie qu'on s'est efforcé de leur faire acquérir ? Pour appliquer régulièrement un remède, il faut que le malade reste constamment sous une surveillance éclairée qui devra être d'autant plus stricte que le sujet sera plus profondément atteint. L'atonie de toutes les facultés résultant de la misère nécessite un régime identique.

Les résultats pratiques sont d'ailleurs parfaitement concordants avec la théorie. Quelles que soient les critiques particulières que l'on puisse adresser aux œuvres que nous venons d'examiner, il n'en faut pas moins reconnaître qu'elles donnent des résultats très supérieurs à ceux de la plupart des œuvres à régime d'externat, notamment en ce qui concerne le produit du travail et le placement des assistés, excellent symptôme de l'amélioration générale. Les pauvres sortent de ces maisons meilleurs pour la plupart qu'ils n'y sont entrés ; on ne peut en dire autant de tous ceux qui fréquentent des institutions plus ouvertes.

Un régime d'internat bien organisé et surtout bien dirigé peut donc seul, à notre avis, être appliqué avec succès à la catégorie de pauvres que nous envisageons. Il les préserve du contact des influences malsaines qui les environnent et leur donne progressivement les qualités morales et économiques nécessaires dans la lutte pour la vie.

CHAPITRE IV

LES ŒUVRES MUNICIPALES D'ASSISTANCE PAR LE TRAVAIL DE LA VILLE DE PARIS

A côté des œuvres privées se trouvent les institutions organisées par les municipalités. On doit les mettre dans une catégorie à part, car elles ont des caractères très différents.

La ville de Paris s'est particulièrement distinguée dans ses œuvres d'assistance par le travail. En dehors des quelques œuvres privées qu'elle subventionne, elle a organisé directement des institutions qui méritent de retenir l'attention.

I. — *Asile Pauline Roland*

Cet établissement a été ouvert, en 1890, 35 rue Fessard, au milieu du quartier miséreux de Belleville, Il ne reçoit que des femmes ; elles y sont admises (1) sans condition d'âge ou de résidence. Mais l'œuvre est surtout destinée aux femmes enceintes qui se trouvent être, pour la plupart, des filles-mères (2). Elles sont

1. Avant d'entrer on leur impose un stage de trois jours à l'asile de nuit George Sand, où elles subissent une désinfection complète. C'est le plus souvent parmi les hospitalisées de cet asile que l'on choisit les femmes sans travail qui seront admises au refuge Pauline Roland.

2. Le contingent des femmes enceintes représente toujours environ

reçues pendant leur grossesse jusqu'au huitième mois ; à partir de ce moment, on les envoie dans des asiles spéciaux d'où elles sont dirigées sur l'hôpital au moment opportun. On les admet aussi quand elles ont eu leur enfant, et, à cet effet, on a annexé à l'ouvroir une crèche et une pouponnière. Les mères nourrissent leurs enfants si elles le veulent, et peuvent les voir cinq fois par jour. On les garde 5 ou 6 mois jusqu'à ce que le nourrisson soit tout à fait sorti de peine.

En dehors de ces cas, la durée du séjour au refuge ne dépasse guère deux ou trois mois. Le régime d'internat est assez strict, mais pendant les quinze derniers jours de présence, on leur permet de sortir pour chercher une place.

Tant que dure leur hospitalisation, elles sont astreintes à un travail de neuf heures par jour environ (1). Mais font-elles beaucoup de besogne ? Il est malheureuseusement difficile de répondre. Elles sont occupées au blanchissage, au repassage et au raccommodage du

la moitié de l'effectif total, ainsi que le démontre la statistique suivante :

	1900	1901	1902	1903
	—	—	—	—
Nombre total des femmes hospitalisées.	846	925	910	870
— des femmes enceintes.	349	471	458	426

Les femmes qui allaitent leur enfant sont également assez nombreuses.

1. Voici la répartition des heures de travail en hiver :

6 h. 1/2, lever.
7 h. 1/2, soupe.
8 heures à midi, travail.
Midi, repas.
Midi 1/2 à 1 heure, récréation.
1 heure à 6 heures, travail.
7 heures, repas.
8 heures, coucher.

En été, le lever a lieu une demi-heure plus tôt et le coucher une demi-heure plus tard. Le dimanche les hospitalisées peuvent sortir de 9 h. 1/2 du matin à 6 heures du soir (jusqu'à 5 heures pour les nourrices).

linge de la Ville, et le produit de leur travail n'est guère susceptible d'une évaluation précise, pouvant nous fixer sur le degré d'activité des travailleuses.

Voici cependant, à titre d'indication, la somme de travail qui aurait été réalisée en 1903 ; mais nous ignorons le tarif qui a pu servir de base à cette évaluation.

Confection de linge . .	2.051 fr.	13
Raccommodage . . .	9.556	31
Blanchissage	53.368	22
	64.975	66

Si l'on admettait ce calcul comme exact, le produit du travail couvrirait, et au delà, les dépenses occasionnées par la nourriture et les salaires des hospitalisées ; l'ensemble de ces frais s'est élevé, en effet, à 56.603 fr. 29 (1), pendant ce même exercice.

Les femmes reçoivent comme rémunération leur hospitalisation, plus un léger salaire qui varie, en règle générale, entre 0 fr. 20 et 0 fr. 40, suivant l'occupation et l'habileté des assistées.

Les locaux dans lesquels est installé le refuge ouvroir peuvent servir de modèles aux œuvres similaires. Les salles sont grandes, claires et bien agencées (2) ; partout règne une propreté méticuleuse. On doit très sincère-

1. Ces dépenses se décomposent de la manière suivante :

Salaires.	14.301 fr. 45
Dépenses de nourriture. . . .	42.301 fr. 94
	56.603 fr. 39

Chaque repas revient en moyenne à 0 fr. 73. Cette moyenne est sensiblement inférieure à celle des années précédentes (0 fr. 81 en 1900 et 0 fr. 78 en 1901). La dernière fois que je me suis présenté pour visiter cet établissement, le menu était ainsi composé : le matin, soupe aux haricots ; à déjeuner, veau à la sauce, pommes ragoût ; dîner, soupe grasse, purée de pois, fromage ; vin aux deux repas, pain à discrétion, café à 4 heures.

2. Une seule exception pourrait être faite pour le dortoir. Les lits se touchent presque, et le cube ainsi que le renouvellement de l'air ne semblent pas suffisants.

ment féliciter la ville de Paris d'avoir tenu à ce que les prescriptions d'hygiène, fussent partout scrupuleusement observées.

On surveille strictement la propreté des hospitalisées. Non seulement, à leur entrée, elles sont immédiatement désinfectées, mais ensuite on les oblige toutes (qu'elles soient enceintes ou non) à prendre des bains chaque semaine, et celles qui sont enceintes sont astreintes tous les jours à des soins spéciaux. Elles portent, pendant la durée de leur séjour, un uniforme simple, propre et commode, et, à leur sortie, on leur rend leurs vêtements personnels qu'on a désinfectés. Parfois, quand ils sont en trop mauvais état, on leur en donne de présentables.

Ces soins et ces bienfaits rendent à ces malheureuses la vie si facile et si douce au refuge-ouvroir qu'elles y reviennent aussi souvent que cela leur est possible. Beaucoup des femmes qui s'y trouvent sont des récidivistes. Il y a, il est vrai, une clause qui interdit la réadmission pendant un délai de deux ans ; mais une exception généreuse a été faite pour les femmes enceintes, et il arrive encore assez souvent que peu de mois après leur départ on les voit revenir dans la position intéressante qui leur donne droit à l'admission immédiate. La mère et l'enfant sont recueillis encore pour quelques mois.

Le droit de priorité qu'ont les femmes enceintes et nourrices pour leur admission au refuge, élimine forcément les femmes d'un âge plus avancé. Cependant, ayant plus de peine à gagner leur vie, elles auraient grand besoin du secours d'une pareille institution. La statistique suivante, qui est relative à l'exercice 1903, montre combien sont relativement peu nombreuses les admissions de femmes après 50 ans.

Femmes	de 15 à 20 ans . . .	139
—	de 20 à 25 ans . . .	302
—	de 25 à 30 ans . . .	141
—	de 30 à 35 ans . . .	64
—	de 35 à 40 ans . . .	54
—	de 40 à 45 ans . . .	40
—	de 45 à 50 ans . . .	44
—	de 50 à 55 ans . . .	32
	au-dessus de 55 ans . . .	54
		870

L'assistance aux filles-mères a assurément sa raison d'être, car elle est destinée à relever des infortunées plus souvent victimes du milieu dans lequel elles ont été élevées, ou de celui dans lequel elles travaillent, que véritablement et profondément perverties. Il faut se rappeler que sur 870 hospitalisées, il y en avait plus de la moitié (exactement 441) qui n'avaient pas 25 ans ; il ne faut pas oublier non plus que ce sont les professions dans lesquelles elles sont livrées aux plus incessantes suggestions qui fournissent les plus forts contingents. En 1903, on a admis 505 domestiques (1), 112 journalières, 89 couturières, 36 blanchisseuses, etc.

Si nous devons prendre en pitié la femme si jeune et si exposée qui tombe et se rachète, en quelque mesure, par sa maternité, il nous faut aussi songer à protéger l'enfant, menacé quelquefois dans sa vie même, ou dont la santé peut être irrémédiablement compromise par les souffrances et les privations de la mère. Aussi est-ce un réconfortant spectacle de voir la pouponnière du refuge remplie de bébés frais et joufflus, bien vivants, qui doivent cette belle santé à l'asile bienfaisant qui a abrité leur mère en des moments si critiques.

1. Voir au sujet de la situation des domestiques, la brochure de Mme Froment, *Les domestiques*. Collection de l'Action populaire, Lecoffre, éditeur.

Mais si le refuge ouvroir Pauline Roland doit conserver le caractère spécial d'un asile pour les filles-mères (1), il devient dès lors nécessaire de créer un autre établissement dans lequel des femmes moins jeunes, et parfois plus vertueuses, puissent, elles aussi, trouver asile. Leur moindre capacité de travail, leur plus grand abandon, leur bonne volonté à rechercher un ouvrage proportionné à leurs forces les rendent également dignes d'intérêt. Cette misère aussi a droit de provoquer la sollicitude et la générosité de la ville de

1. On peut rapprocher de cette institution une œuvre fondée par Mlle Sara Lebreton, à Nantes (avenue Bouchaud), sous le nom de *Travail Réparateur*. « Cet asile est ouvert aux tristes victimes d'une première faute, qui cherchent un abri sûr et chrétien pour y cacher la honte de leur faiblesse ou de leur surprise. Elles y trouvent un accueil compatissant et tous les soins dont elles peuvent avoir besoin, tant au physique qu'au moral, sans que le monde connaisse leur retraite et soupçonne l'irrégularité de leur situation. Elles ne sont pas obligées, comme dans la plupart des établissements analogues, de quitter la maison pour aller faire leurs couches dans un hôpital ou chez une sage-femme ; elles restent à l'asile jusqu'à leur complète guérison et au delà pour nourrir et élever elles-mêmes leurs enfants». L'œuvre n'admet pas les récidivistes.

D'après le règlement chaque jeune fille doit payer 30 francs par mois jusqu'à son accouchement, mais bien souvent de généreuses exceptions sont faites à cette règle. L'œuvre est présidée par Mlle de la Tour du Pin Chambly de la Charce.

De 1879 à 1892, le *Travail Réparateur* a recueilli 265 jeunes filles, parmi lesquelles 33 se sont mariées, 88 ont été placées par l'œuvre, 39 ont été placées par des parents, 75 ont été reprises par leurs familles, 8 sont mortes à l'Hôtel Dieu, 10 sont entrées dans les ordres religieux, et 12 n'ayant pas séjourné à l'œuvre le temps voulu par les statuts, se sont placées elles-mêmes.

Il existe un patronage pour les jeunes filles sorties de l'établissement. Elles y viennent voir leurs enfants. On a créé aussi un petit patronage pour ces derniers. « Chaque enfant de l'œuvre a pour protectrice spéciale une jeune fille du monde qui vient de temps en temps s'informer de ses besoins, de sa conduite, de ses progrès, lui apporter des vêtements, un jouet, une caresse et une bonne parole, encourageant ainsi l'enfant et la mère dont on prend sûrement le cœur en s'intéressant à son enfant. » (*L'Assistance des filles-mères. L'œuvre du Travail Reparateur de Nantes*, par le Dr Th. Laënnec, directeur de l'Ecole de médecine et de pharmacie de Nantes, 1901).

Paris. Il faut espérer qu'elle obtiendra le secours qu'elle mérite.

II. — *Refuge Nicolas Flamel*

Dès 1889, avait été créée une œuvre municipale d'assistance par le travail pour les hommes, sous le nom de refuge Nicolas Flamel, située rue du Château-des-Rentiers (quelle ironie des mots !) : elle est une dépendance d'un asile de nuit. Voici dans quelles circonstances l'œuvre a été fondée.

Le local de l'asile de nuit ayant besoin de quelques réparations, le directeur eut l'idée, au lieu de faire venir des ouvriers de la ville, de demander seulement des outils et de faire travailler quelques-uns de ses pensionnaires. On se mit à l'œuvre ; la tentative réussit si bien qu'après les réparations on fit des agrandissements, on construisit de nouveaux bâtiments, et bientôt un refuge indépendant de l'asile fut complètement édifié et organisé.

Une des particularités de cette œuvre consiste en ce que le voisinage de l'asile de nuit permet qu'on puisse faire une certaine sélection dans sa clientèle. Quand une place est vacante au refuge, on la donne à celui des hôtes de l'asile qui semble le plus malheureux et le plus digne de pitié.

A cet effet, on emploie pendant quelques jours, à de menus travaux, ceux qui demandent à être admis à l'assistance par le travail, et on peut se rendre compte ainsi de leur degré de bonne volonté. Une fois admis, l'hospitalisé, en échange de son travail, reçoit le logement, la nourriture, des vêtements et un certain salaire. Le logement n'est autre que l'asile de nuit où il a le droit de coucher pendant son séjour qui ne peut excéder vingt jours au maximum, tandis que les hôtes ordinaires de l'asile ne peuvent y rester que trois nuits consécutives. Le linge et les vêtements qui sont affectés aux hospitalisés pendant leur séjour à l'œuvre, appartiennent à l'établissement, ce qui permet de désinfecter pendant ce temps l'habillement de chacun d'eux et de les rendre plus présentables à leur sortie. En outre, la Morgue envoie au Refuge Nicolas Flamel les vêtements provenant des cadavres qui lui sont apportés, et beaucoup sont en bon état; après avoir été désinfectés et lavés, ces vêtements sont donnés à ceux des hospitalisés qui, au moment de leur sortie, en ont le plus besoin.

Le salaire est payé à la tâche, non pas individuellement mais par équipes. C'est ainsi que pour fabriquer les classiques margotins, l'un travaille à fendre les buchettes pendant que l'autre fait les ligots. De cette façon les ouvriers peuvent alterner leur travail qui devient ainsi moins fastidieux, sans compter qu'ils sont poussés à se stimuler l'un l'autre pour accroître la production journalière et par conséquent la somme qu'ils auront à se répartir. Les hospitalisés, en majeure partie, sont occupés à confectionner ces margotins, ils reçoivent 1 fr. 25 par cent de margotins; à côté de l'atelier où se fait ce travail on a installé une scierie où ceux qui sont employés à débiter le bois gagnent 1 fr. 65 par stère.

Par une mesure fort intelligente on ne fait travailler à la confection des margotins que les ouvriers sans aucune connaissance technique. Pour les autres, il y a des ateliers spéciaux de leur profession où ils gagnent 5 francs par jour (moins un prélèvement de 0 fr. 75 pour la nourriture). L'atelier de menuiserie est un des plus importants. On y travaille à construire du matériel scolaire ou des meubles pour les établissements municipaux. Il existe encore un atelier de serrurerie et un atelier de cartonnages où l'on semble travailler assez activement. Au moment de ma visite au dernier de ces ateliers, les ouvriers étaient occupés à réparer les cartons appartenant à la Bourse du travail de Paris.

Les locaux, comme ceux du refuge-ouvroir Pauline-Roland, sont propres et bien tenus ; l'ouvrier est suffisamment nourri, il a de l'argent pour se distraire le dimanche. Que peut-il espérer de mieux après avoir été précédemment plongé dans la misère ? Aussi ne cherche-t-il qu'à prolonger son séjour dans l'établissement aussi longtemps que possible, et n'est-il jamais pressé de trouver une place au dehors.

Sur 9.340 ouvriers qui ont passé en 1903 par le refuge du Château-des-Rentiers (1), il n'y a eu que 162 placements définitifs ; mais il faut tenir compte que 143 hospitalisés ont été envoyés à la colonie agricole de la Chalmelle, et que 472 provinciaux ont été rapatriés dans leur pays d'origine. Cela fait donc, en somme, 777 personnes qui ont été tirées d'affaire, un tel résultat est assez appréciable.

Enfin, beaucoup de ceux qui sortent sans être placés se trouvent dans une situation telle qu'ils peuvent attendre un certain temps avant de trouver un emploi. En effet, le salaire de chaque ouvrier, ne lui est pas versé immédiatement, il est inscrit à son compte sur le crédit duquel on ne lui délivre qu'un léger acompte le dimanche. Au moment de la sortie le pécule se trouve donc avoir acquis une certaine importance, et constitue une réserve qui sera utilisée en attendant d'avoir trouvé de l'ouvrage. En 1903, le pécule s'est élevé à 40 francs en moyenne par hospitalisé.

En résumé, le Refuge Nicolas-Flamel comme l'ouvroir Pauline-Roland, sont des sortes d'asiles temporaires, dans lesquels les hospitalisés peuvent se remettre de la crise aiguë que vient de leur faire subir la misère. Ils

1. Le nombre des pensionnaires était de 9.733 en 1898, de 7.491 en 1900 et de 8.676 en 1902.

en sortent réconfortés, dans des conditions plus normales et plus saines, préparés à aborder de nouveau les luttes de la vie.

Si de pareilles œuvres ne parviennent pas à guérir, elles soulagent au moins très efficacement de nombreuses et cruelles détresses. C'est déjà un bienfait considérable d'avoir momentanément allégé la souffrance de ces malheureux, d'avoir pu, par cet apaisement passager, les sauver du désespoir et relever leur courage. Mais ces institutions ne peuvent prétendre à reclasser leurs assistés dans leur milieu normal, à leur donner généralement une occupation définitive ; c'est au contraire le but que poursuit une autre œuvre municipale, la colonie agricole de La Chalmelle, dont il nous reste à étudier le fonctionnement.

III. — *La colonie agricole de La Chalmelle*

L'assistance par le travail s'est adressée jusqu'ici surtout aux populations résidant dans les villes, en leur offrant, comme assistance, un travail industriel. Une connaissance plus approfondie des milieux miséreux et une plus grande expérience dans les modes d'application des secours, ont abouti à l'organisation d'une nouvelle forme d'assistance par le travail.

Le plus grand nombre des malheureux secourus par les œuvres de ce genre de nos grandes villes, et de Paris en particulier, ne sont pas originaires de la ville elle-même où ils se trouvent (1). Ils viennent du dehors et de la campagne surtout. Ce sont des artisans qui espèrent trouver dans l'exercice de leur profession en ville des salaires plus élevés, en même temps que de

1. Nous avons relevé dans les comptes rendus de quelques œuvres la proportion entre les hospitalisés de la ville même et ceux venant

plus nombreuses distractions ; ce sont de braves campagnards ne possédant guère comme talent ou comme ressource que leur force et leur vigoureuse santé, qui émigrent, persuadés qu'ils pourront trouver un emploi plus rémunérateur. Ils ignorent qu'à mesure que le centre grandit le chômage devient plus fréquent, l'isolement social plus complet, la misère plus terrible. A la campagne on manque de bras, en ville il y en a trop, et pourtant l'afflux campagnard ne cesse d'envahir nos cités industrielles, et plus spécialement Paris, dont l'attrait devient pour beaucoup une sorte de fascination.

Quand il a vu de près ce qu'était pour lui la vie à Paris, quand il a connu les longs chômages, l'abandon et l'indifférence de tous, quand il a senti les cuisantes douleurs de la faim, le sombre désespoir de la misère, plus d'un de ces malheureux retournerait volontiers à son village pour reprendre sa place dans sa famille et ses occupations au milieu de ses amis. Il y a toujours, à

du dehors. Elle nous a paru assez intéressante pour être reproduite ici, à titre indicatif.

Œuvres	Originaires du département	Originaires des autres départements	Originaires de l'étranger	Total
Bordeaux	210	1.293	23	1.526
Marseille (service des enquêtes)	73	167	15	255
Paris (maison de travail de M. Rollet). . . .	499	611	35	1.145
Asile Pauline Rolland.	133	695	15	843
Refuge Nicolas Flamel.	2.764	5.902	674	9.340
Rouen.	2.117	1.856		3.973

D'une statistique dressée par l'Assistance publique de Paris, il ressort que sur 57.056 indigents à secourir en 1904, 13.677 étaient originaires de Paris ou du département de la Seine, 42.335 venaient de province et 1.044 de l'étranger. La proportion des personnes secourues originaires de Paris et du département de la Seine n'atteint donc que 23.98 0/0.

Quant à la Chalmelle, sur 124 colons admis en 1903, il n'y en avait que 30 du département de la Seine, 8 étaient originaires de Seine-et-Oise, 6 du Nord, 5 de la Seine-Inférieure, 4 du Pas-de-Calais, etc.

la campagne, du travail pour un individu valide ; si pourtant le travail vient à manquer, il se trouve des voisins charitables qui donnent du pain et quelques légumes au malheureux, et l'empêchent ainsi de tomber dans le plus complet dénûment.

Mais plusieurs obstacles s'opposent souvent au retour dans le milieu primitif. Il y a tout d'abord une question d'amour-propre ; on ne veut pas avouer qu'on a échoué dans son entreprise, qu'on est tombé dans la misère, considération futile sans doute, mais qui devient très importante pour des esprits étroits et bornés. Quelques-uns se résigneraient encore à accepter ce désagrément, mais ils rencontrent des difficultés plus grandes à surmonter. Il y a longtemps qu'ils ont quitté *le pays*, ils ont perdu l'habitude de manier la pioche et de diriger la charrue ; ils ont besoin de se faire de nouveau à l'endurance qu'exigent les rudes travaux des champs ; enfin il ne leur est guère facile de trouver une place de ce genre en restant à Paris, qu'ils ne peuvent cependant quitter faute d'argent.

C'est pour remédier à ces difficultés et faciliter le retour à la campagne de cette catégorie si intéressante de travailleurs, que la ville de Paris a eu l'heureuse idée de créer la colonie agricole de la Chalmelle. Elle sert d'intermédiaire pour le reclassement des ouvriers de la campagne tombés dans la misère à Paris, et désirant retourner à la vie des champs. Cette œuvre est utile à un triple point de vue. Elle fournit à la campagne des bras qui lui manquent ; elle enlève à la ville une partie de son surcroît de population voué à la misère ; elle arrache l'assisté à sa situation pénible et précaire et le reclasse dans un milieu normal et sain.

La colonie agricole est située dans le département de la Marne, près d'Esternay. Elle a été fondée en 1891, sur la proposition de M. Georges Berry qui avait étudié de près les colonies de travailleurs (Arbeiter-Kolonien) en

Allemagne, et on avait beaucoup admiré les heureux résultats. L'inauguration eut lieu au mois de janvier 1892. C'était, au début, un domaine de 128 hectares appartenant à l'Assistance publique (1), dont une grande partie était couverte de marécages; le reste était peu fertile, et les bâtiments malpropres tombaient en ruine : image peut-être trop ressemblante de l'état d'âme des hospitalisés qu'on allait y envoyer. Il fallait modifier tout cela, choses et gens; il s'agissait de faire des ouvriers actifs et capables, et de créer de bonnes terres avec de mauvais travailleurs et des terres incultes. Telle était la lourde tâche que l'on confiait à un jeune ingénieur agronome, M. Gaston Mallet.

Les hôtes de la Chalmelle sont choisis parmi les malheureux que recueillent les asiles de nuit de la ville de Paris, et particulièrement le refuge de la rue du Château-des-Rentiers. Si les œuvres privées d'assistance par le travail envoyaient également ceux de leurs patronnés qui se trouvent dans les conditions voulues pour en bénéficier, ils pourraient être admis eux aussi; mais jusqu'ici elles n'ont guère cherché à profiter de cette faculté (2). Cependant, pour qu'une institution comme celle de la Chalmelle puisse réussir, il faut qu'elle ne s'adresse qu'à une catégorie très spéciale d'individus, les ouvriers ayant quitté la campagne et ayant l'idée bien arrêtée d'y retourner. Les œuvres privées et publiques ont certainement dans leur clientèle une foule d'hommes dans ce cas, auxquels le séjour à la Chalmelle pourrait faire le plus grand bien. Mais il est difficile de les trouver, de les choisir et on ne se donne pas la peine nécessaire pour les rechercher. Si les colons de la Chalmelle

1. Par suite de la mise en exploitation d'une nouvelle ferme, le domaine cultivé est, depuis le mois de mars 1903, de 290 hectares.

2. Seuls l'Asile national de convalescents de Vincennes, l'Office central des institutions charitables, et la Maison de travail de M. le pasteur Robin ont envoyé quelques travailleurs à la colonie.

étaient soigneusement recrutés, si les œuvres privées surtout voulaient apporter leur concours éclairé, l'institution en bénéficierait certainement. Dans les asiles de nuit, les gens ne sont pas toujours suffisamment connus; on ne peut les juger qu'à leur apparence souvent trompeuse, et à leurs déclarations qui le sont encore davantage.

Quoi qu'il en soit, la plus grande partie des colons de la Chalmelle appartiennent bien à l'agriculture ou à des professions connexes. C'est ainsi que les 124 colons admis pour la première fois en 1903 (1), 96 exerçaient les professions suivantes :

Journaliers de ferme	60
Charretiers	18
Cultivateurs	8
Jardiniers	6
Vachers	2
Maréchal-ferrant	1
Terrassier	1
Total	96

Les 28 autres exerçaient des professions étrangères à l'agriculture :

Ouvriers du bâtiment	10
Ouvriers divers	18
Total	28

Les colons sont employés à la culture du sol, à l'amélioration des bâtiments existants ou à la construction de nouveaux locaux (2). Grâce à l'habile direction qui a été donnée aux travaux, « les colons ont transformé au

1. Pendant cette même année, 32 ouvriers ont été admis pour la deuxième fois.

2. A ce titre les 10 ouvriers du bâtiment reçus, en 1903, ont pu rendre de sérieux services à la colonie.

moins les deux tiers des terres qu'ils avaient trouvées couvertes de petits ajoncs, de mauvaises herbes, et, à cause de l'imperméabilité quasi générale du sol, perdues d'humidité (1). En 1895, la surface cultivée comprenait : en céréales, environ 60 hectares ; en fourrages, 21 hectares ; en betteraves, pommes de terre, haricots, carottes, choux, 10 hectares ; en jardin potager, 1 hectare ; le charmant jardin d'agrément qui entoure la maisonnette du directeur, 1 demi-hectare. Au milieu de ce jardin, grâce à un drainage intelligent, les flaques d'eau ont disparu pour former un grand vivier. 10 hectares en bordure, ont été, en 1896, semés en trèfle » (2). En 1898, 101 hectares ont été cultivés, et 132 en 1899. Il y en a maintenant 290. Telle est la transformation qu'a subie la colonie en quelques années ; elle constitue, en dehors de toute considération philanthropique, un résultat appréciable au point de vue de la mise en valeur des forces nationales inutilisées jusque-là.

Enfin si nous voulons nous rendre compte du rapide accroissement de valeur produit par l'excellente direction de la colonie, nous n'avons qu'à consulter le tableau suivant qui indique le montant de quelques inventaires :

L'inventaire d'entrée le 21 août 1891 se montait à	4.006 fr. 95
L'inventaire d'entrée au 31 décembre 1898 se montait à	93.850 fr. 12
L'inventaire d'entrée au 31 décembre 1900 se montait à	114.071 fr. 70
L'inventaire d'entrée au 31 décembre 1903 se montait à	149.823 fr. 85 (3)

1. Depuis quatre ans les terres avaient été complètement abandonnées à elles-mêmes, l'Administration générale de l'Assistance publique, qui en est propriétaire, n'ayant pu trouver de locataire.
2. Rapport Faillet au Conseil municipal, nº 165, 1897, p. 2.
3. Note sur la colonie agricole municipale d'assistance de la Chalmelle, par M. Mallet, directeur de la colonie, 19 décembre 1899. Dos-

Il est intéressant de mettre en parallèle les dépenses faites par la colonie pendant les premières années qui ont suivi sa fondation :

Installation et budget de	1892. . . .	60.000 fr.
»	1893. . . .	45.000
»	1894. . . .	39.400
»	1895. . . .	39.400
»	1896. . . .	42.300
»	1897. . . .	43.300
»	1898. . . .	43.300
	Total. . .	312.700 fr.

Les recettes se sont montées à la somme suivante :

Recettes en argent de 1892 à 1898.		39.333 34
Améliorations effectuées.		16.575 »
Différence de l'inventaire d'entrée.	4.006 95	
Et de l'inventaire au 31 décembre 1898	93.850 12	89.843 17
Total des recettes		145.751 51

La différence entre les recettes et les dépenses se trouve ramenée à 166.948 fr. 49, soit un peu plus de 22.000 fr. par an en moyenne (exactement 22.278 fr. 32).

Depuis cette époque si les dépenses ont été en augmentant puisque le budget de 1900 s'élevait à 76.680 fr. et celui de 1903 à 90.200 fr. (1), il faut bien considérer

sier appartenant au Musée social et une autre note de M. Mallet qui nous a été communiquée par la Direction des affaires municipales de la Ville de Paris, et dans laquelle nous avons puisé les autres renseignements qui nous ont permis de mettre à jour notre ouvrage sur ce point Il convient de noter que l'augmentation de valeur des inventaires entre 1900 et 1903 tient notamment à ce que le dernier chiffre comprend la valeur des produits des fermes non réalisée en 1903.

1. Cette somme se décompose de la manière suivante :

Personnel, nourriture, etc.	56.134 fr.
Dépenses des fermes	23.415 fr.
Frais de location et de taxe	10.651 fr.
Total. . .	90.200 fr.

que la nouvelle ferme de la Grandière est pour une part notable dans l'accroissement de ces frais, et que par ailleurs les produits de la ferme se sont accrus d'une façon très sensible. Pour 1904, ils peuvent être évalués à près de 90.000 francs exactement 87.572 fr. 26 provenant :

64.606 fr. 80	des produits végétaux (1).
22.965 fr. 46	des produits animaux.
87.572 fr. 26	

Ce qui est particulièrement intéressant c'est la plus-value rapide des récoltes aussitôt que l'exploitation est dirigée par un homme de la compétence et de l'énergie de M. Mallet; grâce à lui la nouvelle ferme de la Grandière a apporté moitié plus en 1904 qu'en 1903.

Il faut tenir compte, en effet, que le but de pareils établissements n'est pas seulement de venir en aide aux hospitalisés qu'ils occupent, mais aussi de mettre en rapport des terres qu'on ne savait pas jusque-là suffisamment exploiter : le rendement du capital immobilisé est amélioré, et la production agricole du pays augmentée. En outre la valeur éducatrice de pareilles expériences peut avoir une influence beaucoup plus grande qu'on ne se l'imagine. Les colons, initiés aux meilleurs procédés de culture, les feront connaître et en propageront la pratique dans les diverses exploitations où ils seront appelés à travailler. Et pour toute la région, cette ferme est un modèle et surtout une preuve expérimentale de ce qu'on peut obtenir d'une terre, même ingrate, par l'emploi des méthodes perfectionnées de culture, que

1. Les principales cultures de la ferme sont les suivantes :

Blé et avoine (y compris la paille). .	39.267 fr. 20
Betterave.	10.100 fr.
Autres produits.	16.229 fr. 60
Total. . . .	65.596 fr. 80

le paysan ne se décide à adopter que quand il en a eu sous les yeux les bons résultats.

Examinons maintenant le fonctionnement de la colonie agricole de la Chalmelle en ce qui concerne plus spécialement la situation du personnel hospitalisé.

La Chalmelle, qui ne contenait que 25 lits au début, en possède actuellement 67, depuis l'acquisition de la Grandière. De 1892 à 1902, elle a reçu 1.340 colons. Pendant la seule année 1903, elle en a admis 156 (1).

Les colons reçoivent la nourriture, le logement et un salaire de 0 fr. 50. Le vêtement leur est également fourni, mais à titre de prêt, ils doivent le rendre avant de sortir de la colonie. Toutefois il y a de nombreuses exceptions à cette règle. Si leur séjour a duré plus de deux mois, et s'ils sont placés par l'établissement, on leur donne leurs vêtements, d'une valeur de 45 fr.; s'ils sortent volontairement, on ne leur en donne que pour 35 fr. Enfin si leur placement a lieu avant les deux mois réglementaires, le directeur peut leur allouer quelques effets, pour qu'en se présentant dans leur nouvelle place ils ne soient pas trop misérablement vêtus.

Le salaire de 0 fr. 50 n'est pas versé à l'assisté, mais il est placé en réserve pour former un pécule qu'il trouvera à la sortie. Le montant de ce pécule a été de 21 fr. 22 en moyenne, en 1896, pour un salaire de 35 fr. 90, et de 19 fr. 44, en 1898, pour un salaire moyen de 52 fr. 05. Cette progression n'a fait que s'accentuer, car en 1903, le pécule a été en moyenne, de 30 fr. 34 pour un salaire de 56 fr. 70. C'est un excellent symptôme de l'amélioration de la tenue et du travail des colons.

1. Le nombre moyen des ouvriers présents est de 59; le maximum atteint en été est de 67, le minimum est atteint en hiver, il ne descend pas au-dessous de 40 présences.

La différence entre le salaire gagné et le pécule versé à la sortie provient d'une avance en argent de 0 fr. 50 qui est faite le dimanche et d'avances diverses, faites sur bons spéciaux: tabac, papier à lettre, timbres-poste, etc.

Le coût de revient de chaque hospitalisé n'est pas très élevé, quoiqu'il ait une tendance à augmenter. En 1896, il n'est encore que de 0 fr. 946 pour l'entretien, de 0 fr. 235 pour les frais généraux, ce qui fait, avec 0 fr. 50 de salaire, 1 fr. 681 ; mais la moyenne, de 1892 à 1898, s'élève à 1 fr. 82, se décomposant comme suit :

Salaire	0 fr. 50
Habillement, frais de voyage	0 fr. 41
Blanchissage, chauffage, éclairage	0 fr. 25
Frais d'administration, de médecin, etc. . . .	0 fr. 10
Nourriture (produits de la ferme non compris). .	0 fr. 56
	1 fr. 82

On récompense les ouvriers dont on est satisfait en leur donnant un travail à la tâche qui est plus rémunérateur, et en les autorisant à faire des journées au dehors. Elles sont naturellement mieux payées que le travail fait à la colonie et le pécule peut de cette façon être sensiblement augmenté. L'ouvrier est obligé à son retour de verser à la masse de son compte les deux tiers du salaire qu'il a gagné, sous peine de perdre le droit d'obtenir de nouvelles journées à l'extérieur. Cette récompense est très appréciée et n'a donné, paraît-il, que d'excellents résultats. En 1896 « 283 journées de congé ont été accordées, à titre de gratification, à 79 ouvriers qui sont allés travailler pendant plusieurs jours dans les fermes voisines... C'est pour cette année une somme de 600 fr. dont les ouvriers ont bénéficié » (1). En 1895, 150 jour-

1. Notice sur la colonie agricole municipale d'assistance de la Chalmelle, ville de Paris, Direction des affaires municipales, Paris, 1901, p. 24.

nées avaient été accordées à 50 colons qui avaient rapporté 400 fr. environ ; à cette époque l'intégralité des salaires devait être versée à la masse. En 1894, 190 journées réparties entre 15 ouvriers avaient produit environ 500 francs.

Ces placements temporaires ont le très grand avantage de permettre d'étudier l'assisté dans une situation différente de celle qui lui est faite par l'organisation soigneusement hiérarchisée et disciplinée de la colonie, et d'examiner l'effet que produit sur lui le travail libre ; on relâche pour lui la discipline avant de lui laisser une entière liberté. C'est une transition très judicieuse.

Quels sont les résultats matériels et moraux de la colonie ? En dehors de la mise en valeur de terrains jusque-là incultes, de l'utilisation et la formation d'énergies humaines qui se consumaient improductives et parfois dangereuses, en dehors de ces avantages indéniables, la colonie de Chalmelle parvient-elle à procurer une assistance efficace avec peu d'argent aux hospitalisés qu'elle reçoit ?

Les divers rapporteurs qui ont exposé la situation de la colonie au Conseil municipal de Paris, ont toujours conclu à l'affirmative en la montrant sous son meilleur jour au risque de dépasser la réalité (1). Pour dissimuler la charge qu'impose l'entretien, ils ont exagéré, et parfois dans des proportions extraordinaires, les prévisions de recettes. Voici un exemple : du 1er octobre 1895 au 1er octobre 1896, les recettes avaient été de 15.034 fr. 45, inférieures de plusieurs milliers de francs à celles inscrites au budget de la ville. Pour l'année

1. Ces rapports, qui avaient cependant une très réelle valeur documentaire, ont cessé de paraître depuis quelques années, de telle sorte qu'il est fort difficile d'être renseigné exactement sur le fonctionnement des diverses œuvres fondées par la ville de Paris.

suivante le directeur croit utile « afin de ne pas être comme l'année précédente au-dessous de la vérité » (1), de prévoir seulement 18.000 fr. de recettes. Comme par ailleurs il fallait compter sur 42.900 fr. de dépenses, il fallait donc s'attendre à un déficit de 24 900 fr. Un pareil résultat eût sans doute effrayé le Conseil et le public, aussi l'administration crut faire une besogne utile en « rectifiant » les prévisions du directeur. Tout en augmentant légèrement le chiffre des dépenses, on diminua le coût d'entretien de la colonie en majorant les recettes escomptées. Au lieu de 18.000 fr. prévus par le directeur, le rapporteur de la 5e sous-commission estima les recettes à 27.400 fr. ; de la sorte le déficit fut ramené à la somme relativement modeste de 15.900 fr. Il est inutile de dire que les appréciations du directeur étaient plus fondées que celles du rapporteur et que les recettes effectives ne furent que de 18.564 fr. 09.

La durée du séjour de chaque colon ne dépasse guère, en général, trois mois. C'est pendant le deuxième mois que les placements et les départs sont les plus nombreux.

A moins de fautes graves, l'hospitalisé n'est jamais renvoyé que muni d'une place ; mais il peut partir quand bon lui semble, en prévenant quatre jours à l'avance. Lorsqu'il ne peut pas rester dans la situation qu'on lui a trouvée, on le reprend à la Chalmelle s'il n'a pas encouru de sérieux reproches. Voici quelle a été la durée de séjour des hospitalisés en 1903. (V. tableau page 328).

1. Rapport de M. Mallet, directeur de la colonie, 1896, p. 31.

Années	Entrées	Sorties							Placement pour 100 sorties
		Par placements	Volontairement	Pour l'hôpital	Pour service militaire	Par expulsion	Décès	Total	
1892	61	31	15	2	1	5	»	54	57.5
1893	129	39	63	»	»	8	1	111	35.1
1894	107	77	22	»	»	7	»	106	72.6
1895	111	81	35	»	»	1	1	118	68.6
1896	118	68	37	5	1	4	»	115	59.1
1897	121	76	33	2	1	8	»	120	63.3
1898	102	56	34	5	1	2	»	98	57.1
1899	101	63	32	1	»	2	»	98	64.2
1900	174	92	43	4	1	10	»	150	61.3
1901	123	98	34	5	»	4	»	141	69.5
1902	183	114	55	3	»	9	»	181	62 9
1903	156	79	62	6	»	1	1	149	53
Totaux. . .	1.496	874	465	33	5	61	3	1.441	60.65

Depuis la date de la fondation (1er janvier 1892) jusqu'au 31 décembre 1903 le mouvement des entrées et des sorties est indiqué dans le tableau de la page suivante.

Plus de la moitié des colons sortent donc de la Chalmelle après avoir été définitivement placés ; quant aux autres, on peut espérer que l'habitude des travaux de la terre qu'ils auront reconquise leur permettra de trouver facilement du travail dans la région où ils voudront s'embaucher. En tout cas, leur pécule leur permettra d'attendre quelque temps.

Ce n'est pas sans de très sérieuses difficultés que l'on

Durée du séjour	Sorties totales	Placement	Sorties volontaires	Hôpital	Expulsion	Décès
Moins d'un mois	17	6	9	2	»	»
De 1 à 2 mois	32	23	9	»	»	»
De 2 à 3 mois.	62	27	31	2	1	1
De 3 à 4 mois.	9	7	2	»	»	»
De 4 à 6 mois.	15	9	6	»	»	»
De 6 mois à un an . . .	10	5	4	1	»	»
Au-dessus d'un an . . .	2	2	»	»	»	»
Totaux	147	79	61	5	1	1

arrive à placer les habitants de la colonie, et le fléchissement du nombre des placements, en 1903, ne nous étonne pas outre mesure. Il arrive en effet, d'une façon presque inévitable, que certains colons ne valent personnellement pas grand chose ; mais embrigadés dans la discipline générale de la Chalmelle, ils font assez bien ce qu'on demande d'eux. Par contre, aussitôt qu'ils sont livrés à eux-mêmes, ils retombent dans leurs fâcheuses habitudes, et peuvent faire un tort considérable à la colonie qui les a placés.

Un viticulteur important, des environs d'Epernay, écrvait au directeur :

« J'ai le regret de vous informer que je n'ai pu garder le nommé C..., comme jardinier, celui-ci étant arrivé dans un état d'ébriété complète. Ne voulant pas qu'il mette à exécution les menaces qu'il a faites, je l'ai fait conduire à la gare avec un billet de chemin de fer pour qu'il rentre à la Chalmelle.

« Craignant de ne pas mieux tomber une seconde fois, je vous prie de ne pas m'en envoyer d'autres ».

Pourtant ce garçon avait de bons certificats, et s'était bien conduit à la ferme, travaillant suffisamment, et ne faisant nullement supposer qu'il aurait la maladresse de se présenter en état d'ivresse. Une série de faits de ce genre, peu graves en eux-mêmes, et qu'on aurait peut-être pardonnés à d'autres ouvriers, ont exercé une fâcheuse influence sur le placement.

Un autre patron, après deux essais malheureux, écrit : « Je suis désolé de cette nouvelle aventure, qui me fait croire qu'on ne peut juger des gens sur l'apparence. Tant qu'ils sont tenus ils se conduisent bien, mais, libres, ils font des sottises. »

« C'est, hélas ! trop souvent exact ajoute le directeur. Un ouvrier d'excellente conduite, ancien gendarme, après un séjour assez long à la colonie, pendant lequel nous n'avons eu aucun reproche à lui faire, est placé par nous chez un ami, en décembre 1894 ; il se conduit bien pendant six mois, puis se met à boire, et enfin vole à son patron 400 fr. Un autre ouvrier, aurait peut-être fait de même, mais celui-là venait de La Chalmelle ; la faute retombe sur tous, et c'est toute une région qui nous est fermée, malgré la bienveillance de notre ami, qui ne veut même pas poursuivre le malheureux (1) ».

Des faits de ce genre se sont produits assez souvent pendant les premières années qui suivirent la création de la colonie. En 1894-1895, cent deux patrons ont donné sur des ouvriers qui avaient été placés chez eux des renseignements qui peuvent être classés de la manière suivante :

26 sont favorables aux anciens colons ;
35 indiquent sans commentaire que les colons travaillent encore ;
41 faisant connaître le départ de l'ouvrier souvent pour des motifs regrettables, principalement pour ivrgonerie.

Total. 102 ouvriers.

1. Rapport de M. Mallet, 1896, pp. 14 et 15.

Les résultats de l'année suivante sont encore plus mauvais. Voici ce que fait connaître à ce sujet le rapport du directeur : « Les colons placés cette année ont, en général, donné très peu de satisfaction. Presque tous ont quitté leurs places après quelques mois de travail, quelques-uns sont restés jusqu'au premier paiement, puis se sont enivrés et ont été chassés par leurs patrons. Trois ou quatre même ne se sont pas présentés » (1).

Le rapport de 1897 constate que 25 0/0 seulement des ouvriers placés sont restés dans leurs places. En 1894-95, on estimait leur nombre à 50 0/0 de l'effectif total.

Depuis cette époque, il n'est plus possible d'avoir des renseignements détaillés, car l'administration municipale a cessé de publier les rapports annuels. Cependant les statistiques, qu'on a eu l'obligeance de nous communiquer laissent supposer que la situation a dû s'améliorer. Si le nombre des placements a pu s'élever jusqu'à 69 0/0, c'est évidemment que les colons ont plus souvent donné satisfaction aux agriculteurs chez lesquels on les avait envoyés. Un tel résultat fait honneur au directeur qui prouve ainsi qu'il a pu arriver à surmonter des difficultés considérables.

Même à l'intérieur de la colonie, il doit faire usage d'une très grande énergie pour tenir en respect certains hospitalisés. Comme le dimanche les colons peuvent sortir, il arrive parfois qu'ils en profitent pour faire de nombreuses libations et, rentrant à l'établissement en état d'ivresse, ils y apportent le désordre. On ne leur laisse pourtant le dimanche que 0 fr. 50 comme argent de poche, mais ils trouvent moyen d'augmenter leurs ressources en trafiquant les bons qu'ils reçoivent pour

1. Rapport 1895, p. 19.

avoir du tabac, du papier à lettres, des timbres et même des objets d'habillement (1).

Une pareille conduite même à l'état exceptionnel devait nuire forcément à la réputation des ouvriers de la colonie. Aussi l'amélioration très notable de la proportion des placements, pendant les années qui suivirent, est tout particulièrement digne de remarque et mérite d'être notée comme un excellent symptôme. Malheureusement une baisse sensible s'est produite en 1903, puisque le taux des placements a été ramené à 53 0/0. Nous espérons que c'est là une situation tout à fait momentanée.

Pour notre part, nous croyons que la tâche si ardue qui incombe à M. Mallet serait grandement facilitée, et le sort de la colonie serait mieux assuré, si un sélectionnement plus complet était opéré parmi les colons. Ce sont tous des hommes dans la force de l'âge (2), mais d'une valeur professionnelle et morale extrêmement variable. Il serait nécessaire de répartir les ouvriers dans des catégories successives, suivant leur capacité, et de renvoyer impitoyablement ceux qui ne donnent pas de preuves de très grande bonne volonté.

Au surplus, si le niveau moyen de la clientèle de la colonie venait à baisser, aucun ouvrier honorable, et momentanément dans le malheur, ne consentirait à y entrer, à subir pendant des semaines la compagnie d'ivrognes incorrigibles et de paresseux invétérés, et à

1. Rapport 1895, p. 7, et rapport 1897, p. 11.

2. Répartition par âge des ouvriers entrés pour la première fois dans la colonie, pendant l'année 1903.

37	ouvriers	étaient âgés de	25 à 30 ans
19	—	—	30 à 35 —
32	—	—	35 à 40 —
33	—	—	40 à 45 —
8	—	—	de plus de 45 ans

se voir, en sortant, victime de la fâcheuse réputation qui serait bien vite acquise aux colons de la Chalmelle (1). L'œuvre d'assistance manquerait ainsi son but et achèverait de déclasser l'individu, au lieu de lui faciliter la rentrée dans son milieu social ; mais on n'en arrivera certainement pas là si la colonie, continuant à être menée avec une grande énergie, se montre très sévère dans ses admissions et n'accepte que des hospitalisés soigneusement choisis et susceptibles de relèvement.

Cette œuvre a d'ailleurs donné jusqu'ici des résultats importants et décisifs. Elle offre le rare avantage, parmi toutes les autres œuvres d'assistance, non seulement de reclasser des travailleurs déracinés du terrain professionnel sur lequel ils devaient vivre, mais encore de produire, par le travail des assistés, une plus-value agraire importante et d'offrir un enseignement agricole permanent. On doit souhaiter qu'elle soit imitée et que de nouveaux établissements analogues répandent dans d'autres régions les mêmes bienfaits.

1. C'est ce qui est arrivé en Allemagne où la qualité d' « ex-colonisté » est devenue presque diffamante.

SEPTIÈME PARTIE

Les jardins ouvriers

La colonie agricole, en dehors de son inconvénient fondamental de ne pouvoir porter secours à la famille ouvrière dans la misère, ne donne pas, même dans la sphère restreinte de son application, tous les heureux résultats qu'on pourrait espérer. Nous avons eu occasion de le constater dans le chapitre précédent. L'utilité physique et morale du travail de la terre n'en persiste pas moins; aussi a-t-on cherché à l'employer, sous une forme différente, comme moyen d'assistance et de relèvement. Dans ce but, on a créé des *jardins ouvriers* destinés principalement aux *familles* ouvrières nombreuses et misérables.

CHAPITRE PREMIER

LES JARDINS OUVRIERS AUTREFOIS

Avant que l'évolution économique ait amené l'absolue division du travail qui force chaque producteur à ne s'occuper que d'une branche infime de la production nécessaire à la société, — avant que cette même évolution ait amené dans les villes la concentration des forces productives les plus importantes du commerce et de l'industrie, à un degré tel que l'air et l'espace y sont devenus si rares qu'on ne peut les obtenir qu'à prix d'or, — avant cette époque de surpeuplement et de surmenage, les mêmes ouvriers pratiquaient souvent le travail de la terre conjointement avec celui de l'atelier.

On pouvait même voir, au temps de la domination romaine, des soldats de métier recevoir des terres. Ces dons étaient, il est vrai, assez précaires; ils n'avaient pas, dans l'esprit de ceux qui les instituèrent un but véritablement économique. Ils constituaient surtout une récompense au soldat vainqueur pour le service qu'il avait rendu à Rome. Mais ces *bénéfices* terriens eurent l'immense avantage d'attacher les soldats à la terre qu'ils cultivaient, et dès lors ils furent portés à défendre avec plus d'énergie le territoire de la Gaule contre les incursions et contre les invasions des barbares. Nous constatons déjà à cette époque combien la culture de la terre modifiait la mentalité de ceux qui s'y livraient.

Les Germains, eux aussi, avaient continué de donner

des bénéfices terriens pour récompenser les services rendus (1). Ces bénéfices ne comportaient au début aucun droit de propriété, mais seulement une jouissance précaire. Cependant cette situation ne devait pas tarder à se modifier, car elle ne donnait pas une satisfaction suffisante à l'attachement instinctif de l'homme pour la propriété individuelle du sol qu'il cultive (2). De révocable qu'il était, le bénéfice devint viager, et peu à peu, on le transforma en fief héréditaire (3).

Avec le temps, ces donations avaient complètement perdu les caractères qu'elles avaient au début ; on n'accordait plus de parcelles de terre pour favoriser l'aisance générale et attacher les hommes au pays, mais on distribuait des territoires avec des droits presque régaliens. La démocratie rurale qui aurait pu se créer était étouffée par les forces exubérantes de la féodalité.

Il y eut pourtant quelques exemples qui montrèrent combien la société de cette époque avait intérêt à donner à chacun *son coin de terre*. C'est ainsi qu'en 1182, l'archevêque de Reims, Guillaume aux Blanches-Mains, concéda à la ville de Beaumont-en-Argonne une charte bienfaisante qui servit bien des fois de modèle, et dont la réputation n'est assurément pas usurpée. Par cette charte, Guillaume aux Blanches-Mains abandonnait en toute propriété sa terre seigneuriale pour que chaque habitant de Beaumont pût recevoir une maison et un lot de terre à charge seulement de payer un cens annuel de 12 deniers (4).

1. Paul Viollet, *Histoire des institutions politiques et administratives de la France*, Larose et Forcel, 1890, tome I, p. 432.
2. Voir plus haut, p. 203.
3. Au IIe siècle, Gondebaud, roi de Burgondie, permit à tous ceux de ses sujets qui avaient reçu des bénéfices de ses ancêtres, de les transmettre à leurs enfants ; mais, d'une manière générale, ce n'est guère qu'au XIIIe siècle que les fiefs devinrent héréditaires.
4. La charte de Beaumont affranchissait en outre les vassaux de toute charge servile et leur donnait le droit d'élire leurs magistrats.

Mais le prélat n'avait pas l'intention de restreindre ces avantages aux seuls habitants de Beaumont. Il désirait voir cette ville se développer, et il permit aux étrangers de bénéficier assez facilement des privilèges accordés par la charte. Il suffisait pour cela d'être âgé de vingt-cinq ans, d'être de bonne vie et mœurs, de justifier d'un stage d'un an et un jour, de donner une certaine somme, et d'être enfin agréé par le seigneur de la ville. En plus de cette propriété individuelle qui leur était ainsi accordée, les bourgeois de Beaumont avaient le droit de profiter du domaine communal qui leur était commun.

De tels avantages étaient fort appréciables, aussi ce précédent fut-il imité dans 508 localités, et il contribua puissamment à développer la prospérité agricole et l'aisance générale dans toute cette région; et quand le despotisme de la monarchie absolue ou celui de la Révolution voulurent porter atteinte à cette organisation, les populations résistèrent énergiquement pour défendre cette tradition qui leur avait été si bienfaisante.

Cette alliance du travail industriel et du travail agricole paraissait d'ailleurs en principe tellement désirable, que lorsqu'on créait des « villes neuves », dans le Midi, on accordait aux arrivants trois lots de terrain : un pour bâtir, un autre pour créer un jardin et un troisième en dehors de la ville pour être mis en culture.

On ne pouvait guère avoir recours à de pareilles mesures que dans les régions de plus en plus rares où les terrains en friches étaient assez vastes pour être répartis, ou bien dans les communes disposant d'un domaine dont l'usufruit n'était accordé qu'à titre temporaire. Aussi le partage des biens communaux que provoqua la crise individualiste du XVIIIe siècle mit fin à

Ed. Bonvalot, *Le tiers état d'après la Charte de Beaumont et ses filiales*, Paris, 1884.

toute possibilité d'allocation terrienne de ce genre. En outre, beaucoup de donations qui avaient été faites pour assurer aux pauvres quelques parcelles de terre, avaient été confiées à des religieux ou à des fabriques, et elles disparurent dans la tourmente révolutionnaire. Il en reste cependant à l'heure actuelle quelques traces.

Au xve siècle, Anne de Beaujeu avait mis à la disposition de l'église de Saint-Julien-en-Jarez une certaine étendue de terre destinée à être partagée entre des familles pauvres auxquelles on laissait la jouissance de leur lot jusqu'à ce qu'elles fussent sorties d'embarras. La fabrique de l'église de Gravelines en fait autant depuis le xvie siècle : elle attribue des jardins de 5 à 6 ares aux familles nécessiteuses de la paroisse ; elle les autorise même à bâtir sur ces terrains (1).

Moins ancien est le système employé à Fort-Mardyck, petite commune de 1.700 habitants, située dans le département du Nord, non loin de Dunkerque. Les Fort-Mardyckois sont tous descendants de quatre familles de Picardie, implantées sur cette côte, en 1670, par Louis XIV qui leur donna une constitution économique sous laquelle ils vivent encore aujourd'hui (2). Tout marin de Fort-Mardyck, les veuves, les filles non mariées et les infirmes ne pouvant pas naviguer ont droit à une demi-mesure de terrain communal (22 ares 2 centiares) dont ils n'ont que l'usufruit, et qui devient, entre leurs mains, incessible et insaisissable. Le bénéficiaire qui quitte Fort-Mardyck et le marin qui refuse de naviguer perdent droit à la concession au bout d'un an et un jour. Aussi la population, désireuse de conserver de tels avantages — qui, s'ils ne lui procurent pas la richesse la mettent cependant à l'abri du besoin — reste fixée au sol qui l'a vue naître.

1. Louis Rivière, *La terre et l'atelier. Jardins ouvriers*, Lecoffre 1904, p. 25.

2. Louis Rivière, *loc. cit.*, p. 23.

Enfin on peut signaler l'usage courant de certaines régions de l'ouest de la France, en particulier dans la Basse-Bretagne, la Vendée et la Vienne, d'après lequel on distribue gratuitement, dans les fermes d'une certaine étendue, des terrains à ceux qui se trouvent dans la misère : ces terrains prennent alors le nom de « Sillon du pauvre » ou « Champ du pauvre ».

Ce sont là de rares mais précieuses survivances d'un passé trop méconnu, et qui ont tiré leur sauvegarde de l'imprécision même de leur origine et de l'attachement de ces populations à leurs vieilles coutumes.

Pour trouver l'origine du mouvement des jardins ouvriers tel qu'il s'est rapidement développé en France pendant ces dernières années, il faut tourner les yeux vers une tout autre région, celle de l'Est ; car c'est à Sedan qu'une femme de cœur et de grand sens Mme Hervieu, a fondé les premiers *jardins ouvriers*.

C'était en 1889 ; Mme Hervieu, qui dirige une fabrique de drap, voyait avec désespoir les ouvriers souffrir de la décadence de cette industrie : l'hiver fut terriblement dur à passer. Pour essayer d'atténuer les résultats de cette crise, Mme Hervieu projeta de fonder une société mutuelle, et, dans ce but, elle fit à trois de ses ouvriers les offres suivantes qui furent acceptées. Chaque ouvrier devait verser un francs par mois et Mme Hervieu six francs, soit en tout pour les quatre parts, neuf francs par mois. Au bout d'un an, la mutuelle possédait cent huit francs ; mais que faire de ce pécule relativement important ? Malgré la vive opposition des ouvriers, Mme Hervieu décida de louer, avec ces ressources, un terrain qu'elle fit défoncer à ses frais. Les ouvriers, de leur côté, durent acheter des outils, des semences, et travailler à « leurs jardins ». Au printemps suivant, voyant leurs plantations germer, avant même d'avoir recueilli leur récolte, ils avaient compris l'efficacité du bienfait, et ils ne tarissaient pas d'éloges sur leur nouvelle société. « La cause du travail et de l'assistance par la terre était gagnée » (1).

La tentative de Mme Hervieu attira l'attention de quelques-unes de ses amis qui lui promirent de l'aider; bientôt une véritable société fut constituée et ses statuts furent approuvés par le préfet des Ardennes le 27 février 1891.

L'œuvre prit le nom de « Reconstitution de la famille » ; en effet, la fondatrice n'avait pas seulement en vue de remplacer l'aumône en argent par un secours plus fécond et plus efficace, elle voulait encore consolider la vie familiale trop souvent menacée quand la misère sévit.

La répartition des jardins a lieu par ménage, et le jardin est d'autant plus grand qu'il y a plus d'enfants. En outre, pour faciliter le commencement de cette exploitation on met à la disposition des familles, les outils, semences et engrais nécessaires pour entreprendre la culture dans de très bonnes conditions.

La première année, avec une somme de 531 fr. 75, on parvint à secourir 145 personnes auxquelles il avait été possible de procurer ainsi une partie très importante de leur nourriture. La dépense revenait donc à 3 fr. 67 par personne et par an. Un pareil secours donné en numéraire eût été insignifiant, sous la forme d'un coin de terre il avait secouru très efficacement une si profonde misère.

En 1903, l'œuvre de Mme Hervieu, qui dispose de près de 22 hectares, a distribué des jardins à 260 familles comprenant 1.500 personnes. Les familles secourues se composent donc en moyenne de six personnes. La

1. Dr Lancry, *Une visite aux jardins ouvriers de Sedan. La démocratie chrétienne*, oct. 1897.

dépense pour l'année entière a été de 6.401 fr., représentant 4 fr. 25 par tête : on ne pourrait faire mieux avec moins d'argent.

CHAPITRE II

LES JARDINS OUVRIERS DE NOS JOURS

I. — *Groupements qui ont favorisé l'extension des jardins*

Une si bienfaisante institution ne pouvait manquer d'être souvent imitée. Elle le fut, en effet, car en 1903, on avait relevé l'existence de 134 œuvres disposant de 270 hectares qui constituaient 6.592 jardins (1). En supposant que le nombre des membres de chaque famille possédant un jardin soit égal, en moyenne, au chiffre que nous avons trouvé à l'œuvre de Sedan, les jardins ouvriers contribueraient donc à faire vivre près de 40.000 personnes dans des conditions excellemment saines à tous les points de vue.

Une part importance dans le développement de l'œuvre des jardins revient à la *Ligue du coin de terre et du foyer* et aux *Sociétés de Saint-Vincent-de-Paul* dont l'initiative ne peut être passée sous silence.

La *Ligue du coin de terre et du foyer* a été fondée en 1897. Son but est :

« 1° D'assurer la jouissance permanente et autant que possible la propriété d'un coin de terre à cultiver et d'une habitation convenable pour toute famille honnête et laborieuse ;

« 2° De soutenir les sociétés pour la construction

1. Louis Rivière, *loc. cit.*, p. 83.

d'habitations ouvrières à bon marché et les coopératives qui ont le même but ;

« 3° D'amener les œuvres et les institutions de charité privée ou d'assistance publique à procurer à leurs assistés un coin de terre insaisissable et à leur faciliter la construction d'une maison ;

« 4° D'engager l'Etat, les départements et les communes à poursuivre le même but dans l'usage de leurs biens ;

« 5° De favoriser toutes donations ou legs affectés à des œuvres semblables ;

« 6° De réclamer le vote de lois déclarant insaisissable et exemptant d'impôt un bien de famille minimum et facilitant l'acquisition, la conservation et la transmission de ce bien ;

« 7° De constituer des caisses de loyer ;

« 8° D'intervenir auprès des pouvoirs publics pour obtenir des règlements conformes à l'hygiène et à la morale dans les questions de voirie et de constructions de maisons ouvrières » (1).

Sans perdre de vue l'orientation générale, qui vient d'être indiquée, la Ligue du coin de terre s'est occupée, avec un soin tout spécial, de la diffusion des jardins ouvriers. C'est, en grande partie, grâce à elle et à son infatigable président, M. l'abbé Lemire, député du Nord, que les progrès dont nous avons constaté l'importance ont pu être réalisés ; ils ont d'ailleurs été consacrés au premier congrès des jardins ouvriers à Nancy en 1898, et par le Congrès international tenu à Paris les 24 et 25 octobre 1903 (2).

1. Compte rendu du Congrès international des jardins ouvriers, Paris, 24, 25 octobre 1903, p. 11.

2. Pour tous les renseignements pratiques concernant l'organisation et le fonctionnement des jardins ouvriers s'adresser aux Bureaux de la *Ligue du Coin de terre et du Foyer*, 26, rue Lhomond, Paris, V^e. Le prochain Congrès international aura lieu à Paris en octobre 1906.

Les conférences de la *Société de Saint-Vincent-de-Paul* ont surtout profité de l'expérience acquise par la ligue dont nous venons de parler. Cependant on peut trouver dans leurs annales quelques exemples qui, pour avoir été isolés, n'en montrent pas moins que les membres de cette société de bienfaisance savent depuis fort longtemps apprécier la valeur du travail de la terre comme moyen d'assistance. En 1854 la conférence de Bouxières-aux-Dames (Meurthe-et-Moselle) fit fabriquer pour 60 francs d'outils agricoles qu'elle mit à la disposition des familles secourues. La conférence de Châteauroux alla plus loin en se portant caution vis-à-vis du propriétaire pour permettre à ses assistés de louer un coin de terre (1). Mais c'est surtout depuis la création de la ligue que les conférences se décidèrent à entrer résolument dans cette voie. Sur 6.453 jardins existant en 1903, 38 sociétés de Saint-Vincent-de-Paul en avaient fondé 753, c'est-à-dire beaucoup plus que le dixième, tandis que 9 bureaux de bienfaisance seulement s'en étaient occupés et avaient créé 553 jardins. Il est certain que, dans la plupart des cas, ces groupements parviendraient à multiplier les ressources dont ils disposent, et auraient une action beaucoup plus efficace sur leurs assistés, s'ils avaient plus souvent recours à cette excellente méthode de l'assistance par le travail de la terre.

II. — *Principales œuvres de jardins ouvriers*

L'œuvre de jardins ouvriers la plus importante est celle de Saint-Etienne. Voici dans quel les circonstances elle prit naissance.

Le 4 janvier 1895 paraissait dans *Le Temps* un intéres-

1. Louis Rivière, *loc. cit.*, p. 32.

sant article sur l'œuvre qui avait été fondée à Sedan, quelques années plus tôt, par Mme Hervieu. Cet article tomba sous les yeux d'un jésuite, le R. P. Volpette qui s'occupait à cette époque de la petite conférence Saint-Vincent-de-Paul du collège Saint-Michel. Le R. P. Volpette qui avait eu maintes fois l'occasion de constater l'inefficacité de l'aumône pécuniaire, fut séduit par la tentative de Mme Hervieu, et il résolut de l'imiter. Il rechercha des terrains. Il eut bientôt à sa disposition 4 hectares qu'il répartit entre 97 familles.

Pour être admis à recevoir un jardin (chaque jardin a 400 mètres carrés), il faut accepter un règlement qui comprend quatre articles :

1° Chaque famille cultivera son lot avec soin ;

2° On ne travaillera pas les jours de dimanche et de fête (1) ;

3° On ne sous-louera aucune parcelle sans en obtenir la permission expresse ;

4° On se gardera de tout ce qui peut porter atteinte au bon renom des travailleurs.

Les jardins sont disséminés dans plusieurs pièces de terre, et chaque pièce de terre est administrée par un conseil particulier qui est élu pour trois ans et qui comprend autant de membres qu'il y a de fois cinq familles. Ce conseil s'occupe des clôtures, de l'adduction de l'eau, des voies d'accès, il veille à l'exécution du règlement. On peut faire appel des décisions d'un conseil particulier au conseil général de l'œuvre qui est formé des membres des divers conseils particuliers (2).

1. La question de savoir si le repos du dimanche devait être obligatoire dans les gardiens ouvriers, a fait l'objet d'une longue discussion au Congrès international. M. l'abbé Birot, vicaire général d'Albi, semble avoir énoncé l'opinion de la majorité des congressistes lorsqu'il a dit : « Le repos du dimanche doit être plutôt l'objet d'un travail d'éducation près de l'ouvrier qu'un article de règlement strict ». Compte rendu du Congrès, p. 189.

2. R. P. Piolet, *L'œuvre des jardins ouvriers à Saint-Etienne*.

Cette organisation est particulièrement intéressante, car elle pousse les titulaires du jardin à se préoccuper de leurs intérêts communs, et à leur faire comprendre l'existence de la solidarité et de la responsabilité qui en découle.

L'œuvre a fait des progrès très rapides : elle dispose maintenant de 640 jardins répartis en 14 groupes et occupant une surface de 26 hectares.

Toutes les régions de la France n'ont malheureusement pas imité les œuvres de Mme Hervieu et du P. Volpette. Les groupes les plus importants se trouvent presque tous dans la région du Nord et de l'Est de la France. Voici en effet les villes qui possèdent le plus grand nombre de jardins ouvriers.

Beauvais,	169 jardins,	ayant une	superficie totale de	7 H.	
Dijon,	269	—	—	14	
Douai,	101	—	—	3	30 A.
Fouilloy,	185	—	—	7	80
Fourmies,	563	—	—	23	15
Lyon,	204	—	—	4	
Nancy,	163	—	—	4	01
Reims,	183	—	—	4	40
Saint-Gaudens,	215	—	—	8	50
St-Quentin	316	—	—	10	30
Tours,	202	—	—	6	83

Il faut espérer que les œuvres éparses dans les autres régions se multiplieront et feront des progrès rapides, car les résultats obtenus au point de vue matériel comme au point de vue moral, sont des plus encourageants.

Paris, Retaux, 1899. — Henri Fontan, *Jardins ouvriers*, Tarbes. — Louis Rivière, *loc. cit.*, p. 39.

III. — *Rendement des jardins*

Le produit des jardins varie évidemment d'une façon très sensible suivant la nature du terrain et le degré de compétence et d'activité de ceux qui les cultivent. M. Fontaine, inspecteur général honoraire des ponts et chaussées, qui a fort bien organisé des jardins ouvriers à Beaune (Côte-d'Or), trouve que parmi ses jardins qui ont tous 428 mètres, les uns ne rapportent que 30 fr. par an et certains autres 100 fr. M. Louis Rivière estime que le produit brut peut varier en moyenne de 15 à 25 fr. par are. Les jardins placés auprès des grandes villes, ceux de Tours, Lyon, Sceaux et Reims, rapportent généralement davantage, à cause de l'élévation relative du prix des légumes qui sert de base à l'évaluation du rendement, et grâce aussi aux plus grandes facilités d'écoulement de certains fruits plus cher.

Voici deux exemples recueillis par Mme Changeux, de Reims, et qui indiqueront l'économie réelle que peut réaliser, grâce à un jardin, une famille ouvrière :

Légumes pour la soupe. Toute l'année, disait une mère de famille, je dépensais ordinairement 0 fr. 15 par jour ce qui donne	54 85
Salades Trois mois, trois sous par jour	13 50
Deux fois par semaine, pendant deux mois, petits pois à huit sous	12 80
Cent cinquante poireaux à un sou	7 50
Radis, choux, navets, etc.	3 10
Cela fait pour une première année de culture (1) .	91 75

Autre exemple :

Une mère de famille de treize enfants a déclaré :

1. Il faut tenir compte de ce qu'une première année de culture est généralement moins bonne que celles qui la suivent.

J'achetais 1 fr. 50 de légumes par jour pour quinze personnes. Je n'en achète plus, soit	500 »
Je déduis les pommes de terre qu'elle ne peut pas cultiver.	100 »
Reste	400 » (1)

A Marseille, les jardins ont 200 mètres de surface : l'un d'entre eux a produit 300 kilos de pommes de terre sur la moitié du terrain, le reste étant consacré à des légumes divers.

A Nancy la dépense moyenne du jardin par personne est de 1 fr. 10 tandis que le bénéfice net s'élève à 14 fr. par personne et à 100 fr. par jardin (2).

Assurément de tels chiffres ne peuvent pas nous procurer des indications absolument précises sur le revenu moyen des jardins, mais ces monographies ont cependant le mérite de nous donner une idée exacte de ce qu'on peut en attendre. Au surplus, en mettant les choses au pire, on peut être certain qu'au seul point de vue pécuniaire, une aumône donnée sous forme de jardin rapporte au moins quatre fois plus à l'assisté

1. Compte rendu du Congrès international, p. 205. Les jardins créés par Mme Changeux ont de 3 à 400 mètres carrés.

Le docteur Lancry, l'un des plus ardents protagonistes de ce système, considère que l'on peut tabler sur les moyennes suivantes :

Un jardin de 4 ou 5 ares de superficie coûte de 5 à 12 fr. de location et rapporte de 60 à 80 fr. de légumes (*Bulletin de la ligue du Coin de terre et du Foyer*, nov. 1897, p. 19). A Saint-Etienne le secours attribué sous forme de prêt du jardin a été mulplié par 5 1/2 ou 6 par les récoltes obtenues dans les jardins ouvriers (*L'œuvre des jardins ouvriers à Saint-Etienne, à Sedan, en France et à l'étranger*, Paris, Victor Retaux, 1899, par R.-P. Piolet, p. 54). Des résultats encore meilleurs sont obtenus à Sedan, grâce sans doute aux exemples instructifs du champ d'expérience, mais aussi à une meilleure qualité de la terre, l'œuvre de Saint-Etienne ayant défriché des champs que l'on avait considéré jusque-là comme incultes.

2. Œuvre nancéenne d'assistance par le travail, exercice 1903-1904. Compte rendu présenté à la Commission administrative du bureau de bienfaisance par M. Jaeger, *Bulletin de la ligue du Coin de terre et du Foyer*, janvier 1905, p. 20.

que si elle avait été donnée en argent (1), le résultat obtenu par le jardin ouvrier est donc très sensiblement supérieur à celui qu'obtiennent les œuvres d'assistance par le travail proprement dites.

Celles-ci ont aussi donné lieu au reproche de contribuer à avilir les salaires; elles ont rendu certains métiers impossibles aux travailleurs normaux. Cette critique ne peut être adressée aux jardins ouvriers. La production du jardin est, avant tout, destinée à la consommation familiale; elle ne comporte aucun salaire direct et pécuniairement appréciable; elle rapproche l'homme des conditions naturelles de la vie économique qui peut le mieux lui donner la sécurité et l'indépendance : elle ne peut donc apporter aucun trouble dans la fixation du prix des denrées alimentaires. Si, dans un certain nombre d'œuvres, les détenteurs de ces jardins vendent quelques fruits, l'importance très minime de ces quelques transactions ne peut avoir d'influence appréciable sur le marché, et il serait d'ailleurs facile d'y remédier si le besoin s'en faisait sentir, en imposant à ces jardins un prix de location représentant approximativement leur valeur. Les jardins ouvriers ne faus-

1. Compte rendu du Congrès. Rapport de M. Rivière, *loc. cit.*, p. 78. Voici enfin une autre anecdote que rapporte l'abbé Gruson, curé de Fourmies, et qui montre bien tout le prix que le bon sens ouvrier attribue à la possession d'un coin de terre. « La femme, écrit-il, racontait que son homme avait eu un accident qui ne lui permettait plus de gagner qu'un très maigre salaire. La Compagnie avait offert une toute petite rente ou 2.500 fr. On avait pris les 2.500 fr. Mais qu'en faire? Je dis à mon homme : « 2.500 fr., nous aurons vite dépensé ça, et ça ne servira à rien. Si nous achetions une petite maison et un coin de terre? » La prévoyance intelligente de ces pauvres avait été tout simplement admirable. L'argent se dépense « on ne sait comment »; la terre est la meilleure épargne : celle-là se garde. Dans cette famille, famille de pauvres, puisque le père était à moitié perclus, on vivait heureux; on ne mangeait pas de la viande tous les jours, pas même de beurre tous les jours; mais on avait toujours du bon pain, et une bonne soupe épaisse et nourrissante ». *La démocratie chrétienne*, 8 décembre 1904, p. 456.

sent donc pas le libre jeu de la loi de l'offre et de la demande dans la fixation du cours des denrées qu'ils produisent.

IV. — *Avantages au point de vue de l'hygiène*

Les avantages matériels que procurent les jardins ouvriers sont loin d'être les seuls dont ils puissent, à juste titre, se glorifier. Au point de vue de l'hygiène les résultats que l'on peut en retirer sont tout à fait remarquables. Comme le disait si bien Michelet « de toutes les fleurs, la fleur humaine est celle qui a le plus besoin de soleil ». La science médicale est venue confirmer l'axiome du penseur. On sait quelle influence jouent l'air et la lumière dans la guérison de beaucoup de maladies. M. le Dr Robin, membre de l'Académie de médecine, a montré d'une manière saisissante, dans le discours qu'il a prononcé à l'une des séances du Congrès international des jardins ouvriers, comment le jardin pouvait remplacer le sanatorium, pour lutter contre la tuberculose. « Un sanatorium, disait-il, c'est une maison très chère, où l'on donne au physique de l'air, de la lumière, du repos et une certaine alimentation très régulière. Mais, quand on a un jardin, on peut faire tout cela chez soi, et réaliser le *home sanatorium* sous la voûte du ciel, avec la tendresse et la sollicitude des siens pour réconfort, au lieu d'être un numéro isolé dans une agglomération de tristesse et d'indifférence. Les jardins ouvriers appliquent donc bien les trois principes essentiels de la lutte antituberculeuse dans les milieux populaires, puisqu'ils font à la fois de l'assistance, de la prophylaxie, et qu'ils placent ceux qui viennent d'être atteints dans les meilleures conditions pour guérir, et cela sans grever l'Assistance publique et la charité privée, des charges qu'elles ne sauraient supporter » (1).

Le Dr Calmette, de Lille, voit dans le jardin « un des meilleurs moyens de créer le sanatorium à domicile », le plus recommandable des traitements, car il ne croit « pas beaucoup à la cure par le grand sanatorium » (2).

Enfin, à côté de l'opinion de ces praticiens, voici quelques faits des plus instructifs :

« Un ouvrier, légèrement atteint de phtisie, était très frappé de son état. Dès qu'il rentrait de son ouvrage, il s'installait dans son vieux fauteuil et broyait du noir ; impossible de le dérider. La conférence (de St-Vincent-de-Paul) lui accorda un jardin, il y prit goût, et il ne songe plus à sa maladie » (3).

M. l'abbé Volpette a pris le soin de faire la statistique de la mortalité survenue dans les familles qui bénéficient de ses jardins de Saint-Étienne. Sur 390 personnes, en 9 ans, il a constaté une moyenne de 1 0/0 de décès, alors que la mortalité générale en France atteint au moins 2 0/0. La moyenne est encore plus faible pour les familles habitant les maisons qui ont été édifiées dans ces jardins, sur 430 personnes, il n'a été constaté que deux décès de grandes personnes et pas un seul d'enfants; et cependant la mortalité infantile est de 6,38 pour cent pour les enfants de 0 à 5 ans (4).

Un résultat analogue a été constaté à Marseille, la mortalité parmi les occupants des jardins n'a été en 1903 que de 1,1 0/0 contre 2,5 0/0 dans la ville.

1. Compte rendu, *loc. cit.*, p. 321.
2. Compte rendu, *loc. cit.*, p. 220.
3. *Loc. cit.*, p. 93.
4. Levasseur, *Grande Encyclopédie*, voir article « Mortalité ».

V. — *Portée morale des jardins ouvriers*

L'hygiène morale y gagne tout autant que l'hygiène physique. Quelques exemples rapportés au Congrès international le feront bien comprendre.

Mme Changeux en a cité deux qui sont très remarquables. C'est tout d'abord l'observation suivante exprimée ainsi par une femme : « Le plus grand profit de notre jardin ce n'est pas les légumes que nous n'avons pas dû acheter, ce sont les petits verres que mon mari n'a pas bus ». C'est encore le témoignage d'un ouvrier qui disait : « Vous ne sauriez croire le changement que le jardin a fait pour moi, je travaille bien pendant la semaine ; mais ici je suis tout entier, *je revis* » (1).

Cette phrase d'un travailleur montre bien que la culture d'un jardin de dimensions modestes n'est pas un surmenage imposé à l'ouvrier en plus de son labeur quotidien, mais une diversion salutaire. Au surplus, il ne faut pas oublier que le chômage visite souvent le travailleur. Les jours d'oisiveté forcée peuvent être utilisés avec profit pour les gros travaux de jardinage que l'homme seul peut exécuter. Les menus travaux qui demandent moins de force peuvent être faits par les autres membres de la famille, femme, vieillards ou enfants. Comme le disait fort bien Mme Changeux, « le rôle de la femme de l'ouvrier dans le jardin, est aussi important au moins que celui de son mari. En bien des cas il est prépondérant. Plus que son mari la ménagère apprécie l'apport fait à la famille par les légumes de chaque jour ; puis, si l'homme, dans le jardin, fait les travaux les plus fatigants, à la femme revient l'entretien : elle a son temps plus libre et, pendant qu'elle garde les enfants au bon air, elle peut

1. Compte rendu, *loc. cit.*, p. 203.

s'employer avec profit pour sa santé même, à sarcler, arracher les herbes et arroser les plates-bandes ». Et, poursuivant le cours de son fort intéressant exposé sur le rôle de la femme dans le jardin ouvrier, Mme Changneux ajouta : « Si une dame passe alors caressant les têtes blondes, s'informant des santés et donnant des conseils, l'influence exercée est autre, mais non pas moindre que celle qu'exercerait un homme parlant au père de famille de son travail et de ses soucis. Je dirai plus : mieux que vous, Messieurs, nous pouvons trouver dans notre expérience de femmes et dans nos cœurs de mères, les paroles les plus aptes à consoler et à relever la grande délaissée qu'est la femme de l'ouvrier » (1).

On ne pouvait mieux faire comprendre la tâche sociale qui s'impose aux femmes d'une façon générale, et plus particulièrement à celles qui peuvent voir de près ces malheureuses familles prolétariennes si atteintes par l'excès du travail et de la misère. On voit en même temps combien ce coin de terre peut être un moyen de rapprochement social entre des classes qui s'éloignent de plus en plus, et qui se calomnient mutuellement, parce qu'elles s'ignorent l'une l'autre.

Les jardins ouvriers ont encore l'avantage d'exciter le plus vif intérêt chez ceux qui les cultivent. Les personnes qui s'occupent d'assistance par le travail savent combien il est difficile de trouver un travail qui soit à la portée des assistés et qui les intéresse pourtant ; pour mon compte je n'ai guère vu d'ateliers où cet écueil fût tout à fait évité. Les jardins ouvriers, dès leur origine, n'ont jamais éprouvé pareille difficulté. L'ouvrier, et avec lui toute sa famille, prend un intérêt passionné à la culture du jardin, aux progrès de la végétation, aux espérances de la récolte. C'est là un excellent stimu-

1. Compte rendu, *loc. cit.*, p. 218.

lant de l'activité et de l'énergie si promptement atrophiées chez l'ouvrier malheureux.

Nous retrouvons chez les possesseurs de ces jardins un attachement à la propriété individuelle que nous avions déjà remarqué chez les colons envoyés en Algérie après les événements de 1848. Les uns et les autres ont montré leur égale répugnance pour la propriété collective, même après avoir été nettement socialistes jusque-là. L'anecdocte suivante est des plus instructives à cet égard.

Un ouvrier socialiste de Saint-Etienne sollicite du R. P. Volpette, un carré de jardin. Après lui avoir énuméré les quatre articles de son règlement, le Père lui dit : « Acceptez-vous cela ? — Parfaitement ; mais vous savez, je ne veux pas aller à la messe, moi... — Je ne vous demande pas d'aller à la messe. Acceptez-vous mes quatre articles ? — Oui. — Eh bien ! vous pouvez vous rendre à tel champ et prendre possession du lot numéro tant ». Notre homme prit goût à son jardin, et travailla avec ardeur. Au printemps il avait les plus beaux légumes de tout l'enclos. Le Père, passant un jour par là le voit suer, la tête penchée sur ses sillons, et l'interpelle. « Eh bien ? Père un tel, vous avez de belles pommes de terre. C'est cela qui va arranger la moyenne ! — Quoi ! quelle moyenne ? reprend l'ouvrier en se redressant interloqué. — Mais vous savez bien : quand la Saint-Jean va venir, on arrachera toutes les pommes de terre, on en fera un gros lot dans ce carré vide, et chacun viendra recevoir sa provision, un baquet par tête composant chaque famille... — Ah ! ça, mon Père, vous moquez-vous de moi ? Vous croyez que j'ai trimé depuis six mois pour donner mes pommes de terre à ceux qui ont cinq ou six enfants et n'ont rien fait ? Elles sont à moi, mes pommes de terre ! je veux les manger ou les vendre ; gare à qui y touchera !... » Depuis cette époque l'ouvrier n'est plus socialiste (1).

VI. — *Portée sociale des jardins ouvriers*

La portée sociale des jardins ouvriers peut varier beaucoup suivant leur organisation. Jusqu'ici, les jardins ouvriers ont été surtout considérés comme un succédané de l'assistance par le travail ordinaire, et c'est à ce titre qu'ils rentrent dans le cadre de cet ouvrage. L'ouvrier ne pouvant, par suite du chômage, employer sa puissance de travail (*arbeitskraft* comme disent les allemands), on lui procure les éléments qui lui sont nécessaires pour utiliser sa force productrice. Dans l'assistance par le travail ordinaire, on donne du bois à fendre aux hommes et du linge à coudre aux femmes. Dans les jardins ouvriers, on met à la disposition de la famille un coin de terre que tous ses membres contribueront ensemble à cultiver, dans la mesure de leur savoir et de leur force. Mais il y a bien des manières de mettre en pratique ce principe commun à toutes les œuvres actuelles de jardins ouvriers.

Certains, comme le Docteur Lancry, fondateur des jardins de Rosendaël, donnent gratuitement de la terre à leurs assistés en leur disant : « Débrouillez vous ! » (2) Ce système est également employé à La Rochelle, à Fourmies et à Marseille. Dans cette dernière ville, les jardins les plus importants ont été fondés par la Société d'assistance par le travail dont M. Eugène Rostand, membre de l'Institut, a été l'initiateur. Les jardins sont répartis en deux terrains : le premier enclos de mur et facilement arrosable a été loué à proximité du quartier

1. Communication faite à la Société d'Economie sociale de Lyon, par M. Louis Rivière.

2. Compte rendu, *loc. cit.*, p. 182.

industriel et populeux de la Capelette, il comprend 17 jardins de 200 mètres de surface chacun. Le second terrain se trouve dans le quartier de Montredon, il contient une trentaine de jardins (1). « Chaque concessionnaire, pourvu qu'il remplisse les engagements qu'il a signés, travaille à son gré le lot à lui concédé. Il travaille comme bon lui semble, et le cultive comme il l'entend ; le rendement, fleurs, légumes ou fruits lui appartient en propre, sans aucune redevance... Chaque tenancier doit fournir lui-même les outils et les entretenir; il doit veiller à la bonne tenue des clôtures de chaque lot » (2).

D'autres vont plus loin et donnent, en plus du jardin, des outils, des graines et des engrais, pour la première année tout au moins. Ils considèrent même qu'un certain enseignement des principes essentiels de la culture n'est pas inutile, et parfois comme à Sceaux, un homme particulièrement compétent est attaché à l'œuvre pour faire l'éducation technique des nouveaux jardiniers. « Il leur procure des graines et des plantes convenables, car en général les produits qu'on achète sont dégénérés et donnent de piètres résultats, ce qui dégoûte les jardiniers et les décourage. L'homme de métier viendra à leur aide, indiquera ce qu'on doit faire, les plantes qui doivent se succéder (car il doit y avoir des plantes toute l'année) l'engrais qu'il faut mettre etc... En résumé il faut placer à leur tête (des jardins) un homme compétent qui dirige la culture et qui procure des graines et des

1. Les jardins ouvriers de Marseille, par Louis Rivière, *Bulletin de la ligue du Coin de terre et du Foyer*, janvier 1905, p. 6. Il s'est formé dans cette ville une *Association des jardins ouvriers de Marseille*, dont le siège est à la Fédération des Alpes et de Provence, 29, rue Paradis.

2. Compte rendu général de l'exercice 1903, par le Dr Boy-Tissier, p. 39.

plants sélectionnés, afin d'obtenir le maximum de produit avec le minimum d'effort » (1).

A Sedan on a créé un « champ d'expérience », spécialement surveillé par la direction, qui a pour mission d'éclairer les jardiniers sur les cultures à entreprendre et sur les procédés à employer. On l'a intentionnellement confié à une femme « pour démontrer expérimentalement qu'une mère de famille peut, par la culture d'un jardin, s'occuper de tous ses devoirs de ménage, et gagner plus encore que par le travail de l'atelier » (2). Aussi à Sedan arrive-t-on à avoir des récoltes magnifiques en qualité et en quantité. Aux concours agricoles les produits des jardins ouvriers sont souvent médaillés. Quant à la quantité elle arrivera à donner des résultats comme celui-ci, obtenu par Mme Douffet. Sur un terrain de 11 ares 20 centiares, d'un prix de location de 11 francs, elle aurait, d'après sa déclaration récolté pour 239 francs de légumes, soit un rapport de 2.000 pour cent.

Beaucoup d'œuvres qui n'ont pas organisé d'une façon aussi complète une direction technique, se sont bornées à créer des concours pour la bonne tenue des jardins, afin d'encourager ceux qui tirent le meilleur

1. Communication de M. Curé, de Sceaux, au Congrès international. Compte rendu, p. 267. « La Société d'horticulture de Valenciennes a prêté gracieusement son concours à MM. Mulat et Legrand, maîtres de verreries à Fourmies pour faire des conférences aux ouvriers bénéficiaires de jardins. *Le Coin de terre fourmisien* a organisé des conférences analogues, grâce au concours d'un membre de la société Ces conférences pratiques fort appréciées, ont été imprimées et mises à la disposition des intéressés au prix de 0 fr. 05 l'une ». Louis Rivière, *Le jardin et l'atelier*, p. 153. A Morlaix un vicaire s'est fait jardinier pour pouvoir procurer à ses paroissiens des plantes à bon marché pour leurs jardins et d'excellents conseils pour les méthodes à employer dans la culture (Voir *Bulletin de la ligue du Coin de terre et du Foyer*, décembre 1904, p. 305).

2. Dr Lancry. Une visite aux jardins ouvriers de Sedan. *La démocratie chrétienne*, octobre 1897, p. 349.

parti du coin de terre qui leur a été affecté, et les donner en exemple à leurs voisins (1). Il arrive parfois, comme cela se passe à Beaume, que le comité chargé de la direction des jardins est composé des lauréats des concours et de leurs femmes ; on considère en effet que celles-ci contribuant grandement à la culture des jardins doivent participer à la direction. Les prix accordés sont généralemant évalués en argent, mais ils peuvent être parfois touchés en ustensiles de jardinage ou en engrais.

A Fourmies, on a créé une sorte de société coopérative dont les jardiniers font partie. La caisse est alimentée par un versement mensuel de 0 fr. 60 par membre. Elle est ainsi en mesure d'acheter en gros les semences et les engrais d'une qualité supérieure et à des prix beaucoup plus avantageux. « Autour de cette caisse, disait M. l'abbé Gruson, curé de Fourmies, se fait l'éducation de l'ouvrier, il acquiert de l'initiative, apprend à contrôler les prix, vérifie par lui-même l'application de la coopération, pratique le dévoument à l'égard des autres, s'habitue à songer à son prochain » (2).

Les différences d'organisation les plus importantes ne résident pas tant dans ce que l'œuvre donne, que dans ce qu'elle demande de la part de ceux qui reçoivent les jardins. En effet, suivant les cas, ces derniers peuvent être considérés soit comme des assistés ordinaires, soit comme des locataires, soit même comme des quasi-propriétaires.

Dans un certain nombre d'œuvres, les jardins sont donnés gratuitement aux familles nécessiteuses, sans

1. On considère, dans certaines œuvres, que ces concours sont susceptibles de développer la jalousie entre les jardiniers ; mais cette opinion ne semble pas partagée par un grand nombre de personnes s'occupant pratiquement de la question.

2. Compte rendu du Congrès international, p 238.

qu'on leur demande rien en échange. Ce sont, par exemple, des conférences de St-Vincent de Paul remplaçant certains de leurs bons par le prêt d'un de ces jardins. Il arrive parfois que, tout en maintenant cette gratuité, on exige chaque semaine, au moins pendant la bonne saison, le dépôt d'une petite épargne. Cette sorte de cotisation qui varie ordinairement de 5 à 6 francs par an se rapproche beaucoup de la location proprement dite.

A Reims pendant les deux premières années, l'œuvre paye le loyer au nom du titulaire du jardin. « Après on lui demande une cotisation ; d'assisté il devient sociétaire, ce qui est un progrès moral énorme. Ainsi dans ces jardins, les deux premières années font apprécier l'œuvre ; après cela l'ouvrier paie volontiers sa cotisation. Une fois qu'il a payé, il est très fier d'avoir versé de l'argent ; il acquiert confiance en lui-même » (1).

Ainsi que le remarque très justement M Rivière, « il y a là une idée qui mérite une sérieuse attention. Il est bien certain que certains ouvriers, qui rougiraient d'accepter une aumône, prendraient volontiers un jardin en location d'une œuvre honorablement connue, qui leur éviterait toute relation avec des gens d'affaires et se chargerait de remplir les formalités » (2).

Il existe encore une troisième étape qui élève encore davantage le niveau social des titulaires des jardins, c'est l'accession progressive à la propriété. Le but est assurément très désirable, mais il ne faut pas oublier que dans la plupart des cas il est très difficile à atteindre. En effet, les jardins ouvriers sont généralement créés dans des villes industrielles où l'on utilise momentanément des terrains vagues. Il est relativement facile de les louer pour un prix abordable, parce que du jour où

1. Compte rendu, *loc. cit.*, p. 181.
2. Louis Rivière, *La terre et l'atelier*, p. 139.

une vente sera conclue il sera possible de rentrer en possession du terrain ; il en va tout autrement quand il s'agit d'acheter des jardins d'une certaine étendue. Leur valeur dans des villes comme Paris et Lyon les rendrait inabordables pour ceux qui doivent en profiter. Cela n'empêche pas que partout où il sera possible de rendre la propriété du jardin accessible à l'ouvrier comme cela se pratique à Reims et à Beaune, on devra s'efforcer de le faire, car on arrivera à l'éloigner ainsi d'une manière à peu près définitive de la classe paupérisante, et on l'enracinera dans un milieu extrêmement sain au point de vue physique, moral et social.

CHAPITRE III

CONCLUSION

EXTENSION POSSIBLE DES JARDINS OUVRIERS

On peut demander plus encore au jardin ouvrier. Comme le disait M. Louis Rivière, il n'est qu'un commencement, une assise solide sur laquelle on édifiera plus tard une création plus importante. « Pour M. l'abbé Lemire, ce sera ce coin de terre de 24 ares incessible, insaisissable et affranchi d'impôt, dans lequel on voit la forme française du *homestead* américain, et dont il a fait l'objet d'une proposition à la Chambre des députés. M. l'abbé Gruel veut assurer à la longue la propriété de la terre au preneur qui édifierait une maison dans les conditions de la loi sur les habitations ouvrières. M. le Dr Lancry cherche à arriver à la liberté testamentaire par l'usage des baux emphytéotiques que le père de famille pourrait transmettre à l'un de ses enfants, évitant ainsi la licitation de l'immeuble construit sur le terrain loué. Quant à Mme Hervieu, son but est la constitution d'une dot pour tous les enfants, grâce à une vaste société mutuelle terrienne, englobant les enfants riches comme membres honoraires et les pauvres comme bénéficiaires » (1).

Quelques-uns de ces desiderata sont déjà en bonne voie de réalisation. Les deux premiers sont toute spécia-

1. Communication de M. Louis Rivière à la Société d'Économie sociale, cité dans le *Bulletin de la ligue du Coin de terre et du Foyer*, avril-mai 1898, p. 152.

lement intéressants. Malheureusement nous ne pouvons attendre que du législateur une mesure qui rendra incessible et insaisissable la petite propriété de famille. Il n'en est pas de même des habitations ouvrières, il est loisible à tous les propriétaires de jardins ouvriers de faciliter la construction d'une maison que désire naturellement l'ouvrier qui a son jardin.

Il y prend en effet tant d'intérêt, qu'il s'arrange de façon à pouvoir y passer le plus longtemps possible, lui et sa famille, au moment de la belle saison. Beaucoup, pour être mieux *chez eux*; construisent de la façon la plus rustique des tonnelles, où l'on se réunit avec quelques amis, le dimanche, pour causer et fumer ensemble. Mais ce n'est pas encore assez, le mauvais temps peut venir subitement il faut pouvoir se mettre à l'abri, car le jardin est souvent éloigné du logis. On construit donc avec quelques planches une petite cabane, dans laquelle on serrera les instruments de culture, les semences et tout ce dont on a besoin quand on veut rester dans son jardin. Et une fois la cabane construite, combien est forte la tentation de l'agrandir un peu et de la rendre plus confortable pour pouvoir y habiter avec les siens. Ne plus avoir de loyer à payer à un propriétaire, vivre au milieu de son champ que l'on peut cultiver aussitôt que l'on a un moment de loisir, voir chaque jour les progrès de la végétation que l'on a créée en quelque sorte et dont on attend la vie, quelle joie pour une famille confinée dans l'atmosphère méphitique d'une maison surpeuplée, et obligé de payer à prix d'or l'étroite pièce dont elle ne peut sortir que pour aller dans la rue encombrée, sale et dangereuse !

Et voilà comment le jardin ouvrier amena la question de l'habitation à bon marché, de la façon la plus logique et la plus impérieuse, voilà pourquoi nous le considérons non seulement comme une œuvre d'assistance excellente, mais aussi comme une institution sociale d'une valeur tout à fait supérieure.

Les progrès réalisés par l'œuvre de St-Etienne dans cet ordre de faits sont frappants. Bien des tonnelles y avaient déjà été construites sur les jardins, mais pas une seule maison n'avait encore surgi, voici dans quelles circonstances fut bâtie la première.

« Fraissenon, dit Coucou, avait dix-sept sous de retraite comme mineur, un petit secours comme soldat, 200 mètres carrés de jardin, plus une chèvre, un chien, un chat avec lesquels il faisait très bon ménage, à l'encontre de ce qui se passait entre lui et sa femme. On le vit un jour arborer son pantalon rouge et se faire maçon. « C'est l'armée française qui bâtit », dirent les enfants du collège. Son hôtel n'était pas luxueux, 4 mètres de long sur 3 mètres de large et 2 mètres de haut, avec des murs ne ressemblant en rien à des lignes droites, avec un toit proprement qualifié d'ordre composite, car il était fait de bois, de tuiles, de pierres et de treillis de fer. Il y vivait néanmoins heureux, avec un lit et une chaise, avec sa chèvre, son chien et son chat. Et, chaque matin, sa femme, reconciliée avec lui depuis qu'ils ne vivaient plus ensemble, lui portait la soupe et venait traire la chèvre, afin d'en avoir le lait. Lui-même était son propre cuisinier pour le dîner » (1).

L'initiative de Fraissenon fut bien vite imitée, et peu de temps après six maisons s'élevaient dans les jardins ouvriers de St-Étienne.

Le R. P. Volpette voulait encourager un pareil mouvement. Mais la plupart de ces pauvres gens étant loin de posséder les ressources nécessaires pour édifier une maison, il dut recourir à différents moyens pour leur venir en aide.

Afin de leur faciliter l'achat des matériaux il fut amené à créer une briqueterie qui a pris depuis une réelle im-

1. R.-P. Piolet, *Les jardins ouvriers à Saint-Etienne, à Sedan, en France et à l'étranger*, Paris, Retaux, 1899, p. 88.

portance ; elle possède maintenant un outillage perfectionné, un moteur électrique de douze chevaux, et elle est en mesure de livrer 5.000 briques par jour. Elle occupe vingt-cinq ouvriers, qui sont surtout choisis parmi les jardiniers momentanément sans travail.

Pour procurer à ses assistés l'argent qui leur manquait le Père organisa une caisse rurale qui, d'une part, reçoit en dépôt les économies de tous les membres, et d'autre part, avance à ceux qui en ont besoin les quelques cents francs qui leur sont nécessaires. Ce prêt est consenti moyennant que le sociétaire pourvoie par ses propres ressources au tiers des frais de la construction. Les deux autres tiers sont prêtés par la caisse rurale qui est gérée par un conseil élu par l'assemblée de tous les sociétaires. Le remboursement se fait, en 10, 15, 20 ou 25 ans, par annuités de 70 à 80 fr. (1). A côté de la maison, on construit une écurie pour une chèvre, un porc ou une vache ce qui permet d'augmenter sensiblement le revenu du jardin, et facilite l'amortissement de la construction (2).

Il pourrait y avoir un danger pour ces familles, dans le cas où le père viendrait à mourir avant d'avoir fini de rembourser sa dette. Une veuve chargée d'en-

1. Louis Rivière. *La terre et l'atelier*, p. 43. Il a été créé auprès des jardins quelques œuvres connexes telles que un dispensaire, un bureau de placement, un bureau de consultations, etc. Voir également la brochure de M. l'abbé Thellier de Poncheville « *Une caisse ouvrière de prêts pour habitations ouvrières*, » Collection de l'Action populaire, Lecoffre, éditeur.

2. A Orléans, il existe aussi une société coopérative, *La Ruche ouvrière* dont le but est de prêter de l'argent aux ouvriers qui veulent construire des maisons sur leur jardin. « Son siège social est rue de Limare, 19 *bis*, à Orléans. C'est le siège même de la coopérative de consommation et du cercle d'études sociales agrégé au *Sillon*... La préoccupation des ouvriers a été d'avoir des maisons à bon marché ne dépassant pas 3.000 à 3.500 fr. » Jardins et maisons par l'abbé Lemire, *Bulletin de la ligue du Coin de terre et du Foyer*, décembre 1904, p. 359.

fants, aurait bien de la peine à faire face aux engagements. Pour obvier à cette difficulté, on a créé une assurance mixte qui rend la famille immédiatement propriétaire de l'immeuble quand son chef vient à mourir.

De pareilles facilités permirent, en quelques mois, à seize nouvelles maisons de s'élever au milieu des jardins qu'on avait dû accroître pour la circonstance. Et maintenant les jardins de Saint-Etienne tendent à devenir de véritables cités ouvrières que les intéressés eux-mêmes ont largement contribué à créer, grâce à leur travail, à leur énergie et à leur persévérance.

Il faut espérer que dans beaucoup de villes les œuvres privées imiteront les jardins ouvriers du P. Volpette, et qu'elles verront leur tâche facilitée par les municipalités. Ces dernières peuvent avoir une influence considérable sur les développements des jardins ouvriers.

Arras, Beauvais, Boulogne-sur-Mer, Fouilloy et Saint-Quentin ont déjà constitué des jardins municipaux ; bien d'autres villes pourraient les imiter. Il ne faut pas oublier, en effet, que si la Révolution a fait disparaître beaucoup des biens communaux, il en reste encore cinq cent mille hectares dont une grande partie pourrait être utilisée comme jardins. Les communes allégeraient ainsi d'une manière très appréciable et la misère de leurs concitoyens et les charges des bureaux de bienfaisance.

Quant à la difficulté de trouver des espaces utilisables dans les grands centres urbains, elle est loin d'être insurmontable ; l'expérience le prouve. On a pu créer des jardins ouvriers à Berlin, à New-York, à Bruxelles, pourquoi ne pourrait-on pas les multiplier davantage à Paris ? D'après la statistique dressée pour le congrès international, il n'existe à Paris que deux œuvres, encore sont-elles de bien modeste importance, fondées toutes les deux par des conférences de Saint-Vincent-de-Paul. L'une dispose de 30 ares et l'autre de 7.

Le déclassement des fortifications est une occasion merveilleuse et unique de trouver des terrains étendus et situés à proximité des faubourgs ouvriers. Il est probable qu'un grand nombre de lots ne seront pas vendus avant bien des années ; d'ici là on pourrait les utiliser pour améliorer le sort de nombreuses familles ouvrières. Sur ces terrains incultes, dont l'abord a été jusqu'ici si peu attrayant et si peu sûr, on souhaiterait de voir créer de vastes jardins publics, où l'ouvrier pourrait trouver pour lui et pour les siens les bienfaits de l'air pur, de la lumière et de quelques ombrages. A côté de ces larges espaces, on pourrait réserver une part modeste et suffisante pour la création de jardins ouvriers. Si on ne se préoccupe que du côté lucratif de la suppression des fortifications, on risque de multiplier les faubourgs, au lieu de les améliorer. Il y a cependant une obligation impérieuse à répandre dans ces quartiers populeux, qui en ont tant besoin, des institutions si utiles, si vivifiantes. Ce serait une œuvre pacifique vraiment digne d'une démocratie que de transformer le rôle de ces fortifications sans en changer la destination préservatrice ; créées dans le but de repousser les ennemis du dehors, elles continueraient à protéger la population parisienne contre l'invasion autrement redoutable de la misère, de la tuberculose et de la dégénérescence physiologique qui la déciment plus que les guerres les plus meurtrières.

Les jardins ouvriers peuvent donc avoir un rôle très vaste et une action très bienfaisante, car ils constituent des instruments de gain, mettant le travailleur à l'abri des plus rudes assauts de la misère ; ils améliorent très utilement l'hygiène de la famille puisqu'ils assurent à tous un travail sain et proportionné aux forces de chacun, leur permettant de respirer à pleins poumons un air vivifiant et de développer leur endurance et leur énergie. Enfin ils préservent la moralité de la famille en contribuant à y retenir la femme; ils montrent ainsi d'une façon éclatante combien son action au foyer est plus rémunératrice et plus féconde que lorsqu'elle s'exerce à l'atelier ou à l'usine, et en maintenant les enfants sous la surveillance maternelle elle les préserve des tentations et des dangers de la rue. Les jardins ouvriers contribuent donc bien, comme le disait Mme Hervieu, à reconstituer la famille, cellule primordiale de toute organisation féconde.

Mais à côté de cette action directe, le jardin a une influence sociale beaucoup plus vaste puisqu'il permet d'entrevoir une méthode tendant à démocratiser la propriété, à rendre la famille propriétaire de son coin de terre et de son foyer, suivant le rêve de M. l'abbé Lemire, et à instaurer, par conséquent, un ordre social nouveau de plus en plus conforme aux nécessités vitales de notre démocratie.

A ce point de vue, les jardins ouvriers sortent donc de la sphère des questions d'assistance, par conséquent du cadre de cette étude. Il n'était pas inutile cependant d'indiquer tout le rôle qu'ils peuvent être amenés à remplir, car on peut voir ainsi qu'ils réalisent pleinement le but de l'assistance véritable qui est de mettre le pauvre en état de se passer de secours.

CONCLUSION GÉNÉRALE

Après avoir étudié l'histoire de l'assistance par le travail et l'organisation des œuvres modernes, il nous reste à examiner succinctement si l'assistance par le travail, telle qu'elle a été pratiquée en France, a répondu à ce qu'en attendaient ses protagonistes, — si elle a fait un bien véritable au chômeur tant au point de vue économique qu'au point de vue moral, — si la société elle-même en a profité par la diminution de la misère, du paupérisme et de la mendicité et par l'accroissement des travaux d'utilité publique, — si les travaux qui ont été effectués ont été d'une utilité véritable et s'ils n'ont pas fait concurrence à ceux des travailleurs qui n'étaient pas secourus. Ce sont là de graves questions que l'histoire des institutions, dont nous venons de faire le tableau, peut contribuer à élucider.

Pour arriver à une solution précise, il faut distinguer les grandes catégories de tentatives que nous avons signalées : les ateliers publics de secours d'autrefois, les œuvres modernes et les jardins ouvriers. Fonctionnant d'une façon toute différente, ces institutions ne présentent ni les mêmes avantages, ni les mêmes inconvénients. Il faut donc les étudier séparément.

I. — *Ateliers publics de secours*

L'aide matérielle fournie par les ateliers publics de secours a été très réelle. Une foule de travailleurs ont reçu un salaire qui, bien que minime, était encore suffisant, surtout si l'on considère que la femme et l'enfant pouvaient travailler aussi, et que leur gain augmentait ainsi les ressources de la famille.

Toutefois on peut se demander si les ateliers de secours ont conservé ou augmenté la valeur économique du travailleur, car le chômage atteignant surtout les ouvriers les moins habiles, il est très nécessaire de faire progresser les capacités professionnelles des victimes du chômage. Dans la plupart des cas on ne s'en est même pas préoccupé. Aux ateliers nationaux, comme aux ateliers de secours de la Révolution et aussi, mais à un degré bien moindre, dans les ateliers de charité, on n'a généralement pas cherché à développer ou même à conserver l'instruction et l'aptitude professionnelles.

Ce sont là des fautes qui ont été évitées ailleurs. Ainsi dans les ateliers de filature on enseignait aux femmes un métier qui non seulement leur procurait une rémunération immédiate, mais leur assurait aussi un gagne-pain pour l'avenir.

Au point de vue moral (nous ne nous en occupons ici que dans la mesure où il peut influencer la valeur économique de l'individu), les résultats des divers ateliers ont été très différents suivant l'organisation et la direction de chacun. Nous avons vu qu'une paresse inimaginable régnait à l'état endémique dans les ateliers de la Révolution : le travail produit n'égalait pas la dixième partie de la besogne qui aurait pu être exécutée par un travailleur médiocre. Toute une suite de désordres et de fraudes étaient la conséquence de ces abus, et l'influence de ce milieu pernicieux venait aggraver encore la dépression morale que le manque de travail avait engendrée. Dans les ateliers de charité on avait su éviter ces fâcheux résultats, grâce à une excellente organisation du recrutement paroissial et de l'embrigadement quasi-familial du personnel. A côté des erreurs que nous constatons, nous avons donc là encore d'excellents et profitables exemples à recueillir.

Considérons rapidement maintenant, la répercussion qu'un pareil système d'assistance peut avoir sur la société tout entière. Il y a tout d'abord le travail exécuté par le chantier dont le produit est pour le pays une richesse nouvelle. Ce travail n'a pas toujours été aussi important et aussi bien fait qu'on pourrait le désirer, surtout en 1848; mais le résultat est cependant appréciable.

Par ailleurs on peut se demander si les ateliers publics de secours ont occasionné une concurrence funeste soit au monde de l'industrie libre, soit à celui des travailleurs non secourus. Jamais les ouvriers n'ont protesté contre l'ouverture de *chantiers de gros travaux* tels que les terrassements; loin de là, ils ont parfois énergiquement réclamé quand on voulait les supprimer. Le milieu patronal n'a pas toujours montré les mêmes dispositions; c'est ainsi que nous avons vu s'élever, en 1848, de nombreuses plaintes dont les échos se firent entendre jusqu'à la tribune de l'Assemblée nationale. On ne pouvait plus trouver, paraît-il, d'ouvriers acceptant de travailler dans les ateliers privés, et, de ce fait, la production nationale se trouvait entravée. Ce fut toutefois un des seuls exemples qui se présentèrent.

Les plaintes furent beaucoup plus nombreuses pour les *ateliers de travaux industriels*. On se souvient à quelles difficultés s'était heurté le président de Bellièvre, lorsqu'il avait fondé l'Hôpital général, et les mesures qu'il avait dû prendre pour ménager les susceptibilités, dissiper les craintes et forcer l'opposition des corporations, qui considéraient cette institution comme une concurrence désastreuse.

Nous n'avons pas trouvé de trace de protestatoins contre les travaux de filature de la fin du XVIIIe siècle; mais il n'y a pas lieu de s'en étonner si l'on considère, d'une part, qu'à cette époque les corporations n'existaient véritablement plus, ou étaient du moins en pleine décadence, et que, d'autre part, la filature étant, à cette époque, beaucoup plus une occupation domestique qu'un véritable travail industriel, la perturbation sur le marché du travail devait donc être moins importante.

Les ouvriers ne protestèrent pas non plus contre les quelques ateliers industriels qui furent organisés dans les ateliers nationaux.

De l'attitude des intéressés eux-mêmes nous pouvons conclure qu'à moins de fautes impardonnables comme celles qui furent commises en 1848, les chantiers de gros travaux ne constituent aucun danger pour le travail libre, tandis que les ateliers de travaux industriels, qui par ailleurs présentent de très grands avantages, doivent être organisés avec beaucoup de prudence pour ne pas faire une concurrence désastreuse aux ateliers normaux.

Quoiqu'il en soit les ateliers de secours publics bien dirigés peuvent donc être très utiles. Ils sont, en même temps qu'un secours bienfaisant en cas de détresse générale, une source de richesse pour le pays ; mais toute leur efficacité dépend de la façon dont ils sont organisés, et les causes des échecs que nous avons constatés étant connues, il serait facile d'y remédier à l'avenir.

II. — *Les œuvres modernes d'assistance par le travail.*

Il est difficile de porter un jugement d'ensemble sur *les œuvres modernes d'assistance par le travail* à cause de leur diversité. Pourtant beaucoup des critiques ou des éloges qu'on leur adresse étant communs à un grand nombre d'entre elles, nous pouvons essayer de les synthétiser.

L'assistance matérielle procurée par ces œuvres n'est pas toujours aussi efficace qu'on pourrait le désirer. Si quelques-unes, comme celle de l'avenue de Versailles, celle du pasteur Robin, ou celles de la ville de Paris, arrivent à fournir au pauvre ce qui lui est nécessaire pour vivre, d'autres ne lui accordent qu'un salaire dérisoire avec lequel il lui est impossible de subsister.

Dans plusieurs des œuvres où l'on donne une assistance matérielle suffisante, on trouve encore le moyen de donner un secours moral puissant, et c'est là une des caractéristiques des œuvres modernes qui leur font le plus d'honneur. On cherche à relever la dignité de l'homme et du travailleur dans ces pauvres êtres, qui forment ce qu'on a appelé le *déchet social* de notre société.

Grâce au travail imposé les paresseux incorrigibles, les mendiants professionnels et les vagabonds s'éloignent d'eux-mêmes de ces ateliers. Le vrai pauvre est ainsi préservé de leur voisinage démoralisateur, et celui qui donne a la certitude de ne s'adresser qu'à des malheureux dignes de sa pitié.

Cette clientèle est assez différente de celle des ateliers de secours. L'atelier de secours est une institution éphémère, créée pour venir en aide à une population atteinte par un chômage exceptionnel et grave : il assiste donc surtout des travailleurs normaux. Les œuvres d'assistance par le travail sont, au contraire, des institutions permanentes s'adressant à des ouvriers d'une catégorie inférieure, qui ne peuvent facilement trouver d'emploi dans les conditions normales de la vie économique.

Pour donner à ces malheureux un secours vraiment profitable et durable, il faut augmenter leur valeur personnelle sur le marché du travail, et parmi les éléments qui la constituent, le degré de valeur morale entre pour une part importante. Telle est la raison qui rend plus nécessaire encore dans les œuvres modernes que dans les ateliers de secours publics le rôle éducatif de l'assistance, rôle qui a été trop peu compris et trop rarement exercé. Nous avons montré comment le pasteur Robin cherchait à développer chez ses assistés l'habitude et le goût du travail, comment à l'Hospitalité du travail on avait trouvé le moyen de donner à la besogne de l'intérêt et de procurer à l'ouvrier une profession rémunératrice, pour arriver ainsi à le faire passer de la classe paupérisante dans la classe laborieuse.

Nous sommes obligés de constater avec regret qu'il est loin d'en être ainsi partout. Il y a encore bien des œuvres où l'on travaille peu et mal, où la paresse règne entraînant à sa suite l'esprit d'insubordination et l'affaiblissement des fonctions intellectuelles, professionnelles et morales ! Ces œuvres font sans doute du bien par ailleurs, mais elles pourraient en faire davantage en changeant de méthode. Sans un travail assidu, il est impossible d'obtenir une discipline stricte et un état d'esprit satisfaisant, conditions essentielles pour une œuvre qui doit fortifier toutes les facultés de l'homme.

Quoiqu'il soit possible de faire mieux encore, il ne faut pourtant pas oublier les résultats acquis et les progrès accomplis. Or, l'assistance par le travail a une supériorité très réelle sur l'aumône. La première complète ou supplée utilement la seconde, elle contribue en écartant les mendiants professionnels à soulager plus efficacement un grand nombre de très réelles misères. Nous avons eu l'occasion d'y insister longuement, nous ne voulons pas y revenir. Mais nous devons nous demander si cette rémunération donnée dans les œuvres d'assistance par le travail est un salaire ou une aumône; car la question est fort importante et a été souvent controversée.

Le salaire, suivant M. Cauwès, est « une rémunération réglée à forfait, promise à l'ouvrier pour prix de ses services pendant un temps déterminé, ou pour prix de la confection d'un certain ouvrage à accomplir » (1). Cette définition peut être fort bien appliquée aux allocations qui sont versées aux assistés, soit en argent, soit en nature, dans les œuvres d'assistance par le travail.

Mais si l'on considère les éléments constitutifs du salaire, on remarquera que plusieurs ne rentrent pas dans la fixation de l'indemnité dont nous parlons. Ainsi la notion du profit que l'on espère retirer du travail accompli, et celle du coût ordinaire de la vie de l'ouvrier n'influent que d'une façon accessoire sur la quotité de ces rémunérations, alors qu'elles sont un des facteurs principaux du taux du salaire dans les conditions normales.

Si cette allocation peut donc à la rigueur être appelée un salaire, il ne s'agit pas ici d'un salaire véritable, mais d'une forme mixte qui tient le milieu entre le salaire et l'aumône ; elle se rapproche de l'un ou de l'autre suivant la façon dont elle est déterminée et appliquée. Le secours accordé dans certaines œuvres où l'on travaille peu est presque semblable à l'aumône ; dans des ateliers plus actifs on pourrait croire à un salaire véritable. Cette dernière forme est incontestablement préférable, puisque le chômeur coopère largement à l'œuvre qui cherche à le sortir d'embarras, et qu'il diminue d'autant le rôle et la charge de l'assistance. L'assistance par le travail ne constitue d'ailleurs un progrès sur l'aumône qu'autant qu'elle s'en éloigne davantage.

La société profite-t-elle autant du développement des œuvres d'assistance qu'elle pourrait le faire de la multiplication des ateliers de secours ? La réponse à cette

1. Paul Cauwès, *Cours d'Economie politique*, Larose et Forcel, 1893, t. III, p. 21.

question dépend surtout des travaux qui sont exécutés dans ces divers ateliers ou chantiers. La colonie de La Chalmelle accomplit une tâche d'utilité publique en fertilisant des terres incultes, aussi bien que les ateliers de charité de Turgot qui construisaient de nouvelles routes. Les travaux de ce genre ont le mérite de créer des sources de richesse pour le pays et de ne pas faire de concurrence nuisible au travail libre. Malheureusement on ne peut pas toujours en dire autant des œuvres qui comprennent des ateliers de travail industriel.

De ce que le salaire n'est pas fixé dans des conditions normales, le rôle du prix de revient n'étant qu'accessoire, il est possible de vendre à meilleur marché ou de meilleure qualité pour le même prix que dans les magasins ordinaires. De là provient une concurrence désastreuse pour le travail normal, tant au point de vue de la production des marchandises qu'au point de vue du taux du salaire.

Quelques métiers sont devenus par ce fait inabordables. C'est le cas des charbonniers qui fabriquaient eux-mêmes autrefois les margotins ; aujourd'hui ils sont obligés d'y renoncer, les œuvres d'assistance par le travail ayant réduit à néant le modeste bénéfice qu'ils pouvaient en tirer. Beaucoup de clients, soit par économie, soit dans des intentions charitables, ont préféré s'adresser directement aux œuvres que d'avoir recours à leur intermédiaire, de telle sorte que ces malheureux petits commerçants ont perdu bien des clients, et ont vu diminuer leur bénéfice sur les quelques affaires qui leur restaient. Une pareille situation est déplorable et montre avec quelle circonspection on doit agir toutes les fois que l'on fait travailler en dehors des conditions ordinaires.

Des cas de ce genre sont plus fréquents qu'on ne pourrait le supposer. Le Directeur de La Chalmelle, dont les rapports sont toujours empreints d'une très grande exactitude et d'une profonde sincérité, faisait remarquer qu'il avait souvent à lutter, pour le placement de ses hospitalisés, contre la rapacité de certains patrons qui auraient voulu profiter de la situation précaire des colons pour les engager moyennant un salaire moindre que le taux normal. Si M. Mallet ne veillait d'une façon toute spéciale au maintien des conditions ordinaires de placement, la colonie de La Chalmelle occasionnerait une concurrence assez sérieuse aux travailleurs libres et favoriserait, au moins dans cette région, un avilissement des salaires.

Il y aurait donc à craindre, si l'on n'y veillait très attentivement, que l'assistance par le travail fît du mal en cherchant à faire beaucoup de bien. Heureusement, les personnes charitables et éclairées qui sont à la tête de ces œuvres, prennent généralement de sérieuses et prudentes mesures pour éviter cet écueil, auquel cependant il faut toujours penser (1).

III. — *Les jardins ouvriers.*

Ce danger n'existe pas, il est vrai, pour les jardins ouvriers qui ont pris tant d'importance pendant ces dernières années ; ils ne peuvent faire redouter de concurrence sérieuse pour aucune industrie. Plus qu'aucune autre forme d'assistance par le travail, ces jardins contribuent à réveiller l'énergie du chômeur, car non seulement l'ouvrier se trouve en présence d'un travail qui peut notablement améliorer sa situation, mais il devient le chef d'une véritable entreprise dont le succès dépend en grande partie de son activité et de sa persévérance.

Tout en reconnaissant largement les nombreuses dif-

1. Le point essentiel est de ne jamais vendre moins cher que dans les magasins ordinaires, et de payer les travailleurs le plus possible sans toutefois dépasser le salaire courant pour un travail égal.

ficultés d'application, nous n'en devons donc pas moins conclure à l'excellence du principe de l'assistance par le travail.

L'assistance par le travail est une précieuse « pierre de touche », pour écarter tous ceux qui sont indignes de notre sollicitude et que la perspective d'un travail sérieux et régulier suffit à faire fuire.

Elle est en même temps un remède puissant contre les conséquences désastreuses du chômage. L'ouvrier, contribuant à gagner le secours qui lui est attribué, se fait le véritable artisan de son assistance, qui perd alors ce qu'elle pourrait avoir d'abaissant ou de déprimant. Il conserve l'habitude du travail et de l'activité; il évite les entraînements qui résultent de la paresse ou du désœuvrement.

L'assistance par le travail de son côté, le soutient et le fortifie en attendant qu'il puisse reprendre la lutte pour la vie; elle l'arme pour ce combat et l'encourage dans ses premiers efforts.

C'est là une œuvre de relèvement économique et moral des plus fécondes. Il est à souhaiter que son action bienfaisante se développe et s'étende, et qu'elle puisse atteindre et soulager de mieux en mieux tant de misères imméritées dignes de toute notre sympathie et de tout notre appui.

TABLE DES MATIÈRES

TROISIÈME PARTIE

Historique de l'assistance par le travail

CHAPITRE PREMIER

LES TRAVAUX DE SECOURS AVANT LE XVIIIe SIÈCLE

CHAPITRE II

LES ATELIERS DE CHARITÉ

CHAPITRE III

L'ASSISTANCE PAR LE TRAVAIL SOUS LA RÉVOLUTION

QUATRIÈME PARTIE

Les ateliers nationaux de 1848

CHAPITRE PREMIER

LES ATELIERS NATIONAUX. LEUR CRÉATION

CHAPITRE II

LES ATELIERS NATIONAUX SOUS LA DIRECTION D'ÉMILE THOMAS

CHAPITRE III

LES ATELIERS NATIONAUX SOUS LA DIRECTION DE LALANNE

CHAPITRE IV

CHAPITRE V

CHAPITRE VI

CHAPITRE VII

DIVERSES AUTRES FORMES DE L'ASSISTANCE PAR LE TRAVAIL EN 1848

CHAPITRE VIII

CONCLUSION

CINQUIÈME PARTIE

Les dépôts de mendicité

SIXIÈME PARTIE

L'assistance par le travail en France de nos jours

CHAPITRE PRÉLIMINAIRE

CHAPITRE PREMIER

L'ASSISTANCE PAR LE TRAVAIL A DOMICILE

CHAPITRE II

CHAPITRE III

LES ŒUVRES D'ASSISTANCE PAR LE TRAVAIL A RÉGIME D'INTERNAT

CHAPITRE IV

LES ŒUVRES MUNICIPALES D'ASSISTANCE PAR LE TRAVAIL, DE LA VILLE DE PARIS

SEPTIÈME PARTIE

CHAPITRE PREMIER

CHAPITRE II

LES JARDINS OUVRIERS DE NOS JOURS

CHAPITRE III

CONCLUSION

CONCLUSION GÉNÉRALE

LAVAL. — IMPRIMERIE L. BARNÉOUD ET Cie.

BIBLIOTHÈQUE SOCIOLOGIQUE INTERNATIONALE

PUBLIÉE SOUS LA DIRECTION DE

RENÉ WORMS

Secrétaire Général de l'Institut International de Sociologie.

Cette collection se compose de volumes in-8°, brochés (1).

Ont paru :

WORMS (René). — Organisme et Société . . . . 6 fr.
LILIENFELD (Paul de). — La Pathologie Sociale. . . . 6 fr.
NITTI (Francesco S.). — La Population et le Système social . . . . 5 fr.
POSADA (Adolfo). — Théories modernes sur les origines de la Famille, de la Société et de l'Etat . . . . 4 fr.
BALICKI (Sigismond). — L'Etat comme organisation coercitive de la Société Politique . . . . 4 fr.
NOVICOW (Jacques). — Conscience et Volonté Sociales . 6 fr.
GIDDINGS (Franklin H.). — Principes de Sociologie. . . 6 fr.
LORIA (Achille). — Problèmes Sociaux Contemporains. 4 fr.
VIGNES (Maurice). — La Science Sociale d'après les principes de Le Play et de ses continuateurs, 2 volumes . . 16 fr.
VACCARO (M. A.). — Les Bases sociologiques du Droit et de l'Etat . . . . 8 fr.
GUMPLOWICZ (Louis). — Sociologie et Politique . . . 6 fr.
SIGHELE (Scipio). — Psychologie des Sectes . . . . . . 5 fr.
TARDE (G.). — Etudes de Psychologie Sociale . . . . 7 fr.
KOVALEWSKY (Maxime). — Le Régime économique de la Russie . . . . 7 fr.
STARCKE (C. N.). — La Famille dans les diverses sociétés. 5 fr.
GRASSERIE (Raoul de la). — Des Religions comparées au point de vue sociologique. . . . . 7 fr.
BALDWIN (James Mark). — Interprétation sociale et morale des principes du développement mental. . . . 10 fr.
DUPRAT (G. L.). — Science Sociale et Démocratie . . . 6 fr.
LAPLAIGNE (H.). — La Morale d'un Egoïste ; essai de morale sociale. . . . . 5 fr.
LOURBET (Jacques). — Le Problème des Sexes . . . . 5 fr.
BOMBARD (E.). — La Marche de l'Humanité et les Grands Hommes d'après la doctrine positive . . . . 6 fr.
GRASSERIE (Raoul de la). — Les principes sociologiques de la Criminologie . . . . 8 fr.
POUZOL (Abel). — La Recherche de la Paternité. . . . 10 fr.
BAUER (Arthur). Les Classes Sociales . . . . 7 fr.
LETOURNEAU (Ch.). — La Condition de la Femme dans les diverses races et civilisations . . . . 9 fr.
WORMS (René). — Philosophie des Sciences Sociales : I. Objet ; II. Méthode des Sciences sociales, 2 volumes . 8 fr.
RIGNANO (Eugenio). — Un Socialisme en harmonie avec la doctrine économique libérale . . . . 7 fr.
NICEFORO (Alfredo). — Les Classes Pauvres . . . . . 8 fr.
WARD (Lester F). — Sociologie Pure, 2 volumes . . . . . 18 fr.

Paraîtront successivement

WORMS (René). — Philosophie des Sciences Sociales : III. Conclusions des Sciences Sociales.
KOVALEWSKY (Maxime). — La France économique et sociale à la veille de la Révolution. — Tableau des origines et de l'évolution de la famille et de la propriété (nouvelle édition).

(1) Les volumes de la collection peuvent aussi être achetés avec une reliure spéciale.

LAVAL. — IMPRIMERIE L. BARNÉOUD ET Cie

www.ingramcontent.com/pod-product-compliance
Ingram Content Group UK Ltd.
Pitfield, Milton Keynes, MK11 3LW, UK
UKHW012150240726
13966UKWH00001B/242